자존하기
自 存

자존하기운동모임 저

엠인터내셔널

머리말

진리는 이치에 맞아 타당한 것이다. 따라서 경전도 이치에 맞지 않으면 진리라 할 수 없고, 신도 이치에 맞지 않은 언행을 하면 진리의 신이라고 할 수 없다. 경전과 신도 검증 없이 받아들이면 잘못된 것을 옳은 것으로 받아들일 수도 있다. 맹목적인 믿음은 독약을 보약이라며 마시는 것과 다름없다.

인간은 그 어떠한 것에게도 의존하지 않고 자존해야 마땅하다. 자존이 공존이고, 평화와 행복의 길이다. 신과 무복(巫卜), 도박 · 성 · 게임, 알코올 · 마약 · 약물 등에 접촉하면, 그것들에 의존하게 되어 나약한 존재가 되거나 병적인 증상을 일으킨다. 때론 목숨도 잃게 된다. 인간은 누구나 고통을 회피하고 쾌락을 추구하는 본능이 있다. 일시적이나마 위안이 되고, 자극을 주는 이러한 것들에 의존하고자 한다. 문제는 이것이 의식화되고 체질화되면 의존성이 생겨서 세상을 크게 보지 못하거나 편견을 가지고 살게 된다. 그러한 생활이 장기간 반복되거나 중독되면 일상생활에 지장을 초래하고, 폐인으로 전락할 수도 있다. 중독성 있는 것들에는 보이지 않는 마력(魔力)이 달라붙어 사실상 단절이 불가능하다. 나중에 밝히겠지만, 의존성과 중독성이야말로 죄의 뿌리다.

인간이 자신과 남에게 저지르는 부정적인 행위는 모두 죄의 뿌리인 의존성에서 발로된다. 의존성이 욕심을 낳고, 욕심이 악을 낳아 파멸로 몰고 간다. 자신이 수고하지 않고 남에게 의존하여 자신이 원하는 것을 얻고자 할 경우 자신은 물론 남에게도 피해를 준다. 인간의 모든 불행은 이 의존성에 의해 일어난다.

납득하기 쉽지 않겠지만, 신(종교)과 귀신(무복)으로 인한 폐단이 여간이 아니다. 신과 귀신은 인간에게 어떤 존재일까. 불행하게도 둘 다 인간에게 이로운 존재가 아니다. 이것들은 인간을 위해준다고 유혹하여 의존성을 심어주고 이용하려고 든다. 신과 귀신은 한낱 인간의 기생물에 불과하다. 더 심하게 말하면 인간에게 해로운 존재들이다. 인간이 이들의 정체를 모르면 의존과 이용 관계에서 헤어나지 못하지만, 알면 상극이 된다.

신과 귀신은 형체가 없는 상념의 존재다. 혼자 가만히 있으면 무기력하다. 인간과 같이해야 존재감을 발휘한다. 인간에게 추앙받고, 인간 위에 군림해야 자기 존재가치를 느끼고, 생존력을 얻는다. 그래서 인간과 같이 하려고 유혹한다. 자신의 생존과 직결되어 있기 때문이다. 이들은 인간이 외면하는 순간, 자연히 소멸된다. 인간이 의존하고, 추앙하니까 자기가 진짜 창조주이고, 인간의 주인인줄 알고 기세등등하다.

인간이 신과 귀신, 도박 · 성 · 게임 · 알코올 · 마약 · 약물 등에 의존하는 것은 정신이 어리고 약하기 때문이다. 신과 귀신은 존재가 있는지 없는지 알쏭달쏭하지만, 인간의 의존성에서 그 존재를 찾을 수 있다. 의존성 있는 인간이 이들의 유혹에 쉽게 말려들고, 이들의 굴레에서 벗어나지 못한다. 의존성을 버려야 인격적 주체가 될 수 있다. 철이 들고, 성숙한 길로 나갈 수 있다. 스스로 자존성을 세워나가야 인간다운 인간이 된다. 우주와 자연과 조물주를 품에 끌어안을 수 있는 존재가 된다.

신과 귀신을 따라다니는 사람은 자존성이 없다. 이것들에 의존하는 삶은 제대로 된 인간의 삶이 아니다. 인간은 자존해야 한다. 남에게 의존하지 않고, 남에게 피해 주지 않으며, 정당한 노력을 투입하고 자기 분수에 맞게 살아야 한다. 인간은 운명의 주인이다. 스스로 판단하고, 노력하여 자기 운명을 개척해 나가야 한다.

차제에 조물주의 존재를 바로 알 필요가 있다. 조물주는 신이 아니고 결코 추앙의 대상도 아니다. 조물주는 나타나지 않는다. 인간과 자연의 배후에서 인간과 자연이 자존할 수 있도록 환경을 조성하고, 시대를 이끌어 갈 뿐이다. 인류가 자연법칙에 의거하여 자존하며 평화롭고 행복하게 사는 날이 하루속히 도래해야 할 것이다.

차례

둘째, 하나님과 인간의 잘못된 관계

셋째, 하나님의 실체

넷째, 창조주로 둔갑한 하나님

다섯째, 인류의 부모는 조물주

여섯째, 자존을 위한 단상

첫째, 인간은 자존자

“신과 귀신, 종교와 교주, 사기꾼, 그리고 물질과 행위에 의존하면 그것들의 로봇이 되고, 결국 의존한 만큼의 반작용이 돌아온다. 의존적이고, 도움을 구걸하는 존재는 자주적인 존재가 아니다. 인간은 신이나 귀신, 다른 인간에게 자신의 존재를 의존해서는 안 된다.”

1. '의존' 독려하는 하나님

1) '의존성'은 자아실현의 저해요소

근년에 우리나라에서 국기(國紀)를 뒤흔들어 놓은 어이없는 두 사건이 발생했다. '세월호 참사'와 '최순실 게이트(Choi Soon-sil gate)'가 그것이다. 이 두 사건은 우리나라를 세계인의 조롱거리로 만들었고, 국민들을 절망의 나락에 빠뜨렸다. '세월호 참사'로 한때 나라가 '침몰'하였다. 대한민국은 3년이 넘도록 초상집이 되었다. 정치적 공방으로 사회가 혼란하고 국론이 분열되었다. 정치와 산업이 멈춰버렸다. '최순실 게이트'는 박근혜 대통령의 탄핵을 둘러싸고 진보와 보수 두 패로 나뉘어 촛불집회와 태극기집회로 비화하며 국론을 분열시켰다. 이로 인해 국가 안보는 물론 정치와 경제, 외교 등 국정 전반이 총체적 위기를 맞았다.

'세월호 참사'는 2014년 4월 16일 수학여행을 가던 경기도 안산 단원고 학생 325명 등 탑승객 476명을 태우고 인천을 출발해 제주로 가던 여객선 세월호가 전남 진도군 인근 바다에서 침몰한 사건이다. 이 사고로 탑승객 절반이상인 295명이 떼죽음을 당했다. 지금까지 나타난 주원인은 수익을 더 얻기 위한 여객선 증축과 과적이다. 세월호의 선사 청해진해운의 실질적인 사주는 기독교복음침례회(구원파) 지도자 유병언이다. 세월호 선장과 대표 등 청해진해운의 직원 대부분도 기독교복음침례회 신도다. 유병언은 사고 이후 도주 중 백골로 발견되었다.

'최순실 게이트'는 박근혜 대통령이 최순실에게 사생활은 물론 국정까지 의존하여 벌어진 사건이다. 하지만, 먼 원인은 최순실의 아버지 최태민과 연결되어 있다. 전기영 목사는 최태민은 불교와 기독교, 천도교를 합해 제4의 종교 영세교를 만들어 사이비행각을 벌였고, 박근혜 대통령이 영애 시절 정신적인 영향을 끼쳤다고 주장했다.

위의 두 사건에는 공통점이 있다. 종교지도자가 신도들을 자신에게 의존하게 만들어 이용한 데에 있다. 종교지도자들이 본분을 망각하고 돈과 권력에 눈이 멀었기 때문이다. 샤머니즘과 사이비종교에서 흔히 발견되는 현상이다. 그러나 고등종교 지도자도 크게 예외는 아니다. 유난히 종교인들에게 '의존성 인격장애자'가 많은 이유가 여기에 있다.

의존이란 '다른 것에 의지하여 존재하는 것'을 말한다. 의존성은 자아의 인격실현을 가로막는 치명적인 독약이다. 의존성이 있는 사람은 자기 힘으로 생존하려고 하지 않고 다른 존재에게 의존하여 살려고 한다. 이런 사람에게는 자기 인생이 없다. 의존하는 상대방의 속박에서 벗어나지 못한다. 로봇이나 다름없다. 의존성이 강하면 인격장애가 발생한다.

종교인들의 의존성 인격장애는 '신과 종교지도자에게 위로받고 보호받고자 하는 욕망에서 이들의 불합리한 요구도 순종적으로 받아들이는 것'이다. 이런 성향의 사람은 자존감이 낮다. 자신을 무력하다고 생각하여 자기주장을 잘 펴지도 못하고, 스스로 결정을 내리지도 못한다. 신과 종교지도자에게 끊임없이 자신을 내맡기고, 그들의 지지와 격려를 바라며 복종한다.

의존성은 어떻게 생기는 것일까. 자연의 법칙을 모르기 때문이다. 자신의 우주적인 높은 가치를 모르고 자신을 비하하기 때문이다. 이는 정신적으로 어리기 때문이며, 우리 마음속에 깊이 내재돼 있는 노예근성도 한몫 거든다.

'의존성 인격장애자' 양산하는 유일신교

의존성 인격장애를 가진 종교인은 자신이 의존하는 믿음의 대상과 함께 있을 때에는 활기가 있는 것처럼 보이지만, 그렇지 못한 상황이 되면 자신감을 잃고 상황에 적응하지 못한다. 의존할 수 없게 될까 봐 불안해한다.

세상의 여러 종교 중 의존성이 가장 강한 종교는 여호와 하나님(이하 하나님)을 믿는 3종교, 즉 유대교와 기독교와 이슬람교다. 그 숫자도 불교와 유교 등 제반 종교 가운데 가장 많다. 기독교에서는 인간을 '원죄를 가진 존재'라고 비하한다. 인간 시조 아담과 하와가 하나님이 금지한 선악과를 따 먹고 타락해 죄를 짓게 되었는데, 이후 모든 인간은 태어날 때부터 이 원죄를 가지고 나오게 되었다는 것이다. 이러한 원죄로 인해 인간은 힘든 노동을 하게 되었으며, 고통과 죽음을 알게 되었다. 원죄는 인간의 생명을 더럽히는 모든 죄의 근원이 되며, 유전적인 성격을 띠고 있다. 인간은 타락하였으므로 구원을 받아야 한다고 주장한다.

따라서 기독교에서는 인류 구원의 열쇠를 유일하게 예수(하나님)가 쥐고 있다고 선언한다. 성경은 예수를 하나님의 독생자로서 '원죄 없는 구원자'로 소개한다. "하나님이 세상을 이처럼 사랑하사 독생자를 주셨으니, 이는 그를 믿는 자마다 멸망하지 않고, 영생을 얻게 하려 하심이라."(요 3:16) 예수는 자신에게 오면 구원 받을 수 있다고 권면한다. "수고하고 무거운 짐 진 자들아, 다 내게로 오라. 내가 너희를 쉬게 하리라."(마 11:28)

타락한 인간은 원죄를 가진 죄인이므로 구세주 예수를 믿고 의존해야 구원

받을 수 있다는 것이 기독교의 논리다. 이는 자존성을 버리고 예수에게 의존하여 살라는 말과 다르지 않다. 인간의 가치를 폄훼해 옳게 살기는커녕 거꾸로 살라는 가르침이다. 예수와 기독교의 꼭두각시, 로봇이 되라는 것이나 다름없다. 이렇게 보면, 성경은 미숙한 인간을 하나님의 우리에 가두어 놓고 하나님의 하수인으로 부리기 위해 만든 '의존의 틀'과 같은 것이다.

인간의 '의존 의식'은 타락의 부산물은 아니다. 아직 정신이 미숙하고 약하기 때문이다. 좋은 조건만 부여되면 얼마든지 성숙해 질 수 있다. 인간이 자연의 섭리를 제대로 이해하면 의식이 점점 향상될 수 있다. 자존의식도 커질 수 있다. 신이나 종교에 의존하지 않고 얼마든지 자존할 수 있다. 자존성이 확립되면 사물을 보는 관점이 달라진다. 생각이 달라지고, 마음이 달라지며, 행동이 달라진다. 누구에게도 의존하지 않고, 자신이 노력하여 얻은 대가를 기반으로 분수에 맞게 살려고 한다. 자연의 법칙에 순응하며 사는 인간이 되려고 한다. 자존성은 곧 자연성이다.

과학자들은 정교하게 움직이고 조정되는 우주를 '완전히 프로그램된 거대한 컴퓨터'라고 말한다. 우주가 컴퓨터처럼 오차 없이 움직이기 때문이다. 자연법칙이란 지구에서뿐만 아니라 우주 어느 곳에서든 변함없이 정확하게 전개되는 이치요, 현상이다. 자연현상은 자연의 규칙에 따라 일어난다.

자연법칙과 하나님

조물주는 인간과 자연을 생명의 기운으로 짓고, 공정한 법칙에 의해 주재하고 있다. 자연 법칙은 자연계의 모든 사물과 현상에서 반복적으로 나타나는 공명정대한 법칙이다. 그 누구도 거역할 수 없다. 자연의 법칙은 과학적이다. 우주를 존재케 하는 힘이다. 자연은 정해진 순리대로 움직인다. 변함이 없다. 과학과 기술도 자연 법칙을 따르는 것일 뿐, 순리를 거스르고 통제하지는 못한다.

자연 법칙은 순환의 법칙, 심은 대로 거두는 법칙, 흐름의 법칙, 생노사(生老死)의 법칙이다. 태양은 매일 아침 떠올랐다가 저녁에 진다. 올라가면 내려가고, 내려가면 올라간다. 콩 심은 데 콩 나고, 팥 심은 데 팥 난다. 물은 높은 데서 낮은 데로 흐른다. 생물은 태어나면 반드시 죽는다. 세상의 모든 이치의 근원은 자연이다.

만사는 순리대로 흘러가기 마련이다. 물을 아래에서 위로 흐르게 하려는 것은 역리다. 자연의 순리는 거스르면 탈이 난다. 자연의 순리를 그대로 받아들인 것이 진리다. 순리대로 사는 것은 자연의 이치에 맞게 사는 것이다. 순리에 맞으면 이루어지고, 맞지 않으면 이루어지지 않는다.

자연은 거짓이 없고, 무리가 없으며, 꾸밈이 없고, 억지가 없다. 또한 탐욕이 없고, 허영이 없다. 본래의 자기를 자연스럽게 표현할 뿐, 본연의 모습에서 벗어나는 일이 없다. '만사를 순리대로 행하라'는 말은 자연의 흐름에 순응해야 한다는 말로 의존성을 버리고 자존성으로 살라는 말이다. 자존성은 인간의 본성이다.

도가(道家)의 창시자 노자(老子)의 무위자연(無爲自然)의 삶은 자연의 순리에 따르는 삶이다. 무위(無爲)는 인위(人爲)의 반대개념이다. 자존성을 무위로, 의존성을 인위로 비유할 수 있다. 노자는 "지극한 선은 흐르는 물과 같다(上善若水). 물은 만물을 이롭게 하기를 좋아할 뿐 다투지 않고(水善利萬物而不爭), 모든 사람이 싫어하는 것을 마다하지 않는다(處衆人之所惡). 그러므로 지극한 선은 도에 가깝다(故幾於道)"며 인간이 자연처럼 살기를 바랐다.

자연이 진리임을 부정하는 사람은 없을 것이다. 인간의 자존성 또한 자연과 합일하는 진리다. 자존하는 것이 선이다. 자연처럼 순리대로 양심에 따라 사는 사람이 자존하는 사람이다. 자존성은 무엇인가. 천리 이치를 알고 사는 것이다. 그러나 자칭 창조주 하나님은 인간에게 자존성을 버리고 자신에게 의존해야 구원받을 수 있다고 주장한다(요 3:16).

성경에는 하나님의 존재가 잘 나타나 있다. 하나님의 음성까지도 수록돼 있다. 하나님에 의하면, 하나님은 인간의 주인이요(겔 1:7), 인간은 하나님의 종이다(왕하 19:34). 따라서 인간은 하나님에게 찬송을 부르고(사 43:21), 하나님에게 영광을 돌려야 한다(사 42:8).

《교회용어사전》(생명의 말씀사)은 '하나님의 종'에 대해 다음과 같이 말한다. "성경에서 흔히 하나님의 일꾼으로 부름 받아 백성을 다스리고 지도하는 인물을 가리켜 '하나님의 종'이라 부른다. 모세, 다윗 등이 대표적이다. 이렇게 성경에서 '종'은 하나님으로부터 지도자로 부름 받은 일꾼이란 측면에서 참으로 영예로운 말이다. 그래서 목사가 스스로를 낮추어 '주의 종'이라 하는 것은 아름답다. 그러나 다른 사람이, 즉 예배 시간에 예배 진행자가 목사를 가리켜 '종'이라 호칭하는 것은 적절하지 못하다. '종'은 노비를 가리키기 때문에 아무리 선한 의도라도 남에게 사용하기에는 바람직하지 않다. 그래서 뭔가 좀 찜찜하여 그냥 '종'이라 하지 않고 존칭어 '님'을 를 덧대 '종님'이라 부르는 경우도 허다하다. '종'이면 '종'이지 '종님'은 또 무슨 말인가? 도저히 말이 되지 않는다."

자연의 모든 존재는 자존한다. 간섭하는 존재가 없다. 인간의 부모 역시 자식이 자존하기를 바란다. 그런데 유독 창조주라는 하나님은 인간의 자존성을 인정하지 않고 자신의 손아귀에서 벗어나지 못하게 한다. 자신에게 순종하라고 강조한다. 그래서인지 자연계에서 인간만 유독 의존적이다. 성경의 하나님은 스스로 세운(?) 자연 법칙을 인간에게만 예외 적용하는 형국이다. 여기에는 원칙도 없고, 질서도 없다. 제멋대로다. 성경에서 하나님은 자연법칙과 상반된 존재다.

2) 종교중독

스마트폰 중독으로 인한 부작용이 심각하다. 10대~40대 3명 중 1명은 하루 평균 4시간 이상 스마트 폰을 손에서 놓지 않는다고 한다. 그로 인해 목 디스크, 수면장애, 안구건조증, 목 · 손목 · 허리 통증 등의 신체적 불편함을 겪는다. 여기에 더해 주변 인지를 못한 사고와 분노, 짜증 등 심리적으로 불안한 증세도 찾아온다. 그래도 이를 중단하지 못하고 있다. 인간의 정신을 빼앗는 자극적인 요소들이 다분하기 때문이다. 스마트폰 중독으로 인해 각종 사고가 일어나고, 정신적, 육체적 장애까지 생겨나고 있는 것이다.

세상에는 여러 유형에 중독된 사람이 많다. 알코올 · 니코틴 · 마약 · 게임 등에 의한 물질중독과 도박 · 경마 · 섹스 · 쇼핑 · 음란물 · 인터넷 등 불건전한 행위에 의해 중독된 사람들이다. 그 심각성이 매우 높다. 물질중독과 마찬가지로 행위중독 역시 사회활동을 불가능하게 하거나 당사자를 파멸로 몰고 간다. 이런 것에 중독되면 의존성이 강해진다. 이런 특정한 행위를 중단하면 금단증상이 나타나고, 이로 인해 다양한 신체적 병리현상을 보인다.

종교에 중독된 사람도 많다. 종교근본주의자, 선민의식주의자, 기복신앙자, 광신도가 그들이다. 이들은 종교를 자기 삶의 주체로 삼는다. 신앙과 복을 위해서라면 물불을 가리지 않는다. 당연히 불합리한 행위도 마다않는다. 극단적인 언행을 하고, 사이비종교단체에 빠져들고, 영매(靈媒, 영통인 · 무당 · 점쟁이)에게 휘둘리며, 불법다단계 등에 빠져 신앙생활은 물론 인생을 망치고 만다.

무엇에 중독되면 분별력이 없어져서 그것에 마음을 빼앗기고 벗어나지 못한다. 마치 거미줄에 걸려 꼼짝 못하는 곤충 같다. 약 기운에 의해 사는 마약 중독자같이 그것이 이끄는 대로 끌려 다니는 사람이 되고 만다. 아무리 자기 마음대로 살려고 발버둥 쳐도 그 기운(중독성)이 밀고 올라오면 자기 제어력을 잃고 원치 않는 행동을 하고 곧 후회한다.

종교인 주변에 신과 귀신, 사기꾼이 득실거리는 이유가 있다. 종교인들이 의존성이 강하기 때문이다. 문제가 있거나 우환이 있으면 의존이 더욱 심해진다. 신과 귀신은 인간의 취약점을 노린다. 인간이 신과 귀신의 마수에 걸려들면 의존성에서 쉽게 빠져나오지 못한다. 신(귀신)에게 씌운 영매의 예를 보자.

민속학자인 서정범 전 경희대 교수는 무속에 관심을 가지고 30여 년 동안 2천여 명의 무속인(영매)을 만났다. 그는 그의 저서 《영계의 사랑과 그 빛》에서 이렇게 말한다.

"무(巫)가 되면 대개 현실적인 이성을 싫어하게 되고, 신이 연인이 된다. 남편이나 부모나 자식에 대한 애정이 사라지고 의무적인 관계만 성립되는 경우가 많다. 그들은 죽은 사람과의 사랑이 이루어지고 대화가 이루어진다."

즉, 영매들은 현실을 도외시한다는 것이다. '몸주'인 신(귀신)이 자신과의 관계만을 중요시 여기게 만들기 때문이다.

신 · 귀신, 교주 · 영매에 의존하지 말아야

신과 귀신, 교주와 영매, 사기꾼들은 공통점이 있다. 자신의 말을 듣게 하기 위해 현혹하거나, 겁을 주거나, 놀라게 만든다는 점이다. 달콤한 말과 위협으로 사람을 조종한다. 나약한 사람은 이들을 자기 욕망을 이뤄줄 대상으로 여기고 의존하다가 낭패를 본다. 이들은 사람의 사정과 고통을 모른다. 아니,

알려고도 하지 않는다. 사람을 이용하는 것이 목적이기 때문이다. 자기 욕망을 이루는 데에만 급급하다. 선으로 위장한 악이다. 선악과(善惡果)다. 이중성을 지녔다. 도와주는 것 같이 하다가 이용하고, 이용가치가 없으면 외면하고 버린다. 인간에게 해로운 존재들이다.

인간 앞에 나타나고 간섭하는 신은 조물주가 아니다. 조물주는 분명 존재한다. 그러나 나타나지도 않고, 간섭하지도 않는다. 묵묵히 자연의 기운과 법칙으로 인간과 자연이 나고 자랄 수 있는 환경을 조성해 줄 뿐이다. 자연 중 인간만을 사랑하는 것도 아니며, 어느 누구를 특별히 배려하는 것도 아니다. 생명체는 모두 동일한 가치를 지니고 있으며, 모두 자연법칙에 순응하며 살아가고 있다.

조물주가 인간의 삶에 간여하게 되면 인간이 한 치 앞으로도 나아갈 수 없게 된다. 조물주에 대한 의존에서 벗어날 수 없다. 이것은 정도가 아니다. 조물주의 간섭은 자연의 질서를 무너뜨려 혼돈하게 만드는 것이 된다.

자연에는 이치가 있으며, 순리와 법도가 있다. 세상에 원인 없는 결과는 없다. 자연은 모두 자존하고, 자기 노력의 대가를 얻어 산다. 인간도 예외가 아니다. 남을 해롭게 하지 않고, 정당한 노력의 대가를 얻어서 분수에 맞게 사는 것이 정석이다. 콩을 심으면 콩을 얻고, 팥을 심으면 팥을 얻는다. 악을 행하면 악이 돌아오고, 선을 행하면 선이 돌아온다. 노력하는 대로 나오는 것이 천리(天理)다. 자기가 심은 대로 거두는 것이다. 길흉화복은 모두 자신이 만든다.

'하늘은 스스로 돕는 자를 돕는다.'는 말은 명언이요, 진리다. 이 말처럼 인간은 신이 아닌 자신에게 의존함이 마땅하다. 자기의식을 가진 사람은 자기 의지대로 자기가 원하는 삶을 살아간다. 이런 사람에게는 그 어떤 존재도 영향을 미칠 수 없다. 자기의식과 자기의지가 중요하다. 그 어떤 자리에 있더라도 자기 눈높이(분수)에 맞추어 살아가겠다는 의지를 가져야 그 어떤 것에도 의존하지 않는 자기의식이 생긴다. 자기가 처한 환경에 맞게, 자기의 능력에 맞게 살면 자연히 복이 온다. 짐을 가득 실은 수레를 끄는 사람이 언덕 아래에서 사람들에게 도와달라고 외쳤다. 하지만, 거들떠보지 않았다. 그러나 혼자 언덕을 오르려고 안간힘을 쓰자, 사람들이 몰려들어 무사히 언덕을 오를 수 있었다. 이것은 무엇을 뜻할까. 아무리 난관이 닥쳐도 신(귀신)에게 기대지 말고 스스로 헤쳐 나가는 의지를 보여야 한다는 말이다.

신과 귀신, 종교와 교주, 사기꾼, 그리고 물질과 행위에 의존하면 그것들의 로봇이 되고, 결국 의존한 만큼의 반작용이 돌아온다. 의존도 성장과정에 따라 달라야 한다. 복중의 태아나 어린 아이는 전적으로 부모에게 의존하여 살아갈 수밖에 없다. 그러나 성인이 되면 자존하는 것이 원칙이다. 동물들의 자식사랑은 인간에 못지않다. 그러나 의존기가 지나면 매몰차게 분가시킨다. 자존하지 않으면 굶어죽거나 다른 동물에게 잡아먹히고 만다. 자연의 질서는 냉혹하다. 누구에게나 공평하고, 남의 삶에 간여하지 않으며, 순리대로 움직인다. 누구에게, 무엇인가에 의존하는 사람은 성인이라고 할 수 없다. 자존하고, 자립하는 사람은 떳떳하다. 자기 인권을 가지고 자기 마음대로 산다.

인간이 성숙할 때까지는 신과 귀신, 교주와 영매, 사기꾼들의 영향을 받을 수밖에 없다. 종교는 신을 의존하게 해서 생명력을 이어가서는 안 된다. 종교 자체도 인간이 멀리해야 할 대상이지만, 그나마 종교가 제 역할을 다하려면 인간의 자기의식을 높여 자존자로 살아가게 하는 것이다. 그래야 인간을 위한 종교가 된다. 진정한 종교인이라면 신도들을 자기 종교만 붙잡게 하고(의존하고), 자기 종교를 위해 살아가는 사람으로 만들려 해서는 안 된다. 그것은 종교꾼이나 하는 짓이다. 종교는 인간을 대자연처럼 자존의 길로 인도해야 옳다. '인생길은 자존의 길'이다.

3) 의존성과 기복신앙

한국 내 여러 종교의 기층에는 샤머니즘이 자리 잡고 있다는 분석이 있다. 불교, 기독교 등 외래종교가 한국에 들어오면 민중 속에 깊이 뿌리박힌 무속신앙과 융합되기 때문이다. 그 예로 종교계에 널리 퍼져 있는 기복신앙을 든다. 대부분의 종교인은 열심히 교회나 절에 다니며 평화와 박애정신을 배우지만, 내면을 들여다보면 가족들의 안녕과 복을 비는 기복적 심성이 적지 않게 자리 잡고 있음을 알 수 있다. 특히 여성들의 기복신앙은 맹렬하다. 자녀들의 대학입학시험 합격이나 남편의 사업번창 등을 위해 올리는 기도는 처연하기까지 하다. 해마다 입시철이 되면 교회나 사찰 등에는 자녀들의 합격을 비는 신자들로 문전성시를 이룬다. 때론 노천에서 눈이나 비를 맞아가며 백일이나, 천일씩 기도하는 열성 신자도 있다.

기복신앙은 원시사회로부터 현대사회까지 연면히 이어져 내려오고 있다. 과거 미개문명시대에 존재했던 애니미즘이나, 토테미즘, 샤머니즘적인 요소들은 현대에 와서 사라졌을까. 그렇지 않다. 오늘날의 고등종교 속에 다분히 녹아 있다. 숭배대상만 자연물에서 신으로 이동했을 뿐이다. 그 내용은 하등 다를 바 없다. 기복신앙은 인간과 불가분의 관계라 하겠다. 자연신앙이나 민간신앙은 교조나 교리, 의례 같은 체계적인 종교형식을 필요로 하지 않는다. 단지 현세에서 물질적 복을 받는 것이 목적이다. 복을 받을 수만 있다면, 사회윤리나 합리적 사고에 관계없이 어떠한 신앙형식도 수용하고 변화시킨다. 고등종교라고 예외는 아니다. 기복신앙은 신앙대상과의 관계보다는 자신의 유익을 구하는 것이 목적이다. 엄밀히 따져서 기복신앙은 종교의 가르침이 아니다.

기복신앙은 신이나 교조를 신앙의 대상으로 가르치는 것 못지않게 해롭다.

자신의 욕구만을 채우려는 데서 불거진 이기적인 신앙체계다. 이는 신도들을 육체중심, 물질중심의 저급한 의식에 매몰되게 할 소지가 높다. 기복신앙은 대단히 위험하다. 종교단체와 신자들을 파멸의 수렁으로 빠뜨릴 수 있다. 종교지도자들이 교조의 가르침을 바르게 이해하고 가르쳐 왔다면, 기복신앙은 발붙일 수 없을 것이다. 아무리 교회나 사찰이 크고 교인이 많아도 종교의 근본정신이 살아있지 않다면, 이런 것들은 오히려 파멸의 원인이 될 수 있다.

참여불교재가연대가 발행하는 '참여불교' 제7호에는 기복신앙에 대한 종교계 관련 인사들의 분석이 게재돼 있다. 여기에서 백찬홍 기독교평신도연대 실행위원은 "개신교의 기복신앙은 교회마다 앞 다투어 열고 있는 부흥회와 날이 갈수록 더해지는 헌금 중시 풍조를 낳았다. 대개의 부흥회는 일종의 굿판과 같은 형식으로 진행되며 철저하게 개인의 기복에 초점이 맞추어져 있다. 부흥회가 더 많은 물질적 보상과 축복을 받기 위한 투자처로 전락했으며, 이런 현상은 목회자들의 부추김에 의해 더욱 심화되고 있다"고 지적했다.

박문수 천주교 미래사목연대 대표는 "천주교의 순교성지 성당은 대입 수능시험을 100일 앞둔 8월 중순이 되면 수험생들의 사진으로 가득 찬다. 순교성인들의 도움을 받고 싶은 부모의 마음을 탓할 수는 없지만 이웃사랑은 아랑곳하지 않고 자기 자식만 잘 되길 비는 모습은 하느님의 가르침에 어긋난다."고 쓴 소리했다. 그는 또 "'예수의 복'과 '인간의 복'이 갈등해 온 것이 그리스도교의 역사"라고 지적하고, "진정한 복을 가르치는 신부들이 동료와 신자로부터 따돌림을 당하는 현실이 안타깝다"고 말했다.

외적 성장 위해 기복신앙 독려

오늘날 개신교회의 설교는 '예수 믿으면 복 받고 성공하며 천국 간다.'는 것이 주종을 이룬다. 성도들의 간증도 '예수 믿고 병 나았다', '예수 믿고 사업 번창했다', '예수 믿고 돈 많이 벌었다'는 것이 주류다. 교회 전도지나 차량에는 으레 '수고하고 무거운 짐 진 자들아 다 내게로 오라 내가 너희를 쉬게 하리라'라는 성구가 들어가 있다. 선교 피켓에도 '예수 천국, 불신 지옥'이라는 문구가 내걸린다. 기독교인들은 예수를 믿는 목적이 마치 세속적인 복이나 받는 것처럼 돼 버렸다. 예수를 '소원을 이뤄주는 요정' 쯤으로 인식하고 있는 듯하다.

이러한 현상은 기독교(개신교)가 예수의 지상명령인 '하나님의 나라와 그 의'를 위해 존재하지 않고, 기복적으로 흐르고 있음을 보여준다. 종교의 기복 현상이 좀 더 왜곡되면 하나님이 아닌 우상으로 눈을 돌리기도 한다. 국민일보는 과거 종교 면에 "금전, 건강, 애정 등 인간사의 애환을 가지고 점집을 찾는 기독교인이 적지 않다"고 꼬집은 바 있다. 이런 기복 형태는 기독교 교리에도 위배되고, 기독교의 격을 떨어뜨린다. 이를 두고 어느 학자는 "한국교회가 교파 중심으로 교회의 양적 성장에 매달림으로써 한국사회에 만연한 물신숭배사상에 기여했다"고 혹평했다. 성경에도 분명히 '우상을 섬기지 말라'고 했고, '복술자나 길흉을 말하는 자나 요술하는 자나 무당을 용납하지 말라'는 경고가 명기돼 있다.

유독 기독교의 기복신앙이 종종 언론의 도마에 오른다. 교단에서는 기독교가 기복종교가 아니라고 억울해 할 것이다. 하지만, 기독교 내부의 현실은 '기복신앙은 기독교 본래의 가르침에 위배 된다'는 측과 '기복신앙을 배제하면 기독교가 유지 될 수 있는가'라고 반문하는 측의 논란이 팽팽하다. 오히려 헌금을 많이 걷기 위해 교계 지도자들이 기복을 부추기는 사례가 적지 않다. 목회자 상당수는 '헌금하는 것이 곧 투자'임을 강조한다. 헌금하면 '하늘이 상을 잊지 않는다.'는 것이다. 우리나라의 세금 종류보다 한국교회의 헌금 종류가 더 많다는 우스갯소리까지 흘러나오고 있다. 개신교의 비대화는 '기복헌금'이 밑거름이 됐음을 부정할 수 없을 것이다.

인터넷상에 글이 하나 떠있는 것을 보았다. 요지는 '목사님의 헌금강요가 너무 심하다'는 하소연이었다. "재정규모가 연 수십억 원에 이르는 중대형교회 목사님이 설교시간에 헌금을 너무 많이 강조하여 신앙생활에 회의를 느끼고 있다. 그 목사님은 '하나님이 온전한 십일조를 드리지 않는 사람에게 병을 주시고 사기를 당하게 한다'느니, '십일조 떼먹는 사람은 하나님 것 도적질 하는 것이니 회개해야 한다'고 다그친다. '10년 전이나 지금이나 주일헌금을 천 원, 이천 원 내는 사람은 하나님에 대해 인색한 사람'이라고 질타한다. 또 건축헌금을 많이 내야할 사람이 적게 냈다며 화를 냈다. 어머니는 헌금 강요 때문에 천주교로 옮기고 싶어 하신다. 헌금을 적게 내고, 십일조를 제대로 안 바치는 성도를 나쁜 사람 취급하는 개신교에 계속 다녀야 할지 참 난감하다."

'종교의존' 위해 기복신앙 장려

이에 대해 성직을 꿈꾼다는 한 신학생은 이렇게 답 글을 썼다. "경제가 어려워지면서 헌금이 적게 걷히자 설교시간에 십일조와 헌금을 강조하는 목사님이 늘어나고 있다. 개신교의 심각한 문제 중 하나가 헌금과 십일조를 신앙과 연계시키는 점이다. 이 사람들 눈에는 신앙의 충실함, 교회에 대한 충성도를 헌금 액수로 보기 때문이다. 이건 신학적인 문제이다. 현재 대부분의 개척교회나 중소형교회 목회자들은 대형교회를 롤 모델로 삼고 있다. 그들은 교회의 크기로 목회자 자신의 역량을 평가받고, 또 다른 목회자들을 평가한다. 이건 목회자들의 문제만은 아니다. 대개의 사람들이 그렇게 평가한다. 그래서 작은 교회의 많은 목회자도 대형교회가 되기 위해 교인들에게 헌금, 십일조 얘기를 설교시간에 하는 거다. 사람들이 가능하면 대형마트에 가려고 하지 시장 좌판에 가려고 하는가. 결국 목회나 평신도의 신앙생활이나 중요한 신학적 문제에 대한 고민은 없고 다만, 큰 교회를 일구어낸 게 부러워서 모두 대형교회를 만들기 위해 분주하다. 개신교신학 자체가 그런 것은 아니지만, 많은 목회자가 이런 문제점을 가지고 있는 것도 사실이다."

이런 의견도 있다. "십일조와 각종 헌금봉투에 자신의 이름을 쓰게 해 목사님이 호명하고, 주일 안내지에 헌금자의 이름이 게재돼 보이지 않는 압력을 받게 된다. 이런 식의 헌금 강요는 옳지 않다. 헌금의 경우 자유의사에 따라서 납부한다고 하지만, 막상 헌금 걷을 때 헌금바구니를 돌리고 쳐다보는데 안 내면 무지 무안하다. 이것은 거의 강제다. 차라리 헌금바구니를 교회 뒤편에 놓아서 낼 사람만 조용히 내도록 해야 한다."

기독교의 본질은 사랑이다. 이것은 예수의 계명에 잘 나타나 있다. 먼저는 하나님을 사랑하고, 다음은 이웃을 사랑하라고 돼 있다. 즉, 하나님과 이웃을 내 몸 같이 사랑해야 한다는 것이다. 예수는 이를 지켜야 살고, 하나님의 뜻대로 행하는 자라야 천국에 들어간다고 말했다. 구약성경은 하나님이 "나를 사랑하고 내 계명을 지키는 자에게는 천 대까지 은혜를 베풀겠다."고 말한 것으로 기록돼 있다. 레위기(26:3~46)에는 계명을 지키면 받을 복과 지키지 않을 시 닥칠 벌을 명시하고 있다.

사람이면 누구나 복을 받아 편안하고 행복하기를 바란다. 자식의 병을 치유하기 위해 간절히 기도하는 것은 인지상정이다. 복을 받고자 하는 욕망은 잘 못 된 것만은 아닐 것이다. 문제는 복을 받기 위해서는 어떤 원칙을 세워야 한다는 것이다. 무조건 구해서 될 성질이 아니다. 그래서 복이란 '받는 것'이 아니라, '짓는 것'이라는 말도 나온다.

원인에 의해 결과가 생기는 것은 자연법칙이다. 문제의 원인이 자기에게 있다면 스스로 고치지 않으면 안 된다. 자연법칙은 누구에게나 공평하게 적용된다. 심은 대로 거둔다는 뜻이다. 그래서 불교에서는 인과성(因果性)을 주장한다. 즉, 선을 행하면 선의 결과가, 악을 행하면 악의 결과가 생긴다는 것이다. 바른 마음을 갖고, 열심히 노력하며 선행을 해야 하는 이유가 여기에 있다.

하나님이 인간에게 복을 줄 수 있는 신이라고 하더라도 이런 법칙을 무시할 수는 없다. 노력도 않고 엉뚱한 짓을 하면서 물질, 건강, 권력, 명예 등을 달라고 떼를 쓰는 것은 잘못된 것이다. 이런 경우 하나님이 들어준다면 의타심을 길러주어 그릇된 사람을 만들 수 있다. 그것은 창조주라는 하나님이 스스로 세운 자연의 질서를 위배하는 것이 된다.

기복신앙 부추기는 하나님

그러나 하나님은 '은혜 줄 자에게 은혜를 주고, 긍휼히 여길 자에게 긍휼을 베푼다'(출 33:19). 기독교인들은 하나님에게 순종하는 것이 은혜와 긍휼을 받는 길이라고 믿는다. 하나님은 자신의 말에 순종하면 모든 복이 임한다(신 28:2)고 말한다. 하나님에게 의존하면 복을 받는다는 것이다. 하나님이 기복신앙을 부추기고 있다.

대부분 불행의 근원은 자신의 욕망을 조절하지 못함에 있다. 의존성 때문이다. 욕망은 물질이나 권력, 쾌락 등 외형적 가치만을 좇는다. 여간해서 만족할 줄도 모른다. 이와 관련해 일그러진 인간상을 끊임없이 탐구해온 영국계 아일랜드 화가 프란시스 베이컨은 "육체의 욕망, 교만, 욕심은 인간이 가진 세 가지 악덕이다. 이것 때문에 갖가지 불행이 인류의 어깨를 짓누른다. 이것을 고치는 방법은 오직 한 가지 곧, 절제와 극기"라고 말했다. 그 어떤 것에도 의존하지 말라는 말이다.

일부 신학자들은 기독교의 기복신앙이 샤머니즘의 영향을 받았기 때문이라고 하지만, 근원은 성서 안에 있다. 예컨대, '긍휼히 여길 자를 긍휼히 여긴다.' '하나님 말씀에 순종하면 복을 받는다.'는 하나님의 말과 예수의 '구하라 그리하면 너희에게 주실 것이요…'라는 말에서 그 뿌리를 찾을 수 있다. 예수는 제자들에게 '기도하며 낙심하지 말라'고 위로한 다음 '…하나님께서 밤낮 부르짖는 자들의 원한을 풀어주지 않겠느냐' '아들이 떡을 달라 하는데 돌을 주며, 생선을 달라 하는데 뱀을 줄 사람이 있겠느냐. …하물며 하늘에 계신 너희 아버지께서 구하는 자에게 좋은 것으로 주시지 않겠느냐'고 역설한다.

이런 말은 '누구든지 구하면 주겠다'는 뜻으로 받아들일 수 있다. 그래서 기독교인들이 '떼를 쓰는 신앙'에 쉽게 빠져들고 있는 것이다. 아이러니하게도 예수조차 '십자가의 잔을 지나가게 해 달라'고 하나님께 애타게 매달렸다. 그러나 예수는 결국 쓴 잔을 마시고 말았다(마 27:46).

거짓된 가르침인 기복신앙이 종교계에 널리 퍼져 있다. 신앙의 대상과 종교에 의존하여 자신의 유익을 구하는 것이 목적이다. 헌금을 많이 걷기 위해 종교지도자들이 기복을 부추기는 사례가 적지 않다. 기복신앙은 신과 종교에 대한 의존성만 키워주어 종교인들을 정신미숙아로 만든다.

종교마다 교리나 실천내용에 차이는 있지만 대체로 현세의 고통을 덜어주고, 내세에 영원한 삶이 있다며 사람들을 바르게 살도록 이끌어왔다. 그러나 종교가 인간의 삶을 지배하고 모든 학문 위에 군림하면서 본질이 퇴색해 버렸다. 기복신앙은 종교에 무관심해지고 있는 현대인들을 끌어들이기 위한 고육지책인지 모른다.

인간은 누구나 자신과 가족의 안녕, 행복을 중요시 여긴다. 기복신앙은 이런 사람들의 마음을 파고들고 있다. 기독교는 예수(하나님)를 믿으면 구원받고 복을 받으며 사후에는 천국에 간다고 가르친다. 기독교의 이런 주장은 사람들로 하여금 예수와 기독교를 믿게 하기 위한 미끼와 같다. 기업의 상품판매를 위한 허위 · 과장광고나 다름없다. 사람을 끌어들이기 위한 유혹이다. 만약 하나님이 인간을 구원해 주고, 복을 받게 해주며, 천국에 보내 줄 능력이 있었다면 벌써 이 세상을 '하나님 세상'으로 만들었을 것이다.

진실 된 목표를 세우고 성실하게 노력한 대가를 받아 분수에 맞게 사는 사람은 굳이 누구에게 빌 필요가 없다. 노력한 만큼의 결실이 오는 것은 자연의 법칙이다.

4) 허황된 메시지, 믿음과 천국

유일신교인 유대교와 기독교, 이슬람교는 인간의 자존성을 인정하지 않는다. 이들 종교의 신자들이 종교 의존도가 가장 높다. 기독교는 인간을 타락한 존재라 규정하고, 구원자 예수(하나님)를 믿어야 구원받고 천국에 갈 수 있다고 주장한다. 칼뱅주의의 예정설은 '신이 인간을 위해 있는 것이 아니라 인간이 신을 위해 있는 것'이라고 신과 인간의 관계를 규정하고 있다. '인간은 하나님의 영광을 위한 수단으로 창조되었다'(사 42:8, 43:21)는 하나님의 말에서 인간의 존재 의미를 찾으려고 한다.

기독교인들의 신앙고백문 '사도신경(기본적으로 믿어야 할 교의)'은 '창조주하나님, 예수의 성령잉태와 동정녀에게서 출산, 그리고 십자가죽음과 3일만의 부활, 재림과 육신의 부활을 믿는다.'고 규정하고 있다. 비신자들은 허무맹랑한 미신쯤으로 치부할 내용이다. 현실에서는 그 실현이 불가능하다. 그러나 예수는 이를 가르쳤다. "예수께서 이르시되 나는 부활이요 생명이니 나를 믿는 자는 죽어도 살겠고 무릇 살아서 나를 믿는 자는 영원히 죽지 아니하

리니 이것을 네가 믿느냐."(요 11:25~26)

따라서 성경은 믿음을 강조한다. "믿음으로 저희가 홍해를 육지같이 건넜으나 애굽 사람들은 이것을 시험하다가 빠져 죽었으며"(히 11:29), "주께서 가라사대 너희에게 겨자씨 한 알만한 믿음이 있었다면, 이 뽕나무더러 뿌리가 뽑혀 바다에 심기우라 하였을 것이요. 그것이 너희에게 순종하였으리라." (눅 17:16)

기독교는 인간과 이 세상을 긍정하지 않는다. 타락한 인간, 타락한 세상으로 본다. 그렇지 않으면 기독교는 존재의미가 없다. 성경은 '사람이 헛것 같고, 그의 날은 지나가는 그림자와 같다'고 말한다. 또한 '세상 풍조를 따르고, 공중 권세 잡은 자를 따라서는 안 된다'고 당부한다. '세상적인 모든 것들을 사랑하지 말라. 그것들은 다 지나간다. 이것들로는 하나님 나라를 이어받을 수 없다'고 경고한다.

예수의 공생애 첫 마디는 "천국이 가까이 왔다"는 것이었다. 기독교에서 말하는 천국은 '이 세상에서 예수를 믿은 사람이 죽은 후에 갈 수 있는 영혼이 축복받는 나라이며, 하나님이 지배하는 나라다.' 예수는 하나님 나라인 천국에 들어갈 자격에 대해, '어린아이와 같지 않으면 결단코 천국에 들어가지 못한다'고 못 박았다. 또한 어린아이 같이 자기를 낮추는 자가 천국에서 큰 자가 된다고 했다. 심령이 가난한 자, 온유한 자, 의에 주리고 목마른 자, 긍휼히 여기는 자, 마음이 청결한 자, 화평케 하는 자는 하나님의 아들로서 천국이 저희 것이라고 했다. 세상의 잣대로 보면, 예수가 말한 천국에 갈 사람은 하나같이 어리석고 바보 같은 사람들이다. 중요한 것은 지상에서 천국인의 삶을 살아야 영계에서도 천국생활을 한다는 사실이다.

종교 통제수단으로 변주(變奏)된 천국

미국의 '뉴스위크지' 종교특파원 리사 밀러는 최근 그의 저서에서 "천국은 피의 역사가 만들어낸 구조물"이라는 흥미로운 주장을 내놓았다. 천국이 '빛으로 가득 찬 황홀한 장소'로 알고 있는 사람들에게는 망언이나 다름없다. 밀러가 펴낸 책이름은 《천국-사후세계에 대한 우리의 지속적 매혹》이다. 이 책에서 밀러는 자신의 주장을 조목조목 정리해 나간다.

천국은 신과 천사들이 사는 곳이었다. 사람이 죽어서 그곳에 간다는 개념은 애초에 없었다. 사람의 부족한 부분을 하늘(천국)에 투사하기 시작한 것은 기원전 165년 고대 유대인들에 의해서였다. 유대인들은 여러 가지 요인들을 결합해 '신이 살고 있고, 올바르게 산 사람도 죽으면 가는 곳'으로 천국의 개념을 설정했다.

그런데, 천국의 개념이 좀 더 완벽하게 정립되기까지는 시간이 걸렸다. 무엇보다 외세의 침략이 크게 작용했다. 그리스인들의 침략으로 유대인들은 팔레스타인고원으로 쫓겨나 떠돌게 되었고, 낯선 땅에서 유골조차 수습할 수 없게 되자 예언자 다니엘이 나와 "순교한 유대인들은 큰 상을 받게 될 것"이라며 힘을 북돋워줬다. 이로부터 1세기가 채 안 돼 대부분의 유대인은 천국을 믿게 됐고, 이 믿음은 사라지지 않았다.

이후 천국의 개념은 수세기 동안 시대와 지역을 흘러 다니며 통제와 위협의 수단으로 변주됐다. 교황청은 천국을 빌미로 면죄부를 팔았고, 뉴잉글랜드 청교도들에게는 천국이 '현생에 규율을 강제하는 수단'이 되기도 했다. 자유를 꿈꾸던 미국 흑인 노예들에게 천국은 '처음이 나중 되고, 나중이 처음 되는 곳'이었다. 성에 굶주린 사회에 사는 이슬람 자살폭탄 테러범들에게 천국은 '72명의 처녀들과 성교하는' 이상향으로 그려졌다. 이쯤 되면, 천국은 '피의 역사가 만들어낸 구조물'이라는 밀러의 주장은 그렇게 망언만은 아닌 듯 싶다.

'믿음으로 구원받았다'는 기독교의 교리만으로는 결코 천국티켓을 보증할 수 없다. 인격을 갖추지 못한 사람이 단지, 그 종교와 교조를 믿었다는 조건만으로 천국에 간다는 가르침은 이치에 맞지 않는다. 지상세계나 사후세계 모두 심은 대로, 행하는 대로 거두는 자연의 법칙이 지배하는 세계다.

예수는 자신의 십자가 처형이 임박할 무렵, 천국을 이루려고 왔으나 끝내 이루지 못한다며 한(恨)의 일단을 피력한다. 예수는 또 '복음이 땅 끝까지 전파돼야 천국이 온다.'는 말과 함께 천국 문 열쇠를 베드로에게 맡기면서 땅에서 매면 하늘에서도 매이고 땅에서 풀면 하늘에서도 풀린다는 말을 남기고 짧은 생을 마감했다.

기독교인들은 예수의 유지를 받든다며, 2000여 년 동안 세계 방방곡곡에서 복음을 전하기 위해 피와 땀을 흘렸다. 세계 기독교 인구는 2010년 22억 9000만 명으로 조사됐다. 세계인구의 33.2%를 차지하는 숫자다. 우리나라 기독교인만 해도 1200만 명에 달해 전체 인구의 25%에 육박한다. 그러나 기독교와 세상은 어떤가. 기독교인들이 바라는 천국은 요원하기만하다. 오히려 사람들은 더욱 더 통제 불능상태에 빠져들고 있다. 지금 지구촌은 하루도 평온할 날이 없다. '사람이 죽어야 지구가 산다.'는 자조의 말까지 나오고 있다. 이것은 기독교의 메시지가 공허한 이야기임을 방증한다.

여러 종교에서는 사후세계를 천국(극락)과 지옥으로 구분해 사람들을 교화시키고 있다. 즉 '현세에서 악하게 산 사람은 죽은 다음에 지옥에 보내져 영원한 벌을 받는다.'며 악한 행동에 제동을 건다. 반면 '선하게 산 사람은 죽어 천국에 가서 영원한 복락을 누리고 산다.'며 선한 행동을 독려한다. 지옥은 흔히 아비규환의 장소로 묘사된다.

기독교의 천국은 예수를 믿어야만 들어갈 수 있는 곳이다. "내가 곧 길이요 진리요 생명이니 나로 말미암지 않고는 아버지께로 올 자가 없다."는 예수의 말을 그 근거로 삼는다. 기독교는 예수를 믿으면 구원받아 천국가고, 안 믿으면 지옥 불에 떨어진다고 가르친다.

그러나 대자연의 혜택이 만인에게 골고루 주어지듯이 사후세계 또한 공평하다. 조물주에게는 특별한 것이 없다. 조물주는 자연 만물을 나고 자라게 할 뿐 나타나지도 않고, 간섭하지도 않는다. 모든 생명체는 고귀하다. 같은 가치를 지녔다. 자연계의 법칙은 심은 대로 거둘 뿐이다. 조물주도 당신이 세워 놓은 이 원칙을 위배할 수 없는 것이다.

5) 인간의 삶、세상치리는 '인간의 몫'

세상에는 무수히 많은 종교가 있다. 인류 대다수가 종교인이라고 해도 과언이 아니다. 신도수를 기준으로 하면 기독교(33%), 이슬람교(21%), 힌두교(14%), 불교(6%), 유교(6%) 순이다. 불교와 유교는 믿는 신이 없고, 힌두교는 여러 신을 믿는다. 반면 유대교와 기독교, 이슬람교는 하나님(여호와 : 하나님의 이름. '스스로 있는 자'라는 뜻)을 유일신으로 믿고 있다. 세계 종교인 절반 이상이 '이스라엘의 왕, 이스라엘의 구원자, 만군의 여호와'(사 44:6)를 유일창조신으로 믿고 있는 것이다. 이제 하나님은 인류의 신으로 우뚝 서 있다. 비 종교인도 신, 창조주는 하나님이라고 생각하는 사람이 많다. 기독교가 세계의 정치, 경제, 문화에 큰 영향을 주는 종교가 되었기 때문이다.

이스라엘민족의 신에서 인류의 신이 된 하나님은 성경에서 스스로 인간과 자연을 창조한 창조주이고(창 1:1), 전능자이며(창 17:1), 유일신(신 32:39)이라고 주장한다. 하나님은 인간에게 공고한다. "나는 처음이요, 나는 마지막이다(사 44:6), 인간의 아버지, 인간의 지도자는 하나님 뿐(마 23:9)이고, 하나님 외에는 신이 없으니(신 32:39), 하나님 외에는 다른 신들을 있게 말라(출 20:4), 네 하나님 여호와의 이름을 망령되게 부르지 말라"(출 20:7)

하나님의 명령은 절대적이다. "다른 신에게 희생 드리는 자를 멸하라"(출 22:20)는 지시도 내린다. 이스라엘백성이 우상을 만들어 섬기자, 이스라엘백성의 배역을 질타한다. "너희가 나를 누구에게 비기며, 나로 그(마귀)와 동등이 되게 하겠느냐"(사 40:25), "어느 나라가 그 신을 신 아닌 것과 바꾼 일이 있느냐. 그러나 나의 백성은 그 영광을 무익한 것과 바꾸었도다."(렘 2:11)

인간지배 위한 하나님의 술수

창조주 하나님이 인간을 창조한 목적이 무엇이었을까. 인간은 하나님 자신을 위해 지었다. "이 백성은 내가 나를 위하여 지었나니, 나의 찬송을 부르게 하려 함이니라."(사 43:21). 하나님은 창조를 마친 후에 "하나님이 지으신 그 모든 것을 보시니 보시기에 심히 좋았더라."(창 1:31)며 창조의 심정을 피력했다. 하나님은 이러한 인간창조목적을 반드시 이루겠다고 굳게 다짐한다. "…나는 내 영광을 다른 자에게, 내 찬송을 우상에게 주지 아니하리라."(사 42:8), "내가 나를 위하여 이를 이룰 것이라. 어찌 내 이름을 욕되게 하리요, 내 영광을 다른 자에게 주지 아니하리라." 하나님의 인간에 대한 지배욕은 대단하다. 아브라함이 100세 때 얻은 독자 이삭을 번제로 드리라는 시험도 한다(창 22:2).

하나님에 의하면, 인간은 하나님의 노예(왕하 19:34)이고, 소유물(렘 51:20~21)이다. 당연히 인간과 세상의 주인은 하나님이다. 인간과 세상은 하나님의 주관을 받아야 한다. 인간에게는 인격과 권리와 존엄성이 없다. 다만 하나님에게 영광을 돌려야 하는 종이고, 부속물일 뿐이다. 인간은 하나님만이 독점해야 하고, 하나님의 지배를 받아야 한다. 다른 신을 섬기지 말라고 강조한 것도 이 때문이다. 하나님은 인간을 자신의 마음대로 휘두를 수 있다고 생각한다. 하나님의 인간지배욕은 인간의 인격과 권리를 무시하고 억누르는 행위를 동반한다.

하나님은 자신에게 휘둘림 당하는 인간이 얼마나 고통스럽고, 그 마음이 얼마나 괴로운지에 대해서는 생각하지 않는다. '사랑의 하나님'이라는 하나님에게서 사랑은 찾아볼 수 없다. 그러기에 일방적으로 순종만을 강요한다. 하나님은 이를 마땅하다고 생각한다. 인간은 하나님의 피조물이므로 하나님 마음대로 지배할 권한이 있다고 생각하기 때문이다. 인간이 불순종할 때에는 지배력을 이용하여 굴복시켜도 된다고 생각한다. 성경에는 이러한 하나님의 행태가 세세히 나타나 있다.

과연 하나님이 인간과 세상을 다스리는 것일까. 그것은 단지 성경속의 이야기일 뿐이다. 성경에서 온갖 이적과 기사를 일으키고, 자신을 믿지 않은 자들을 도륙하던 하나님은 지금은 어디에서 무엇을 하고 있을까. 21세기 정보화시대임에도 불구하고 세상 그 어디에서도 하나님이 성경에서처럼 지금도 역사하고 있다는 반가운 소식은 들려오지 않는다. 그러나 유일신 교인들은 하나님은 현세에서도 살아계시고, 인간과 세상을 다스리고 있다고 믿으며, 하나님의 긍휼을 얻기 위해 간구하고 있다.

인간의 삶과 세상치리는 인간에게 주어진 것이다. 조물주는 인간의 삶에 간여하지 않는다. 다만 자연의 법칙에 맡길 뿐이다. 인간의 본성은 자존성이다. 인간은 자신의 행동을 잘 통제하지 못하기 때문에 스스로 법이라는 통제장치를 만들어 놓고 이를 준수하지 않는 인간을 다스리고 있다.

동물 또한 자존성이 있다. 동물은 자연환경에 적응하며 자존하고 있다. 생존본능이 그것이다. 동물이 선천적으로 가지고 있는 억누를 수 없는 감정과 충동이다. 태어난 후 겪거나 배워서 갖춘 것이 아니라, 세상에 태어나면서부터 이미 갖추고 있는 능력이다. 어미가 가르쳐주지 않아도 새끼는 어미의 젖을 빨고, 병아리는 달걀을 깨뜨리고 나온다.

야생동물들은 약육강식의 세계에서 살아남기 위해 처절한 경쟁을 벌인다. 배가 고프면 필사의 힘으로 사냥을 하고, 잡아먹히지 않기 위해 다양한 전략을 구사한다. 포식자는 사냥할 때 뛰어난 감각기관을 사용한다. 예민한 후각, 뛰어난 시각, 적외선 감지기관이나 진화된 부리, 길게 발달한 혀를 이용해 사냥한다. 반면 피식자는 경고색이나 보호색, 의태, 화학물질 분사, 눈에서 피를 뿜어내는 등의 방어 전략을 쓴다. 때론 연대해서 포식자와 맞서기도 한다.

하나님은 말 뿐인 신

하나님은 몸이 없는 영적인 존재다. 어찌 보면 인간의 마음과 같은 존재다. 마음은 애타게 욕망을 추구할 뿐이다. 몸이 없는 하나님이 몸이 있는 인간을 필요로 하는 이유다. 그렇다고 해서 인간이 하나님의 예속물은 아니다. 몸이 없는 하나님은 인간과 같은 감정이 없다. 하나님은 인간의 고통을 모른다. 이용하는 것이 목적이다. 하나님과 통하는 사람의 말로는 좋지 않다. 자신을 우상으로 만들거나 사기꾼이 되거나 아니면 폐인이 된다. 하나님을 접한 자들의 삶을 보면 알 수 있다.

하나님의 메신저(영매) 조차 눈으로 하나님을 보지 못한다. 형체가 없기 때문이다. 단지 목소리만 들을 뿐이다. 따라서 하나님의 정체를 알 길이 없다. 하나님이 하는 말을 곧이곧대로 믿거나 아니면, 스스로 의미를 부여하고 따를 뿐이다. 메신저는 하나님과 말로 통한다. 하나님은 메신저를 말로 주관하고, 메신저도 인간을 말로 주관한다. 하나님은 메신저가 자신의 말을 잘 듣게 해야 한다. 하나님은 메신저를 이용하기 위해 여러 방법을 사용한다. 채찍질도 하고 당근도 주며, 병도 주고 약도 준다.

성경에 의하면, 하나님은 인간을 마귀에게 빼앗겼다. 하나님은 그래도 그 인간과 세상의 주인 되는 것이 목적이다. 하나님은 성경의 작가이자 연출가이며, 총감독이다. 하나님의 말을 곧이곧대로 믿고 의존했다가는 낭패를 본다. 하나님은 인간에게 지시할 뿐 그 결과에 대해서는 책임지지 않는다. 아니, 책임질 수도 없다. 말밖에 없는 존재이기 때문이다. 인간이 반박하면 압박하거나 회유하다가 배척하면 연기처럼 사라진다. 그 어디에도 호소할 곳이 없다.

사기꾼은 지능이 높다. 상대방을 자신에게 넘어오게 할 궁리만 하기 때문이다. 말을 번지르르하게 잘한다. 병적인 거짓말쟁이다. 사기꾼을 어떻게 분별할 수 있을까. 말의 결과를 보면 된다. 언행이 일치하지 않는다. 말뿐이다. 거짓말만 한다. 거짓말이란 '사실이 아니라는 것을 알고 있으면서 상대방에게 이것을 믿게 하려고 사실인 것처럼 꾸며서 하는 말이다.' 양두구육(羊頭狗肉)이다. 사기꾼을 믿는 것은 짝사랑하는 것이나 다름없다. 헛수고다.

하나님은 거짓말쟁이다. 하나님이 왜 거짓말을 하는 것일까. 인간으로 하여금 자신을 믿게 하기 위해서다. 하나님은 인간에게 의존성을 심어주고 인권을 빼앗아 인간 위에 군림하고 인간에게 추앙받는 것이 목적이다. 인간의 신이 되고자 한다. 그 수단이 성경이다. 하나님은 인간의 기생 신(寄生神)이다. 인간의 지지를 받지 못하면 자멸한다. 예나 지금이나 인간의 의존성이 신을 찾고, 신을 불러들인다. 인간 스스로 무릎 꿇고 기도하며 신의 노예 되기를 간청하고 있다.

신에 의해 예언을 하고, 기적을 행하고, 이상한 행위를 하는 것은 자연법칙에 어긋나는 반칙행위다. 그에 대한 부작용이 뒤따른다. 신(귀신)놀음의 결과는 고스란히 인간의 몫이다. 신과 인간의 관계는 오래 지속될 수 없다. 결과 또한 나쁘다. 신이 인간을 위해주는 척 하면서 일방적으로 이용하기 때문이다. 신은 인간을 위해 줄 능력이 없다. 바람 같고, 연기 같은 신이 도대체 인간을 위해 무엇을 할 수 있겠는가. 귀신을 믿는 것을 미신이라고 하지만, 신을 믿는 것 역시 미신이다.

하나님에게 무엇을 기대하는 것은 연목구어(緣木求魚)와 다름없다. 하나님은 허깨비 같은 존재다. 게다가 무자비하다. 하나님은 토기장이 비유를 들어 자신이 창조했다는 인간과 모든 생명체에게 무소불위의 권력을 휘둘렀다. 인간이 악하다(하나님 불신 죄)는 이유로 "땅 위에 사람 지으셨음을 한탄하사 사람과 가축과 기는 것과 공중의 새까지 지면에서 쓸어버리리라"(창 6:6~7)고 분노하고, 40일간의 홍수로 자신을 믿는 노아와 그 가족만을 살리고 모든 인간과 생명체를 멸했다. 하나님은 인간이 자신을 불신하면 용서하지 않는다. 마구잡이로 살육한다. 하나님은 분노로 가득 차 있고, 언제 폭발할지 모르는 시한폭탄과 같은 악신이다.

하나님의 살육과 인간의 복종

하나님은 이스라엘백성에게 가나안 7족의 노약자와 어린아이는 물론 동물들까지 멸하라는 천인공노할 학살을 지시한다. "아이들 가운데서도 사내 녀석들은 당장 죽여라. 남자를 안 일이 있는 여자도 다 죽여라. 다만 남자를 안 일이 없는 처녀들은 너희를 위하여 살려두어라"(민 31:18), "…이 민족들의 성읍들에서는 숨 쉬는 것을 하나도 살려두지 마라. …너희 하느님 야훼께서 명령하신 대로 전멸시켜야 한다."(신 20:16~17), "…아말렉을 치고 그 재산을 사정 보지 말고 모조리 없애라. 남자와 여자 아이와 젖먹이 소떼와 양떼 낙타와 나귀 할 것 없이 모조리 죽여야 한다."(삼상 15:1~3)

이스라엘백성들은 하나님의 지시대로 여리고 성벽이 무너져 내리자, 성안에 있던 남녀노소 가리지 않고 소건 양이건 나귀건 모조리 칼로 멸하였다(수 6:20~21). 입에 담기조차 끔찍하다.

하나님의 '영감(靈感)'을 받아 기록했다는 성경은 하나님을 믿는 사람들에게만 통용되는 논리다. 하나님을 믿지 않는 사람들은 여느 신화나 소설과 다르게 보지 않는다. 하나님이 성경에서 이적과 기사를 일으키고, 무자비한 살육을 감행한 목적이 무엇이었을까. 자신의 초자연적인 능력과 강력한 위엄을 보여주어 인간으로 하여금 자신을 순종하게 만들려는 것이었다. 그러나 오히려 역효과만 낳았다. 인간은 두려움에 떨며 복종하는 노예가 되었고, 하나님 스스로 자연법칙을 무너뜨리는 자가당착에 빠진 것이다. 어리석다.

성경속의 하나님은 이스라엘백성을 자신의 손아귀에 넣고 자신만이 유일신 · 창조주로 군림하고, 추앙받으며 기쁨을 누리고자 하였다. 독선과 아집에 사로잡혀 편협하고, 인간을 지배하기 위해 광분하는 독재자의 전형적인 모습을 보여주었다. 하나님을 신봉하는 유대교는 지금도 선민의식으로 자신들만이 구원의 대상이며, 다른 민족은 이방인이라고 생각하고 있다. 기독교는 우상숭배금지와 예수십자가 대속을 강조한다. 이슬람교는 알라 이외의 다른 신을 섬기는 행위와 개종을 가장 큰 범죄로 여기고 있다. 이들 종교는 그들이 믿는 신 이외에 다른 종교의 신과 신앙을 일체 인정하지 않는다. 인간을 온전한 인격체로 보지도 않는다. '사랑과 자비'를 강조하지만, 그것은 그들의 진영에 합당해야하니, 지극히 제한적이다. 그들의 믿음은 그들만의 이기적인 진실이다.

경전이나 신화 속에는 환상적인 기적이 많이 내포되어 있다. 성경의 하나님은 절대자답게 그의 능력에는 한계가 없다. 말로 만물을 창조하고, 물로 지구를 덮어 모든 생명체를 죽이고, 바다를 갈랐다가 합쳐놓으며, 타락한 도시들을 불과 유황으로 멸망시키고, 애급민족에게 10가지 재앙을 내리며, 고함을 지르게 하여 성벽을 무너뜨리고, 태양과 달을 멈추게 하는 등 기상천외한 일을 행하였다.

성경 속의 하나님은 이처럼 전지전능하다. 그러나 설령 그것이 사실이라고 하더라도 경외심 보다는 전율이 일어난다. 하나님의 이러한 기적은 성경 속에서만 머물기를 바랄 뿐이다. 이것이 현실로 나타나 자연의 질서가 무너지는 순간 세상은 아수라장이 되고, 지구는 멸망하고 만다. 이러한 기적들이 비유나 상징 혹은 신앙심을 고취하기 위한 격려말씀이라고 치부한다면, 무엇이 진리인지 애매모호해진다.

하나님이 '무엇이 되라'고 해서 그것이 금방 뚝딱 되어져 나온다면 하나님은 전지전능한 하나님이 아니라 요술쟁이 하나님이다. 세상에 노력이 들어가지 않고 되는 일은 없다. 차가운 물을 끓게 하려면 그만큼 열이 가해져야 한다. 창조주라는 하나님이 이런 순리와 법도를 무시하면, 이 세상은 하나님이 사는 세상이지, 인간이 사는 세상이 아니다. 하나님이 마음 내키는 대로 자신의 도깨비방망이를 휘두른다면, 인간이 노력할 필요가 없다. 하나님이 다 해주는데 무엇 하러 수고하겠는가. 하나님만 믿고 의존하면 된다. 그렇게 된다면 이 세상이 어떻게 될까.

성숙한 인간은 해야 할 것과 해서는 안 될 것을 안다. 해야 할 것은 자존하는 것이고, 해서는 안 될 것은 신에게 의존하지 않는 것이다. 자존하는 삶이 인간의 올바른 삶이다. 자존의식 없이 신과 종교에만 의존하여 산다면 조물주가 준 자존성을 잃어버린다. 인간의 자존을 가로막는 것은 자연의 법칙을 거스르는 것이다. 가장 큰 죄다. 인간에게 접근하는 신은 인간에게 해로운 신이다.

6) 성숙한 인간

성경의 하나님이 좋아하는 사람은 자신에게 순종하는 사람이다. 하나님은 인간에게 절대 믿음과 절대 순종을 요구한다. 하나님이 소금 가마니를 물에 담그라고 하면 담그고, 지붕에 송아지를 끌어 올리라고 하면 끌어 올려야 한다. 하나님이 팥으로 메주를 쑬 수 있다고 하여도 믿어야 살 길이 열린다고 말한다. 고로 어떻게 팥으로 메주를 쑤느냐고 생각해서도 안 된다.

하나님이 자신의 메신저로 사용했던 성경의 중심인물들은 하나같이 하나님에게 절대 순종했던 사람이다. 하나님의 논리로 보면, 예수가 십자가에서 부활한 것도 하나님에게 순종했기 때문이다. 하나님이 십자가에 죽어야 되겠다고 해도 반발하지 않고, '내 뜻대로 마옵시고 아버지 뜻대로 하옵소서.' 하며 자기 생명을 하나님에게 맡겼기 때문에 하나님이 부활시켜 주었다. 하지만, 인간시조 하와와 아담은 자기 멋대로 해서 타락하여 마귀의 주관을 받으며 고통스럽게 살고 있다고 한다. 따라서 하나님에 대한 절대적인 믿음과 순종이 유일신교의 신앙이요, 천국으로 가는 유일한 길이 된다.

유일신교 교인들은 하나님이 자연법칙 위에 있고, 하나님이 준 성경(코란)이 진리라고 주장한다. 하나님을 만사형통의 신으로 믿고 있기 때문이다. 하나님의 뜻은 '인간을 주관하여 인간의 왕이 되겠다.'는 것이다. 하나님은 지금도 이 뜻을 버리지 않고 있다. 자신을 믿는 자들을 통해 인간을 자신의 울타리에 가두어 놓고 하수인으로 부리기 위한 섭리를 계속하고 있다. 그러나 그 입지는 갈수록 줄어들고 있다. 시대가 달라졌다. 현대인들의 의식구조는 과거 유대인들에 비할 바가 아니다.

선은 모든 존재에게 피해를 주지 않는 것이다. 성경은 마귀를 인간을 유혹하여 악으로 내모는 악신으로 규정한다. 그러나 하나님 역시 인간을 자신에게 의존케 하여 이용하려는 악신이다. 하나님은 인간의 본성인 자존성을 인정하지 않는다. 타성인 의존성을 심어주려고 한다. 하나님은 선신인가, 악신인가. 인간을 해롭게 한다는 점에서 보면, 마귀와 하등 다를 바 없다. 하나님은 인간이 자존으로 나아가는 길을 가로막고 있다. 인간은 하나님의 주관 권에서 벗어나야 한다. 자연의 기운과 법칙으로 존재하는 조물주에게로 돌아가 자연처럼 자존하며 살아야 한다. 천재 과학자 알버트 아인슈타인의 말에 귀 기울여보자.

"과학을 심각하게 연구하는 사람이라면, 누구나 자연 법칙에 인간의 영혼보다 훨씬 더 뛰어난 영혼이 담겨있다는 사실을 확신하게 된다. 나는 존재하는 모든 것과 조화를 이루면서 자신을 드러내는 스피노자의 신은 믿지만, 인간의 운명과 행동에만 관심이 있는 신은 믿지 않는다."

과거 성경의 하나님은 유대민족을 중심으로 섭리했다. 유대민족의 왕이 되고자 했다. 왜 그럴까. 가만히 있으면 무기력해지기 때문이다. 인간에게 추앙받고, 인간을 움직여야 느낌을 맛본다. 생기를 얻는다. 하나님이 거짓말하고, 수단과 방법을 가리지 않는 것은 인간의 마음을 사로잡아 인간을 이용하기 위함이다.

기생물에게 영양을 공급하면 자연히 숙주(宿主)가 된다. 기생물은 어떻게든 멀쩡한 숙주에 들러붙어서 숙주의 의지를 빼앗고 자신의 뜻대로 조종하면서 숙주의 양분을 빼앗아 생존한다. 반면, 숙주는 날로 쇠약해져가고, 심한 경우 죽기도 한다. 넝쿨이 나무를 뒤덮어 고사시키는 것이 그 한 예다. 인간을 자신에게 의존케 하려는 하나님과 하나님에게 의존하여 살려는 인간의 관계는 기생물과 숙주 관계라 할 수 있다.

유일신교의 신 하나님은 자신을 창조주, 유일신, 전능자라고 주장하며 인간의 의존성에 뿌리를 박고 생명력을 공급받고 있다. 인간은 하나님과의 기생관계(寄生關係)를 끊어야 한다. 인간이 어떻게 하여 하나님의 숙주가 되는 것일까. 하나님이 욕심을 부추겨 의존하게 만들기 때문이다. 기독교 지도자들은 성경을 하나님이 주신 진리로 믿고 하나님에게 의존해야 복을 받고, 구원받으며, 사후에는 천국에 갈 수 있다는 믿음을 주입시키고 있다.

하나님과 인간은 상극관계

사람들은 어려움이 닥치거나 우환이 생기면, 고통과 미래에 대한 불안감 때문에 순간적이나마 고통을 잊으려고 술과 담배, 마약 등 중독성물질에 의존한다. 더러는 요행을 바라며 도박에 손을 대고, 복권에 희망을 걸며, 무당·점쟁이를 찾아가서 해결의 비책을 찾으려고 한다. 또한 종교에 의존하여 위로 받고 신에게 매달려서 소원을 성취하려고 기도하는 이들도 있다. 그러나 이런 것들은 문제해결의 올바른 방법이 아니다. 갈증만 더할 뿐이다.

이 세상은 심은 대로 거두는 자연법칙이 지배하는 세상이다. 만약 신이나 귀신이 자연법칙에 어긋나는 초자연적인 현상을 일으켜 인간의 문제를 해결해 준다면, 그것은 곧 자신에 대한 의존성을 키워주려는 것이다. 세상에는 공짜가 없다. 반드시 대가를 지불해야 한다. 사기꾼에게 속는 것은 의존성 때문이다. 자신의 힘으로 문제를 해결하려 하지 않고 신과 귀신과 다른 사람에게 의존해서 덕을 보려는 욕심이 사기꾼의 덫에 걸려든다. 큰 사기꾼은 찾아오는 자만 상대하지 않고 상대방에게 공격적으로 다가간다. 그리하여 달콤한 말로 자신을 의존하게 만든다. 사기꾼의 유혹은 꿀보다 달다. 그래서 속는다. 의존성이 강한 사람이 최고의 타깃이다.

정신이 어리고 약한 사람들은 횃불과 태양빛을 구분하지 못한다. 신이나 귀신이나 사기꾼에게 속아서 고생하는 사람은 캄캄한 밤 횃불에 달려들어 타죽는 곤충같이 멍청한 사람이다. 곤충이 왜 횃불에 덤벼들었다가 타죽는가. 캄캄한 밤에 환한 불빛이 보이니까 태양이 떠올라 환한 줄 알고 좋아서 밝은 데로 가려다가 타죽는 것이다.

의존적이고, 도움을 구걸하는 존재는 자주적인 존재가 아니다. 인간은 신이나 다른 인간에게 자신의 존재를 의존해서는 안 된다. 자신의 정당한 노력의 대가를 얻어서 분수에 맞게 사는 것이 인생의 정석이다. 이런 삶이 자존하는 삶이다. 자존하는 사람이 성숙한 사람이다. 누군가에게 의존하고 있다고 생각하는 순간, 그 곁을 과감하게 떠나라. 그러면 그 존재의 가치는 상실된다.

조물주는 신이 아니다. 조물주는 자존하는 분이다. 자신의 존재 이외의 그 어떤 것에도 의존하지 않는 절대적인 독립성을 지닌 존재다. 이러한 조물주에 의해 태어난 인간도 조물주처럼 자존해야 한다. 조물주에게도 의존해서도 안 된다. 자연은 자존하지 않는 것이 없다. 자존하는 존재는 당당하다. 인간에게 필요한 건 신과 종교에 대한 의존성이 아니라 '자존성의 회복'이다. 의존하는 존재는 자기 정체성이 없다. 자유란 '외부적인 구속이나 무엇에도 얽매이지 않고 자기 마음대로 할 수 있는 상태다.' 자신에게 의존하는 것이 정상이다.

'하나님 굴레' 벗어나는 것이 구원

자존성은 주어지는 것이 아니다. 노력으로 얻어지는 것이다. 고생하고, 실수하고, 깨달아 후회할 행동을 하지 않는 것이다. 자기 노력의 대가를 받아 분수에 맞게 사는 것이 올바른 삶이다. '의존케 하여 이용하는 신'은 사기꾼이고, '신을 의존하는 자'는 욕심쟁이다. 사기꾼의 감언이설을 그대로 믿고 복을 받으려다 오히려 피해를 당한다. 욕심 부리다가 망한다.

인간의 삶에 조물주가 관여하면, 인간이 조물주에 대한 의존성에서 벗어날 수 없게 되고, 그것은 곧 조물주 스스로 자연의 질서를 무너뜨리는 것이 된다. 성경의 하나님은 자연의 법도를 준수하는 조물주가 아니다. 유일신교의 신앙의 대상일 뿐이다. 인간은 허깨비 같은 하나님의 젖을 받아먹고 살려는 어리석음에서 벗어나야 한다. 인간이 제2조물주가 되기 위해서는 그 누구에게도 간섭받고, 주관 받아서는 안 된다.

인생의 정석은 '의존성을 버리고 자존성을 갖고 사는 것'이다. 그리고 우주적인 생각을 가져야 한다. 죄의 뿌리는 의존성이다. 의존성이 욕심을 낳는다. 남에게 의존하여 수고하지 않고 먹으려 하고, 소유하려고 한다. 이것은 결국 남에게 피해를 주는 행동으로 나타난다. 인간과 세상의 불행은 모두 이 의존성에서 일어난다.

조물주는 추앙의 대상인 신이 아니다. 자연의 법도대로 치리하고, 주재할 뿐이다. 조물주는 자연의 기운과 법칙으로 존재한다. 조물주는 인간의 삶을 간섭하지 않는다. 인간이 자존하며 살 수 있는 의식과 환경을 조성하여 시대를 이끌어 가고 있다. 이러한 조물주에 의해 탄생한 인간은 스스로의 노력으로 자신의 삶을 개척해 가야 한다. 세상은 인간의 세상이지 신의 세상이 아니다. 세상에 인간의 노력이 들어가지 않고 된 것은 하나도 없다. 인류문화는 인간의 지성과 노력의 산물이다.

조물주와 하나님은 상반된 차이점이 있다. 조물주는 나타나지 않고, 하나님은 나타난다. 조물주는 인간의 삶을 간섭하지 않고, 하나님은 간섭하려고 한다. 조물주가 인간세계에서 벌어지는 일에 간섭하면 인간이 철들 수 없고, 우주질서가 무너진다. 조물주는 인간에게 복을 주는 존재가 아니다. 그러나 유일신교의 신, 곧 하나님은 복을 준다며 자기에게 순종하라고 유혹한다. 조물주는 그런 것을 할 수 없다. 우주 전체의 질서가 깨지기 때문이다. 조물주에게 특별한 존재란 없다. 모든 인간이 평등할 뿐이다. 그러나 하나님은 자신에게 순종하는 자에게만 긍휼을 베푼다고 말한다. 인간 스스로 조물주가 준 환경을 중심으로 노력하며 자신의 삶을 이루어나가야 한다. 인간은 죽을 길을 가는지, 살 길을 가는지 아는 존재다.

유일신종교는 자기 종교와 교조를 믿으면 천국가고, 안 믿으면 지옥에 간다고 가르치고 있다. 하지만 이는 그들 종교에서 하는 말이다. 다만 믿고 의지하며 잠시 위안 받을 뿐이다. 모든 것이 없는데 모든 것을 갖고 있는 것으로 믿고 하나님만 쳐다보게 된다. 자랑할 것도 없는데 억지로 만들어서라도 하나님을 찬양하려고 하게 된다. 상식 위에 하나님을 올려놓고 판단하게 된다.

신이나 교조나 종교를 숭상할 필요도 없고, 그것들에 의존하여 도움을 구걸(기도)할 필요도 없다. 자연의 법칙을 뒤집을 존재는 아무도 없다. 자신만이 자신에게 도움을 줄 수 있을 뿐이다. 자신을 위한 기도는 자신에게 영향을 줄 수 있다. 자신에게 기도하고, 자신의 의식을 넓히고, 자신의 자존력(自存力)을 키워야 한다. 이것이 정상적인 사고(思考)다. 믿을 존재는 자신뿐이라는 말이다. 자존(自存)하며 부모형제나 남에게 도움을 주는 사람이 이상적인 사람이다.

어떻게 하면 자존성을 기를 수 있을까. 자기중심을 잃지 않고 사는 것이다. '천지 가운데 나 혼자다. 모든 것은 나로 말미암음이다'고 생각하는 것이다. 자존자의 삶은 어디에도 얽매이지 않는 자유로움이다. 막힘이 없고, 갇힘이 없는 물과 같고, 공기와 같은 삶이다. 인간의 가치와 존재목적을 알고, 누구에게도 종속되지 않고 자기 힘으로 기쁘게 사는 것이 조물주에게 보답하는 것이고, 감사드리는 삶이다.

인간이 성숙하지 않으면 신의 굴레에서 벗어날 수 없다. 신의 정체성을 아는 것이 철든 것이요, 성숙한 것이다. 성숙한 인간은 신과 종교에 속지 않는다. 교육으로 되는 것이 아니다. 스스로 깨우쳐야 한다. 인간의 지능이 점차 신보다 높아져가고 있다. 자연의 순환에 의해 사회 환경이 발달되어가므로 인간의 지적 수준이 높아지고 있다. 머지않아 신은 인간에게 외면 받게 되고, 결국 연기처럼 사라지고 말 것이다. 이게 허깨비로 떠받쳐왔던 신의 운명이다.

실존주의 철학자 니체는 그의 저서 《차라투스트라는 이렇게 말했다》에서 신은 인간의 일에 간여하지 말라고 닦아세운다.

"나는 하나님인지 뭔지, 신이 있다면 우리를 좀 내버려 뒀으면 좋겠어. 우리 이 세상은, 우리가 해 나갈 테니까, 우리 일에 상관하지 말라고."

2. 하나님의 음모

1) 하나님은 인간의 기생 신(寄生神)

기독교에서는 인간시조 아담과 하와가 뱀의 유혹에 넘어가 하나님의 계율을 어기고 선악과를 따 먹음으로써 원죄를 범하였다고 주장한다. "선악을 알게 하는 나무의 열매는 먹지 말라. 네가 먹는 날에는 반드시 죽으리라."(창 2:17) 하나님의 이 말은 선악과를 따먹고 죽든지, 따먹지 않고 살든지 그것은 인간의 선택에 달렸음을 시사한다. 자신의 생사를 인간 스스로 결정하라는 말이다. 즉 자존하는 사람이 되라는 뜻이다.

사람이 어떤 일을 결정을 하려면 자기의 생각과 철학이 있어야 한다. 상식적인 사고를 가진 사람이라면, 사람에게 자유의지가 있다는 논리를 수긍한다. 그런데 하나님은 이율배반적이기도 하다. "여호와의 말씀이니라. 이스라엘 족속아, 이 토기장이가 하는 것 같이, 내가 능히 너희에게 행하지 못하겠느냐. 이스라엘 족속아, 진흙이 토기장이의 손에 있음 같이 너희가 내 손에 있느니라."(렘 18:6) 이 말은 '인간의 자유의지는 용납할 수 없다, 인간의 생사여탈권은 하나님 내 손에 달려 있다'는 뜻으로 해석된다. 분노가 극에 달한 상태에서 한 말 같다. 창조주 하나님으로서 할 말은 아니다. 조직폭력배가 선량한 사람을 위협하는 것처럼 느껴져 섬뜩하다. 인간은 하나님에게 아무것도 아닌 존재라는 뉘앙스가 물씬 풍긴다.

하나님은 인간을 자존성을 지닌 인격적 주체로 보지 않는다. 인간을 자신의 종으로 여기고, 필요할 때 이용하는 도구나 물건처럼 취급한다. 이것을 아무 생각 없이 받아들이는지 기독교 지도자들은 하나님을 주(主)라 부르고, 자신을 종(從)이라고 부른다. 그러면 신도들은 종의 종이라는 말인가.

기독교인들의 이러한 맹신은 하나님에게서 연유한다. 하나님은 인간이 자신의 말을 듣지 않으면 분노하고 저주와 징벌로 다스렸다. '진흙이 토기장이의 손에 있음 같이 인간은 내 손에 있다'는 하나님의 말처럼 하나님은 인간의 삶과 죽음, 주는 것과 빼앗는 것을 자신의 마음 내키는 대로 했다. 하나님은 과거 봉건주의시대 왕처럼 무소불위의 권력을 휘둘렀다. 하나님이 인간에게 바라는 것은 오직 하나다. 자신의 말에 순종하는 것이다. 하나님은 인간의 자존성을 인정하지 않는다.

하나님은 왜 인간 곁을 떠나지 못하는 것일까. 인간을 사랑하는 창조주이기 때문일까. 아니다. 그 반대다. 인간에게 기생하지 않으면 그 생존이 불가능한 인간의 기생 신(寄生神)이기 때문이다. 하나님은 권력욕에 찌든 신이다. 인간에게 군림하고 추앙받는 인간의 왕이 되는 것이 목적이다(사 45:5). 하나님은 몸이 없으니, 인간을 이용하는 수밖에 없다. 인간의 마음을 빼앗아 자신에 대한 의존도를 높이게 만들어야 한다. 그래서 인간을 유혹하고(출 20:6), 위협하고(렘 16:8~13), 걸핏하면 죽인 것이다(삼하 6:6~7). 자신에게 복종하게 만들기 위함이다. 이것은 사기꾼이나 조직폭력배, 살인마가 하는 짓이다. 하나님의 섭리는 이들 악당들의 수법과 흡사하다. 하나님은 인간이 지닌 부정적이고, 파괴적인 요소의 원천이요, 원조다.

인간의 하나님에 대한 의존성이 클수록 노예근성도 따라서 커진다. 자존성은 그만큼 작아진다. 의존성은 욕심을 유발하고, 욕심은 하나님에게 의존하여 모든 문제를 해결하려는 이기적인 믿음을 갖게 한다. 하나님의 의도가 이것이다. 인간에게 자신에 대한 의존성을 심어주어 종으로 부리는 것이 목적이다.

'독존' 불가능한 하나님

'인간은 창조주 하나님의 말씀을 불신하고 타락하여 마귀의 주관을 받고 사는 모순된 존재다. 하나님에 의해 구원 받아야 한다.'는 하나님의 주장은 인간의 자존성을 말살하고, 인간으로 하여금 자신에게 의존하여 사는 노예로 만들기 위한 하나님의 음모다. 이는 인간의 우주적인 가치를 저버리게 하고 종으로 만들어 자신의 손아귀에서 벗어나지 못하게 하려는 음흉한 간계다.

성경은 '하나님은 스스로 있는 자다'(출 3:14)라고 명시하고 있다. 하나님은 누구에게도 의존하지 않고 스스로 존재한다는 것이다. 기독교에서는 '자존성'이라는 말은 오직 하나님에게만 해당되는, 하나님의 가장 독보적 속성을 표현하는 말이라고 주장한다. 그러나 성경을 다른 각도에서 살펴보면, 하나님은 인간에게 의존하지 않으면 그 존재가 불가능한 의존적인 신임을 알 수 있다. 즉 인간에게 기생물과 같은 존재인 것이다.

하나님이 생존하기 위해서는 인간에게 들러붙어야 한다. 그러나 하나님이 인간에게 자신을 믿게 하는 것은 그리 쉬운 일이 아니다. 인간의 마음을 사로잡지 않으면 불가능하다. 그래서 인간을 미혹할 수밖에 없다. 인간을 미혹하는 것이 하나님의 생존수단이다. 사기치고, 거짓말하지 않으면 존재할 수 없다. 하나님이 영악하지 않으면 안 되는 이유다.

하나님은 자신을 유일신, 전능자, 창조주로 만들기 위한 음모를 꾸몄다. 그

시나리오가 성경이다. 성경의 논리는 인간은 타락한 존재이므로 창조주 하나님을 믿어야(의존해야) 구원 받을 수 있다는 것이다. 유일신교 교인들은 이러한 하나님의 일방적인 주장을 곧이곧대로 믿고 하나님을 의지하며 신앙하고 있다. 그러나 타는 목마름은 어찌할 수 없다. 자신의 손으로 물을 구해 마시지 않으면 안 된다.

성경의 말처럼 인간은 타락하여 원죄를 지닌 불완전한 존재도 아니고, 하나님에게 의존하여 구원 받아야 할 대상도 아니다. 인간의 마음과 몸이 불일치하고, 자아를 잘 주관하지 못해 창조적인 곳보다 파괴적인 곳으로 나아가는 것은 정신이 어리고 약하기 때문이다. 신과 종교와 무복(巫卜)은 이런 나약한 인간에게 파고들어 '구원해 준다', '복을 준다', '천국에 보내준다'는 말로 유혹한 뒤, 의존하게 만들어 이용하고 있다.

하나님에게 의존해 사는 사람은 자기정신으로 사는 사람이 아니다. 자기정신이 나가고 하나님의 정신이 들어와 하나님의 노예로 사는 사람이다. '주신 이도 하나님이요, 가져가신 이도 하나님이다'는 믿음으로 하나님의 종이 되고자 하는 사람들은 이보다 더할 나위 없다고 생각할 것이다. 하지만 그것은 하나님에 대한 신기루일 뿐이다. 하나님의 민낯은 사기꾼, 조직폭력배, 살인마와 다를 바 없다. 인간은 하나님에 대한 환상에서 깨어나야 한다.

신과 종교는 인간을 의존형 인간으로 만든다는 점에서 목표가 같다. 이에 속지 않아야 한다. 자존하는 사람은 창공을 마음대로 날아다니는 새가 되지만, 신과 종교에 의존해 사는 사람은 새장에 갇혀 지내는 새와 같다. 창공을 모를 때는 새장에 갇혀 사는 것이 좋을 수 있지만, 창공을 알면 유치장 같은 새장에 갇혀 살려고 할까. 어느 누가 유치장에 갇혀 살려고 할 것인가. 조물주의 성품은 자존성이지만, 하나님의 속성은 의존성이다. 조물주는 자존하므로 인간 스스로 살도록 간여하지 않지만, 하나님은 인간에게 의존하여 사는 기생물이므로 인간의 삶에 간섭하며, 자기에게 의존하도록 만들어 이용하려고 한다.

사람은 행하는 대로의 열매를 거둔다. 자존하는 사람은 조물주의 자녀가 되지만, 의존하는 사람은 하나님의 종이 된다. 사람이 하나님이 하라는 대로 하고 살아도 하나님의 자식이 되는 것은 아니다. 하나님은 사람을 자식처럼 여기지 않는다. 자기 노예처럼 부리니까 하나님의 종으로 머물 수밖에 없다. 조물주가 낳은 사람은 자연처럼 자존성을 가져야 마음과 몸이 조물주를 닮아 정상적인 사람이 된다. 사람이 조물주를 닮지 못하게 방해하는 신이 하나님과 마귀이다. 사람이 조물주를 닮아 자존하면 사람을 자기 종으로 부릴 수 없기 때문이다. 사람을 자기 종으로 만들어야 세상이 하나님 자기 것이 된다.

자존성은 순환과 조화, 화평과 행복이다. 자존성은 자연의 법칙이다. 개개인의 자존성과 자존성이 합하면 화평하여 선의 세계가 이루어진다. 사랑의 세상이 된다. 남에게 피해를 주지 않고 서로 나누며 살려고 하기 때문에 생명이 통하고, 마음이 통하고, 심정이 통하는 세계가 이루어진다. 그러한 세계가 진정한 사랑의 세계다.

자존성이 곧 자신에게 구세주다. 자존성이 자기를 억압에서 해방시킨다. 자존성은 기쁨과 행복을 준다. 자존성과 의존성은 상극이다. 자존성대로 사는 사람은 용모가 반듯하고, 의존성으로 사는 사람은 머리와 가슴에 흑색이 돈다. 자존성으로 사는 사람은 상대방의 흑색을 볼 수 있으나 의존성으로 사는 사람은 마음의 눈이 어두워서 보지 못한다. 그래서 남에게 의존하여 사는 욕심쟁이를 '어둠의 사람'이라고 한다. 의존성은 마음을 어둡게 하고, 자존성은 마음을 빛나게 한다.

인간의 관건, '자존성회복'

자존성은 남에게 의존하지 않고, 남에게 피해 주지 않고, 정당한 노력의 대가를 얻어서 자기 분수에 맞게 살려고 하는 성질이다. 의존성은 남에게 의존하고, 남에게 피해를 주고, 부당한 방법으로 수익을 올려 분수에 넘치는 생활을 하려는 성질이다.

종교인은 신과 지도자를 보지 말고, 자기 마음에 무엇이 들어 있나 살펴보아야 한다. 나는 자존하려는 사람인가, 의존하려는 사람인가. 자기 마음은 자기가 잘 안다. 누구를 믿고 의지하기 전에 자기 마음을 바로잡아야 한다. 하나님은 자기 외에는 아무 것도 없다는 존재다. 자신이 곧 법이다. 독선자요, 독재자다. 욕심의 근원이다. 인간에 의존하여 사는 기생물이다. 하나님의 굴레에서 벗어나는 것이 구원이다.

자존성에서 평화와 선, 사랑의 세상이 온다. 자존성은 국가도 초월하고, 종교도 초월한다. 자존하려는 사람은 자기 실력대로 노력하여 거둬들이는 것으로 자기 분수에 맞게 산다. 남을 생각하고, 나누려고 한다. 빛의 마음이다. 태양은 혼자 우주를 밝히며, 자연을 생장시킨다.

자존성에는 선과 사랑과 진리가 들어있다. 인류가 자존성을 회복하지 않으면 지상에 평화가 올 수 없다. 사람의 마음을 선으로 인도할 수도 없다. 자존하는 사람이 되면 자연과 조물주와 일심동체가 된다. 그러면 세계는 하나가 된다. 욕심의 세상이 없어지고 광명의 세상, 선의 세상이 이루어진다. 조물주의 목적은 인류를 자존자로 만드는 것이다. 자존하는 사람에게는 기쁨과 행복이 찾아오고, 의존하는 사람에게는 슬픔과 불행이 끊이지 않는다.

의존성은 사람을 죽이지만, 자존성은 사람을 살린다. 신과 종교는 사람을 의존자로 만들어 놓았다. 사람의 자존성 안에 조물주가 있다. 자존성은 마음의 빛이니까 곧 조물주의 마음이다. 조물주는 사람의 자존성 안에 임한다. 자존하는 사람은 마음에 빛이 꽉 차 있으니 어둠이 들어가지 못한다. 사기꾼에게 속지 않는다. 죄를 짓지도 않을뿐더러, 죄를 지으면 괴로워서 견디지도 못한다. 마음이 편안한 사람은 조물주가 함께 하는 줄 알고, 마음에 고통이 오는 사람은 하나님과 마귀가 마음속에 숨어있는 줄 알라.

의존성이 있으면 마음의 눈과 귀가 어두워지고, 자존성이 있으면 정신과 마음이 맑아져서 조물주를 보고, 조물주의 음성을 듣는 것같이 느끼게 된다. 마음이 맑아지면 누구나 경험할 수 있다. 마음에 빛이 생성해서 조물주와 같은 지혜가 생긴다. 사람의 마음은 물론 자연의 마음도 읽을 수 있다. 선이 무엇이고, 악이 무엇인지 알게 된다.

2) 죄의 뿌리

의존성에서 욕심이 생기고, 욕심에서 악이 생긴다. 의존성을 제거해야 욕심이 없어지고, 욕심을 제거해야 악이 사라진다. 자존하는 사람은 자족하는 사람이다. 자존하는 사람의 마음은 빛이기 때문에 욕심을 읽을 수 있다. 사기꾼이 아무리 유혹해도 속지 않는다. 자존하는 사람은 욕심과 합할 수 없다. 물과 기름처럼 섞이지 않는다. 자존성이 살아나서 마음이 달라지고, 생활이 바뀌어야 구원 받고 살아난다. 자존하며 사는 사람이 산 사람이다.

의존성에서 죄와 악, 만병이 생겨난다. 자존하면 마음이 편안해서 병도 생기지 않는다. 조물주는 사람이 모두 먹고 살 수 있도록 환경을 만들어 놓았다. 그러나 욕심 많은 사람들이 자기 배만 채우려고 잔뜩 가져다 쌓아놓으니 굶어죽는 사람이 생긴다.

악한 일을 하면 안 된다는 것은 누구나 알고 있다. 이것을 마음으로만 알고 있으면 안 된다. 악한 짓을 하게 만드는 의존성을 버려야 한다. 악이 유혹하기 때문에 유혹당하는 것이 아니다. 자기 마음속에 의존성이 있기 때문에 유혹당한다. 자기 마음속의 의존성이 악의 유혹에 동조한다. 자기 마음속의 의존성을 없애면 악도 없다. 이제까지 사람의 마음속에서 자존성이 주인노릇 하지 못하고, 의존성이 주인노릇 하였다. 그래서 욕심덩어리의 세상이 된 것이다.

사람은 누구나 의존성만 버리면 행복하게 살 수 있다. 의존성이 있으면 눈이 어두워진다. 하늘에 먹구름이 끼어 있으면 태양이 안 보이는 것과 같은 이치다. 의존성을 버리면 욕심이 벗겨져서 마음에 빛이 난다. 의존성은 먹구름 끼인 흐린 날에 회오리바람까지 동반한 날씨 같다. 의존성의 먹구름이 걷히고, 회오리바람이 멎어야 온화한 평화의 시대가 열린다.

천국은 눈에 보이게 오는 것이 아니다. 자기 마음에서부터 찾아온다. 자존하는 사람의 마음이 곧 천국이다. 자존하는 사람은 마음이 밝고 깨끗하며, 떳떳하고 행복하다. 자연의 기운이 항상 함께 하니까 그러하다. 자존하는 사람은 인격자다. 사람의 정신과 마음의 중심이 영혼이다. 자존하며 살아야 영혼이 여문다.

사람의 마음에 누구의 마음이 들어있느냐가 중요하다. 조물주의 마음이냐, 하나님의 마음이냐. 자기 자신을 바로 보아야 한다. 조물주 마음으로 생활하고 있느냐, 하나님 마음으로 생활하고 있느냐 간파해야 한다. 정신을 차려야 한다. 자기 마음의 안테나가 남한방송을 수신하게 되어져 있느냐, 북한방송을 수신하게 되어져 있느냐를 잘 파악해야 화를 당하지 않을 수 있다. 마음의 방향을 바로 잡아야 한다. 자기가 주체적으로 자기 삶을 사느냐, 신과 종교에 운명을 내맡기고 꼭두각시로 사느냐의 선택은 자신에게 달렸다.

습관이 잘못되면 안 된다. 습관을 잘못 들이면 고질병이 된다. 습관이 마음의 주인이 되면 자존성을 상실하게 된다. 의존성대로 살면 의존성이 마음의 주인이 되니 의존하는 대상의 노예가 되고, 자존성으로 살면 자존성이 마음의 주인이 되니 독립적이고, 자율적이며, 창의적인 인간이 된다. 자기 마음이 자기 인격이 된다. 자기의 바른 마음인 자존성을 잘 길러야 한다.

의존성에서 죄 · 악 · 만병 생겨

'의존성'이란 무엇인가. 노력하지 않고 남에게 의존하여 얻어서 편안히 살려는 마음이고, 남의 것을 빼앗아 자기 것을 만들려는 마음이며, 상대방의 머리 위에 올라앉아 자기를 높이려는 마음이다. 자기만 좋으려는 나쁜 마음이다. 남에게 피해를 주는 악한 마음이다. 의존성이 강해지면 도둑이 되고, 강도가 되며, 폭력배가 되고, 살인자가 된다. 사기꾼이 된다. 아주 해로운 존재가 된다. 있어서는 안 될 존재가 된다. 그래서 의존성을 악이라 하고, 마귀라고 한다. 의존성에 매몰되면 사고가 나고, 신세 망치고, 남에게 외면당하고, 자기 마음을 지옥으로 만든다. 의존성은 사람에게 고통과 불행을 주는 악의 요소다.

욕심을 없애는 방법은 무엇일까. 의존성을 버리는 것이다. 의존성은 전체에 부합되지 못한다. 의존성은 전체가 자기를 위해 있는 것으로 생각한다. 다른 사람과 자연을 희생시켜서라도 나만 좋으면 된다는 나쁜 성질이다. 사람들은 착하면 손해 본다고 생각하지만, 그렇지 않다. 만사는 심은 대로 거둔다. 공짜가 없다는 것이 자연의 법칙이다.

죄의 뿌리는 무엇인가. 의존성이다. 남에게 의존하여 수고하지 않고 먹고, 갖고자 하는 것이다. 남에게 기생(寄生)하려는 성질이다. 인간과 세상의 불행한 일은 모두 이 의존성에서 비롯된다. 남에게 의존하여 살려는 자들이 악행을 저지른다. 인간의 욕심은 의존성에서 온다. 의존성에서 벗어나야 철이 들고, 허황됨에서 벗어날 수 있다. '심은 대로 거두는 것'은 자기가 말하고 행동하는 것에 대해 책임져야 한다는 뜻이다. 인생의 목적은 '자존하는 사람(알곡)'이 되는 것이다. 완전한 사람, 여문 사람은 조물주와 같이 자존하는 사람이다. 남에게 의존하여 사는 자는 '기생인간'이다.

'자존성'이란 세상의 이치를 알고 이치대로 사는 것이다. 정당한 노력의 대가를 받아서 분수에 맞게 사는 것이다. 자존성은 전체를 볼 수 있고, 우주적인 사고를 할 수 있으므로 본심이라고 할 수 있다. 그러나 의존성은 전체에 부합되지 못하고, 우주적인 사고를 배제한다. 자존성은 외부에서 오는 것이 아니다. 자존성은 노력하여 얻는 것이다. 자존력(自存力)을 길러야 한다. 자존성의 기운은 조물주가 창조한 것이고, 의존성의 기운은 사람이 만든 것이다. 하나님과 마귀는 인간을 자신에게 의존하도록 욕심을 부추긴다.

조물주가 피조물을 지은 목적은 인간이 자연과 기쁘게 사는 것을 보고 기뻐하기 위함이다. 부모가 자식이 행복하게 사는 것을 보고 기뻐하는 것과 같다. 그러나 이와는 달리 하나님은 자신이 기쁘기 위해 인간을 지었다(사 43:21, 창 1:31)고 주장한다. 그래서 자신의 메신저들을 통해 인간은 하나님에게 의존해야 산다고 가르치고 있다. 하나님은 인간에게 의존하지 않으면 생존이 불가능한 기생신이기 때문이다. 하나님은 인간을 숙주(宿主)와 같은 존재로 생각할 뿐이다.

3) 자연의 생존법칙

물은 한 자리에 갇혀 있으면 썩는다. 흘러야 한다. 그래야 생기가 난다. 공기도 한 곳에 가만히 있으면 안 된다. 순환해야 생기가 강해진다. 그래서 바람과 태풍으로 물을 순환시키는 것이다. 바닷물도 태풍이 흔들어줘야 깨끗해지고, 동식물도 정신이 번쩍 들어 맑아진다. 우주도 원형 운동을 통해 생명력을 이어가고 있다.

별과 달, 태양이 순환하고, 동식물도 순환하는 것은 생동력(生動力)을 얻기 위함이다. 물체가 움직이는 것은 살아 있다는 증좌다. 움직이지 않는 물체는 생기가 없다. 움직이지 않으면 죽는다. 초목도 눈에 보이지 않지만, 조금씩 생장하고 있다. 지구에 뿌리를 박고 있는 초목은 지구가 움직이기 때문에 자연히 순환된다. 복중에 있는 태아는 어머니의 호흡을 통해 생명이 유지된다.

자연에는 이치가 있고, 순리와 법도가 있다. 노력대로 얻는 것이 천리(天理)다. 심은 대로 거두는 것이다. 콩을 심으면 콩을 얻고, 팥을 심으면 팥을 얻는다. 악을 행하면 악이 돌아오고, 선을 행하면 선이 돌아온다. 양심을 쓰면 기쁨이 돌아오고, 욕심을 쓰면 고통이 돌아온다.

자존성으로 사는 사람은 살아나고, 의존성으로 사는 사람은 죽는다. 높아지고자 하는 사람은 낮아지고, 낮아지고자 하는 사람은 높아진다. 겸손한 사람은 인격이 높아지고, 교만한 사람은 인격에 손상을 받는다. 남을 사랑하는 사람은 남에게 사랑을 받고, 남을 천대하는 사람은 남에게 천대받는다. 노력하는 대로 대가가 나오는 것이 천리다. 욕심내지 말고 양심대로 살아야 한다.

자존성을 찾기 위해 노력하면 보람을 얻고 양심이 생기며, 진리를 깨닫고 희망이 영근다. 행복이 찾아온다. 땀 흘려 얻는 행복이 진정한 행복이다. 고생하지 않고 쉽게 얻은 물질은 진실한 것이 아니기 때문에 흥청망청 쓰게 되고, 정신을 말살시킨다. 남에게 의존해 사는 사람은 속이 텅 빈 쭉정이다. 자기 능력에 맞게 노력하여 얻은 대가로 자기 분수에 맞게 살아야 한다. 욕망과 욕심은 다르다. 욕망은 갖고자 하는 마음이나 하고자 하는 마음이 간절한 것이고, 욕심은 노력하지 않고 욕구를 채우려는 것이다. 의존성에서 나오는 나쁜 마음이다.

자기 능력껏 지혜를 쓰면서 정당하게 노력하여 얻은 대가는 욕심이 아니다. 그것은 실력이다. 노력하지 않고 쉽게 얻어서 편안히 살려는 의존성이 강하면 기생인간이 된다. 그러면 남을 속여서 빼앗고, 남의 것을 훔치고, 남의 것을 강제로 빼앗는 등의 악행을 하게 된다. 신과 종교, 무복에게 의지하여 권력과 명예를 얻고, 병을 고치고, 돈 벌려고 하는 것도 욕심이다. 자기 능력껏 열심히 노력하여 얻은 것으로 분수에 맞는 생활을 해야 한다.

사람이 모두 대통령이 되면 누가 시장이 되고, 누가 반장이 되며, 농사는 누가 짓고, 청소는 누가 하겠는가. 태양과 달과 별이 왜 다르며, 동물과 식물은 왜 여러 가지인가. 왜 이렇게 복잡한가. 조화를 이루게 하기 위함이다. 자기 능력대로 분수에 맞게 순리대로 살아야 마음이 편하다. 그래야 떳떳하다. 이게 정도다.

노력대로 얻는 것이 철리(哲理)

열심히 노력하면서 분수에 맞게 살면 행복하다. 정당하게 얻은 대가는 값진 것이다. 노력한 만큼의 대가를 받아서 분수에 맞게 생활하면 마음도 기쁘고, 보람도 크다. 이것이 진짜 행복이다. 고생하지 않고 쉽게 얻은 재물은 자기 것이 아니다. 남을 속이고, 불법을 저질러 얻는 것은 다시 빠져나가게 돼 있다. 부정한 것이 옳게 쓰일 수 없고, 좋은 결과를 맺을 수 없다. 조물주가 권선징악 하는 것이 아니다. 인간이 벌을 주고, 인간이 복을 준다.

사람은 진실 되게 살지 않으면, 영혼이 여물지 못해 결국 껍데기가 되고, 허수아비가 된다. 모양은 사람이지만 그 속에는 사람의 열매가 들어있지 않다. 자존하면 거리낄 게 없다. 마음이 편하고 떳떳하다. 여기에 더하여 자기보다 약하고 어려운 사람을 돕는다면, 가히 성인의 경지에 오른 사람이라 할 것이다.

무엇으로 선과 악을 구분할 수 있을까. 악은 무엇이든 좋은 것은 자기 것으로 만들려고 한다. 자기가 높은 자리를 독차지하려고 한다. 권력과 물질과 쾌락을 선호한다. 권력으로 남을 부리고, 물질로 남의 마음을 빼앗아 쾌락을 얻기 위해 기를 쓰고 덤빈다. 그래서 악과 악이 싸우면 피를 보고, 살인을 저지른다.

악은 남의 밑에 들어가고, 남의 지시 받는 것을 가장 싫어한다. 반면 권력을 좋아하여 힘센 자에게는 굽실거리지만, 약하고 불쌍한 자는 사람으로 취급하지 않는다. 아주 간사하다. 욕심 없이 밑바닥에서 군소리 없이 고생하며, 남을 위해 사는 사람은 관심이 없다. 자기를 높이고 망동하면, 우상이 되기 쉽다.

나의 마음의 주인이 조물주가 되느냐, 하나님과 마귀가 되느냐는 나의 마음에 달려있다. 자존성으로 사는 사람은 조물주를 마음에 모시고 살아서 사람의 존엄성을 찾은 사람이요, 의존성으로 사는 사람은 하나님과 마귀를 마음에 품고 사니 사람의 존엄성을 잃은 사람이다.

자존성으로 살지 않으면 의존성으로 살게 되고, 그러면 욕심의 기운이 악으로 몰아붙이기 때문에 모든 것이 마음대로 안 되고 짜증이 난다. 마음이 허전하고, 불안하고, 불만족스럽게 된다. 사람들은 이러한 사실을 모른 채 종교나 무당 · 점쟁이를 찾아가 소원성취를 빌고, 술과 담배와 돈과 쾌락 등으로 기뻐하려고 한다. 그리고 이것들에 중독되어 노예가 된다.

돈은 모을수록 돈에 대한 욕심이 더 커진다. 권력은 더 큰 권력을 추구하고, 쾌락은 더 큰 자극을 원한다. 그래서 만족할 줄 모르고 욕심을 채우려다 결국 자기를 망친다. 욕심이 마음을 주관하고 있기 때문이다. 사람들은 이렇게 사는 것이 사람의 삶인 줄로 안다. 그래서 죄악에서 벗어나지 못하고 고통받으며 살고 있다.

사람의 마음의 주인은 자존성이다. 사람의 마음은 자존성만이 채워줄 수 있다. 인간은 조물주가 선과 사랑과 생명으로 낳았기 때문에 자존성으로 살아야만 선과 사랑과 생명이 와서 만족한 상태가 된다. 기쁨과 행복을 얻기 위해서는 자존성대로 사는 수밖에 없다. 자존성이 세워지면 마음이 천국 되고, 의존성이 세워지면 지옥이 된다.

4) 의존성 버리고 자존성으로 살기

① 욕심과 양심(陽心)

조물주에게서 오는 양심(陽心, 자존하며 남을 위하는 마음)의 기운은 전체와 부합한다. 사람의 마음을 편안하게 하고, 따뜻하게 하며, 포근하게 하고, 기쁘게 하여 행복감을 준다. 그러나 사람이 만들어내는 욕심은 자기만을 위하려고 한다. 그래서 다른 사람의 마음을 불편하게 하고, 차갑게 하며, 거칠게 하고, 신경질 나게 한다. 고통스럽게 하여 불쾌감을 준다. 또한 시기하고, 질투하여 남이 잘 되는 것을 보지 못하게 한다. 좋은 것과 높은 자리는 독차지하려고 한다. 욕심은 자만심과 거만함, 교만을 낳는다. 자기 마음에 들면 자기 것으로 만들려는 도둑심보다. 불안 · 초조, 근심 · 걱정과 불평불만을 솟구치게 하고, 혈기를 내뿜으며 마음을 어지럽게 한다.

욕심은 의존성에서 오고, 양심은 자존성에서 온다. 욕심은 악의 기운이고, 죄를 낳기 때문에 조물주와 자연은 욕심 있는 사람과는 함께 할 수 없다. 욕심을 버리면 행복하게 되고, 평화가 찾아온다. 행복과 평화의 유일한 길이다. 지혜와 능력을 배양하려면 진리를 깨달아야 한다. 인간의 모든 결핍 문제는 자연법칙에 어긋났기 때문에 생긴 것이다.

의존성이 있는 사람은 마음과 몸의 주관성을 빼앗기고 욕심에 의해 살기 쉽다. 욕심에 주관 받으면 참다운 삶을 살 수가 없다. 하나님과 마귀는 욕심으로 유혹하고, 욕심을 부추겨서 이용하려고 한다. 욕심의 유혹에 말려들면 욕심의 주관을 받아서 선하게 살려고 해도 잘 안 된다. 양심으로 살려고 해도 욕심의 기운이 강하게 밀고 올라오므로 결국 욕심에 지고 만다.

자기 마음속에 있는 양심을 살려내어 양심으로 살면 마음이 편안해지고, 가정이 화목해지며, 나라와 세계가 평화로워진다. 마음속의 욕심을 버리는 것은 자기책임이다. 욕심이 자기를 망치고, 가정을 망치며, 나라를 망치고, 세상을 망하게 한다. 각자 욕심을 버리고 양심대로 살면 개인과 가정, 국가, 세계의 평화가 찾아온다. 그러한 세계가 천국이다.

욕심은 육체만을 위하고, 자기만 기쁘고자 한다. 그래서 자신을 망치고, 남에게 피해를 준다. 욕심은 악이고, 죄를 짓게 하는 것이고, 지옥을 만드는 것이다. 사람은 음식을 가려 먹어야 하듯이 마음도 가려 써야 올바른 사람이 된다. 마음이 반듯해야 진실한 사람이 된다. 마음이 사람의 중심이다. 마음을 잘못 먹으면 중심이 흔들리고, 욕심과 악심이 생긴다. 그러면 악인이 된다.

행복의 요소와 불행의 요소

자기 마음을 잘 살펴봐야 한다. 자기가 욕심에 속한 사람이면 욕심을 버려야 양심의 사람이 될 수 있다. 욕심을 버리지 않고 계속 써먹으면 욕심의 주관력이 커진다. 욕심에게서 오는 힘이 더욱 강해진다. 어물어물하다가는 욕심에 의해 죽는다.

양심은 상대방을 편안하게 해주고, 기쁘게 해주며, 행복하게 해주지만, 욕심은 자기만 좋으려고 하는 마음이기 때문에 상대방을 좋게 해줄 수가 없다.

양심이 있는 사람은 싸우지 않는다. 양심으로 살면 싸울 일이 없다. 싸움은 욕심에 의해 벌어진다.

욕심을 쓰면 욕심이 눈을 가려 자꾸 잘못을 저지르게 되고, 악한 짓도 거리낌 없이 하게 된다. 욕심이 과하면 죄가 되고, 죄가 커지면 악이 된다. 악이 마귀다. 욕심이 무엇인가 잘 알아야 한다. 욕심은 조화를 못 이루게 하는 체증 같은 것이다. 좋은 것은 모두 자기에게 끌어 모으려 하고, 마침내 죽음에 이르게 하는 요소다. 욕심은 독재요, 고립이요, 사망이다.

자기 삶에 만족하는 사람은 행복한 사람이고, 만족을 느끼지 못하는 사람은 불행한 사람이다. 자기만족을 아는 것이 양심이다. 욕망이 과하면 욕심이 되고, 욕심이 과하면 도둑이 되며, 강도가 된다. 그러면 저절로 사망에 이르게 된다. 자업자득이다. 죽기 싫지만 어쩔 수 없다. 자기가 자기를 죽이는 것이니, 자살이다.

육신은 영혼을 담은 그릇이며, 마음은 영혼의 밭이다. 생각은 마음의 씨다. 깨달음의 씨[自存]를 마음 밭에 심고 가꾸어 영혼을 키우면, 양심이 커지고 욕심에서 벗어날 수 있다.

② 마(魔) 불러들이는 욕심

'빛 좋은 개살구'라는 말이 있다. 겉은 먹음직하게 생겼는데 떫어서 먹지 못하는 개살구나무 열매를 빗댄 말이다. '허울 좋다'도, '외화내빈'도 같은 종류의 말이다. 경제 분야에 등장하는 '경영전략은 패션이 아니다'는 말도 '경영전략을 한낱 유행처럼 생각해서는 지속적인 경쟁우위를 보장 받을 수 없다'는 뜻으로 역시 같은 맥락이다. 속보다 겉모양에 치중하는 것은 순간의 눈속임에 불과하다. 하나같이 고갱이가 중요함을 일깨워 주는 말들이다.

조물주는 '난사람'보다 '된 사람'을 가치 있는 사람으로 여긴다. 그러나 욕심을 가진 사람은 '난사람'을 가치 있는 사람으로 여기며, 내면세계보다는 높고 크고 많고 좋은 외형적 가치관만을 좇는다. 겉 사람이 좋으면 으레 속사람도 좋을 거라고 생각한다. 잘나고 많이 가진 사람이 인격자요, 훌륭한 사람으로 치부된다. 겉 사람이 사람을 보는 척도다. 겉 사람도 좋고 속사람도 좋으면 응당 금상첨화라고 할 수 있다. 하지만 겉 사람은 좋은데 속사람이 비어 있거나 썩어 있다면 처치곤란이다.

사람은 자신이 어떠한 존재인지 잘 모르고 산다. 그러기에 자기 마음 안에 있는 사악한 것들을 인식하지 못하고 겉 사람 꾸미는 데만 온통 마음을 쏟는 것이다. 자신을 알고, 잘못된 된 점을 고쳐야 참 사람이 될 수 있다. 그래야 참된 세상이 만들어진다.

우리는 너나없이 '마음의 병'을 앓고 있다. 그것도 상태가 심한 중증질환이다. 육신의 병도 무섭지만, 마음의 병은 더 무섭다. 대다수 사람은 심통을 앓고 있으면서도 그것이 자신을 파멸로 끌고 가는 사실을 모른 채 살아간다. 외물에 눈이 팔려 순간적인 안락과 쾌락을 좇아가기 바쁘다. 마음의 병을 치유하지 못하면 인격이 죽는다. 인간사회는 약육강식, 승자독식의 '전쟁터'로 변하고 만다. 지옥이 따로 없다. 마음의 병을 치유하는 일은 몸의 병을 치료하는 것보다 훨씬 더 중요하고 시급하다.

사람의 마음속에 단단히 똬리를 틀고 있으면서 사람을 파멸로 내모는 '사악한 성질'인 흑암의 다섯 가지 심보와 못된 마음, 그리고 육욕과 악습, 이것들을 알고 제거해야 마음의 병을 고칠 수 있다.

흑암의 다섯 가지 심보란 첫째, 좋은 것은 모두 자기 것으로 만들려는 심보다. 자신의 이익만을 구하려는 이기심보, 남의 물건을 몰래 훔치려는 도둑심보, 공금이나 남의 재물을 불법으로 차지하려는 횡령심보, 폭행과 협박으로 남의 재물을 빼앗으려는 강도심보, 선으로 위장하고 속여서 빼앗으려는 사기꾼심보가 있다.

둘째, 자신만을 높이려는 심보다. 사실보다 크게 나타내 보이려는 과시심보, 실속 없이 겉으로만 기세를 부리는 허세심보, 겉치레에 치중하는 허영심보, 분별없이 날뛰는 만용심보, 분수에 지나친 생활을 하는 사치심보가 있다.

셋째, 노력 않고 얻어서 편히 살려는 심보다. 요행을 바라는 사행심보, 뜻밖의 행운을 얻으려는 요행심보, 기회를 틈타 큰 이익을 얻으려는 투기심보, 요행을 바라고 불가능하거나 위험한 일에 손을 대는 도박심보가 있다.

넷째, 내가 최고라는 심보다. 잘난 체하며 거들먹거리는 교만심보, 자랑하며 뽐내는 자만심보, 약한 자를 업신여기는 거만심보, 건방지기가 하늘을 찌르는 오만심보, 사람을 깔보거나 업신여기는 방자심보, 남에게 죽어도 못 굽히는 자존심보, 자기보다 잘난 사람을 시기하고 미워하는 질투심보, 남 잘되는 꼴을 못 보는 시기심보가 있다.

다섯째, 사람을 자기 마음대로 주무르려는 심보다. 남을 미워하는 증오심보, 힘으로 제압하려는 폭력배심보, 남을 해치려는 살인심보가 있다.

다음에는 못된 마음과 육욕, 악습에 대해 알아보자.

사악한 기운 제어해야

못된 마음은 혼탁하고 혼란한 마음이다. 성 내고 분노하는 마음, 사소한 일에도 자극받아 곧잘 흥분하는 신경질적인 마음, 분하고 섭섭하여 화가 치미는 노여운 마음, 쉽게 우울감에 빠지는 근심하는 마음, 공연히 걱정거리를 안고 사는 조급한 마음, 늘 좌불안석의 불안한 마음, 작은 일에도 발을 동동 구르는 초조한 마음, 일은 안 하고 놀 궁리만 하는 나태한 마음 등이 있다. 이러한 사악한 기운은 누구에게나 잠재해 있다. 사람에게 100% 해로운 요소들이다.

사람에게는 또 육욕이 있어 주관하지 못하면 큰 화근이 된다. 식욕과 수면욕, 성욕이 대표적인 육욕이다. 육욕 충족을 위해 야생마처럼 날뛰며 자신은 물론 주변 사람들에게 피해를 준다. 이 3대 생득적 욕구를 주관하지 못하면 걸신(乞神)이 들고, 잠에 취해 식물인간과 다름없이 된다. 색마(色魔)가 되고 만다. 이밖에 재물욕과 권력욕, 명예욕도 우리를 괴롭힌다. 높은 자리에 올라가서 돈 많이 벌고, 명예를 얻어 떵떵거리며 사는 데만 온통 마음이 가 있는 것이다.

'악습'도 문제다. 술 · 담배 · 마약 · 도박 · 게임 · 성(性) 등은 자극이 크고, 중독성도 강하다. 한 번 맛을 들이면 좀처럼 헤어 나오지 못한다. 자신을 망가트리고 결국은 패가망신시킨다.

이러한 흑암의 심보와 못된 마음, 육욕, 악습은 사람을 파멸로 몰고 가는 사악한 기운들이다. 이러한 기운은 욕심에서 오고, 마(魔)가 부추기고 있기 때문에 그 제어가 사실상 불가능에 가깝다. 이런 것들은 심신건강에 치명적이다. 더 나쁜 것은 자연법칙을 거스르고, 인간의 존엄성을 짓밟을 수 있다는 사실이다. 평소 천사 같은 사람도 악습을 통해 사악한 기운이 발동하면 마귀 · 사탄 · 악마로 돌변한다. 원활하게 작동하던 컴퓨터에 갑자기 악성바이러스가 침투하여 먹통을 만드는 것과 같다.

맹자는 "사람을 선하지 않게 만드는 이유는 외부의 영향 때문"이라고 말했다. 바로 욕심이다. 욕심은 의존성에서 온다. 욕심은 자연의 법칙과 도덕에 반하는 부정적인 행동만 골라서 하려고 한다. 이 세상 누구도 완전한 행복과 완전한 평화를 누리고 살지는 못한다. 모두 선악의 투쟁 속에서 고뇌하며 살고 있다.

이 사실을 옳게 아는 사람이라면 몸을 위해 밖의 것을 화려하게 장식할 수 없다. 마음 안의 문제를 해결하는 것이 더 시급한 과제이기 때문이다. 바깥 것에는 눈 돌릴 틈도 없는 것이다. 세상을 다스리는 왕이 되기 전에 먼저 자기를 주관하는 왕이 돼야 한다.

마(魔)는 욕심의 기운을 통해 스며든다. 욕심을 품으면 자신도 모르게 마에 휘둘리게 된다. 하나님과 마귀 모두 사람을 숙주로 삼고 사람에게 기생하려는 신들이다. 모두 사람을 이용하려는 악신들이다. 이들은 기운으로 존재한다. 자기 성질대로의 기운을 내뿜고 있다. 사람답게 살려면 이들과 단절해야 한다. 기생물이 제거되면 숙주는 건강해진다. 모름지기 숙주는 기생물을 제거해야만 산다. 그러나 사람에게는 이 기생물들을 쫓아낼 재간이 없다. 교활한 신들이기 때문이다. 방법은 이들이 사기꾼이라는 정체를 아는 것이다. 인간이 깨닫는 순간 이 사악한 기운들은 맥을 못 추고 흩어진다. 태양이 뜨면 어둠이 사라지는 이치다.

③ 나를 구원하는 양심(陽心)

인간에게는 무서운 적이 있다. 밖의 적이 아니라, 안의 적이다. 철학자 왕양명은 "산 속의 적을 물리치기는 쉽지만, 내 마음속의 적은 물리치기 어렵다(破山中賊易 破心中賊難)."고 토로했다. 인생에서 가장 힘들고 어려운 일은 자기 마음속의 적을 물리치는 것이다. '상대를 알고 나를 알면 백 번 싸워도 위태롭지 않다'는 말도 있지만, 이 적은 우리가 상대하기에 벅차다. 형체가 없는 정체불명의 영적인 존재이기 때문이다. 이 적은 우리의 욕심을 부추겨 자신에게 의존하게 만들어 이용하려고 한다. 바로 하나님과 마귀, 귀신이다.

인간은 실수를 저질러 놓고는 고통을 당한다. 후회와 뼈아픈 반성을 한다.

그러나 그 때 뿐이다. 작심삼일이 되기 일쑤다. 시간이 흐르면 골수에 새겼던 반성마저 헌신짝처럼 버리고 또다시 그 실수를 반복한다. 어리석고, 어리석은 것이 우리네 인간이다.

왜, 이런 악순환이 계속되는 것일까. 인간의 넋을 빼앗고 죽음에 이르게 한다는 전설 속 '세이렌'의 노래 소리보다 더 감미로운 마음속의 유혹을 물리치지 못하기 때문이다. 마약중독자가 다시 마약을 찾는 것처럼 '이래서는 안 되는데…' 하면서도 자꾸 끌려간다. 그리고는 불속에 뛰어드는 불나방처럼 이성을 잃고 행동한다. 그리고 곧 후회한다.

마음속 적의 유혹에 마음이 동하면 정신이 흐려지면서 마음이 약해지게 되고, 그러면 원인을 알 수 없는 이상한 힘이 들어와 '부정적인 행동'을 하게 압박한다. 우리를 파멸로 이끌어가려는 이 적은 어떤 존재일까. 우리의 심리를 꿰뚫고 있으며, 통제하는 기술이 탁월하다. 인간의 정신은 두뇌에 있어야 하고, 마음은 심장 안에 있어야 정상인데, 이 적이 침입하면 정신이 두뇌에 있지 않으니, 마음이 안정되지 않고 언어와 행동이 흩으러 진다. 제정신이 아니다. 제정신이 나가고 다른 정신이 들어온다.

마음속에서 은밀하고 달콤하게 유혹하는 이 적은 우리의 수호천사도 아니요, 후원자도 아니다. 우리를 함정에 빠뜨려 고통당하는 꼴을 보고 즐기려는 악당이다. 그의 올가미에 걸리면 대가를 톡톡히 치러야 한다.

인간이 어떻게 하여 이 적의 숙주가 되는 것일까. 양심을 버릴 정도의 강한 자극으로 욕심을 부추기기 때문이다. 권력욕과 물욕, 쾌락과 안락의 추구가 그 미끼다. 욕심이 깊은 사람은 그 깊이에 반비례하여 양심이 얕다(耆欲深者其天機淺). 욕심 속에는 사악한 기운이 들어있다. 인간은 욕심 때문에 적의 굴레에서 벗어나지 못하고 고통 받고 산다. 적의 유혹에 이끌리는 욕심의 사슬을 끊어야 한다.

욕심 일으키는 의존성 버려야

'욕심'은 악의 시초요, 불행의 시작이다. 사람의 길에서 벗어난다. 욕심은 사람의 영(靈)을 흑색으로 만들어 쭉정이가 되게 한다. '비워야 충만해진다'는 대승불교의 '공(空)'사상은 '욕심을 버리면 양심이 충만해진다'는 말과 맞닿아 있다. 욕심을 버리는 것은 곧 악과 죄를 버리는 것이다. 양심이 살아나고, 사랑과 선, 진리가 살아나 참된 사람이 된다. 욕심을 일으키는 의존성을 버리고 자존하는 삶이 평화와 행복의 첩경이다.

기생물은 조건이 맞는 대상에게 기생한다. 보이지 않는 인간의 적, 즉 인간의 기생물들은 욕심을 통해 인간에게 기생한다. 인간이 욕심을 버리면 이 적은 고립되고 자멸한다. 욕심을 버리는 것은 남에게 의존하여 편안하게 살겠다는 망상을 버리고 자존하며 사는 것이다. 자신의 노력의 대가를 얻어 분수에 맞게 살면서 남을 내 몸처럼, 자연을 내 몸 같이 생각하는 것이다.

양심은 사람의 본성이다. 상대를 위해 준다. 사람의 영(靈)을 여물게 한다. 양심으로 살면 모두 잘 살 수 있다. 사람과 세상의 난제는 욕심과 반대로 살면 그 해결이 가능하다. 양심은 욕심을 죽이는 빛의 기운이다. 양심대로 살아서 양심이 마음의 주인이 되면 욕심이 약화되고, 녹아 없어진다. 적이 없어지고 '본래사람'이 된다. 현재의 삶을 방향 전환해야 한다. 욕심을 버리고 양심을 찾아야 하며, 역리를 버리고 순리를 취해야 한다. 의존성을 버리고 자존성으로 사는 것이다. 자존성을 회복하기 위한 7가지 방안이 있다.

첫째, 3욕(먹고, 자고, 즐기고)을 절제한다(욕심은 3욕대로 살라고 한다).

둘째, 실력대로, 정당한 노력의 대가를 받아 산다(욕심은 노력하지 말고 남에게 기생하여 편히 살라고 한다).

셋째, 작은 것도 귀히 여긴다(욕심은 큰 것만 바란다).

넷째, 남을 먼저 생각한다(욕심은 너만 생각하라고 한다).

다섯째, 자신을 나타내지 않는다(욕심은 나타내라고 한다).

여섯째, 낮아지고 겸손을 미덕으로 삼는다(욕심은 높아지고, 교만하라고 한다).

일곱째, 나누고 베풀며 산다(욕심은 너만 잘 먹고 잘 살라고 한다).

양심과 욕심의 상대는 나 자신이다. 선택은 자신의 의지에 달려 있다. 사람은 자유로운 존재다. 마음을 양심으로 사수해야 한다. 마음이 적의 수중에 들어가면 마음이 지옥 되고, 세상이 지옥 된다. 마음속의 욕심을 없애야 적의 숙주가 되지 않는다. 마음이 욕심에서 양심으로 바뀌지지 않는 한 그 어떠한 신앙생활도, 수도생활도 무용지물이 된다.

양심을 꺼내 써먹으면 골(骨) 속에서 졸아있던 양심이 마음자리로 돌아와 중심을 잡게 된다. 그러면 제정신이 돌아온다. 마음의 눈이 떠진다. 육욕에 의한 지난날의 삶이 추악하게 느껴진다. 다른 사람의 고통이 나의 고통처럼 느껴진다. 무엇이든 주고 싶어진다.

양심으로 마음을 바로세우면 평화와 행복이 찾아온다. 각자 자기 마음을 먼저 구원해야 한다. 각자 자기 마음만 단속하면 세상은 자연히 평화와 행복의 세상이 된다. 누가 나를 구원해 주랴. 양심이 자기를 구원한다.

5) 내 마음이 천국이면 천국으로 간다

① 마음 바꾸기

사람은 마음이 중요하다. 마음이 생과 사를 결정한다. 마음은 방향을 결정한다. 양심을 먹고 기도하면 조물주와 통하고, 욕심을 먹고 기도하면 욕심쟁이 하나님과 마귀가 주관한다. 양심으로 기도하며 정성들이면, 정신이 맑고 밝아져서 우주이치를 깨닫는다.

진리는 양심이요, 빛이다. 빛은 생명이고, 자연이고, 조물주다. 마음이 양심이어야 정신이 살며, 정신이 살아야 자연과 조물주와 통한다. 욕심은 정신을 죽인다. 욕심으로는 정도를 통하지 못한다. 마음이 중요하다. 양심이 조물주가 준 사람의 마음이고, 욕심은 사람이 만들어 내는 마음이다. 사람이 욕심이 생기면 하나님과 마귀가 들어와 주관하므로 사람의 마음을 잃어버린다.

마음에 양심이 자리 잡으면 밝은 곳을 찾고, 욕심이 자리 잡으면 어두운 곳을 찾는다. 욕심의 도를 닦지 말고, 양심의 도를 닦으라. 욕심의 도를 닦으면 욕심쟁이 하나님과 마귀와 통하게 되고, 양심의 도를 닦으면 자연과 조물주와 통한다.

사람의 마음이 양심으로 전환하지 않으면 어떠한 신과 종교를 믿어도 선한 사람이 되지 못한다. 하루에 몸을 수백 번 닦고, 깨끗한 옷을 입고, 거룩한 말을 하여도 마음속의 욕심은 없어지지 않는다. 마음 안에 있는 욕심을 양심으로 바꿀 줄 아는 사람이 되자. 욕심은 사람의 것이 아니다. 조물주도 사람의 마음 안에 있고, 하나님과 마귀도 사람의 마음 안에 있다. 양심에는 조물주가 계시고, 욕심에는 하나님과 마귀가 둥지를 틀고 있다.

천국과 지옥은 자기 마음이 만든다. 양심이 아니고는 참이 나올 수 없고, 선이라고 할 수 없으며, 사랑이라고 할 수 없다. 평화가 올 수 없고, 행복이 있을 수 없다. 욕심으로 하는 일은 선이 아니요, 사랑이 아니기 때문에 기쁨과 행복이 생기지 않는다. 천국과 지옥은 자기 마음으로부터 시작된다.

욕심에서 오는 흑심(黑心)과 양심(兩心)이 합해 죄악을 낳는다. 시기 · 질투, 자만 · 거만 · 교만, 물욕 · 권력욕 · 명예욕, 음욕은 숨어 있는 음흉한 욕심이다. 사람의 정신과 마음과 몸 안에 숨어서 사람의 정신을 어지럽게 하고, 흑심으로 끌고 가는 내적인 악이다. 이 욕심의 기운이 마음과 몸 안에 잠재해 있으면 마음에 병이 온다. 시비 · 혈기, 폭력 · 투쟁, 절도 · 사기 · 강도, 살인, 음란은 외적으로 나타나는 욕심이다. 외적인 악이다. 이러한 내적인 악과 외적인 악은 욕심에서 생긴다.

의존성 · 욕심은 '마음의 질병'

의존성에서 야기되는 욕심이 하나님과 마귀의 의도대로 끌려 다니는 사람으로 만들고 있다. '욕심 병'에 감염된 사람은 누구나 자기 마음대로 못 산다. 아무리 양심대로 살려고 몸부림쳐도 욕심이 강하게 밀고 올라오면 자기제어력을 잃고 욕심대로 행동하고는 고통당한다.

선한 것과 참된 것, 좋은 것은 본받기가 어렵고 쉽게 잊어버린다. 반면에 악한 것과 거짓된 것, 나쁜 것은 배우기도 쉽고 한 번 배우면 잊어지지 않는다. 선과 사랑과 진리는 조물주의 성품이기 때문에 인간의 자유의지로 취할 수 있다. 사람이 스스로 깨달아 행동하도록 되어 있지 조물주가 강제로 집행하지 않는다. 사람의 인격을 존중하기 때문이다. 그러나 악과 거짓, 증오는 욕심에서 생기는 것이므로 하나님과 마귀가 자기 종으로 부리려고 압박하고 유혹하면 쉽게 빠져든다. 강제 집행이 가능하다는 뜻이다. 더 큰 문제는 한 번 걸려들면 난치병같이 끈질기게 놓아주지 않는다는 것이다. 자기 마음속에 있는 양심은 이러한 사실을 알고 있기 때문에 욕심을 쓰지 말라고 간구하지만, 욕심은 양심의 소리를 모른 체 하면서 욕심을 써먹는다. 그래서 욕심이 떨어지지 않고 꼭 붙어 있다. 그러니 조심하자.

어디서 어디까지가 욕심일까. 순간적인 육욕 충족을 위해 자신을 망가뜨리고, 사람의 도리를 벗어나 자기를 위해 남에게 피해를 주고, 괴롭게 하면 욕심이다. 욕심대로 사는 사람은 자기 욕심을 채우려고 거짓말하고, 싸우고 하여 마음 편할 날이 없다. 돈을 더 많이 벌려니까 힘들고, 가진 것을 잃을까 봐 두렵고, 일이 잘못될까 봐 조바심이 나서 늘 불안하고, 초조하다. 남을 속이려는 마음은 자기 마음을 속이려는 마음이다. 결국은 자기 마음을 자기가 나쁘게 만든다. 그러니 누구를 원망하겠는가.

욕심은 불행이요, 사망이다. 사람의 문제는 모두 욕심에서 발생한다. 욕심의 사람은 자기가 최고가 되려고 하며, 자식에게도 최고가 되라고 자기 욕심을 전수해 준다. 그래서 욕심이 번식된다. 무슨 일을 하든지 양심으로 순리대로 하는 사람은 마음이 편안하여 병도 안 나고, 행복이 찾아온다.

② 자기주관자

기독교인 중에는 하나님에게 '이것 안 해주시면 죽습니다. 꼭 해 주십시오!' 하고 애원하다가 자기 뜻대로 안 되면 '도와주지 않는다.'고 불평하는 사람이 있다. 그러다가 시험에 들어 신앙을 버리기도 한다. 하나님은 그런 것 해줄 능력이 없는 신임을 모르는 데서 나온 처사다. 기독교인들이 '하나님'이라는 이름을 거룩한 존재로 덧씌우고 있지만, 사실 하나님의 목적은 인간을 이용하는 것이다. 생각해 보라. 동식물도 스스로 살아가지 않는가. 조물주는 인간이 열심히 노력하면 살 수 있는 환경을 다 만들어 놓았다. 의존성을 버려야 구원을 얻는다. 하나님에게 의존하는 것이 곧 타락성이다. 의존성을 버린 사람은 자아주관자다. 자기 마음속에 있는 욕심을 심판하여 제거해 버린 사람이다.

사람은 누구나 자기가 마음먹은 대로의 사람이 된다. 양심을 먹고 양심대로 살면 선인이 되고, 욕심을 먹고 욕심대로 살면 악인이 된다. 양심이 인격이며, 행복이다. 욕심은 사람의 인격을 손상시키는 파괴자다. 욕심은 사망이며, 죄이며, 악이다. 자연만물은 조물주의 마음 안에서 조물주에게 순종하며, 순리대로 살고 있다. 자연만물은 모두 자존성대로 산다. 순리에 역행하지 않고, 자연과 순환하며 살면 만사가 형통할 수 있다.

욕심은 사람을 죽이는 독약이다. 욕심을 쓰는 사람은 자기가 자기를 죽이게 된다. 욕심에는 진리가 없다. 음식을 잘못 먹으면 육체가 죽고, 마음을 잘못 먹으면 영혼이 죽는다. 욕심이 생기면 영혼의 눈과 귀가 어두워진다. 욕심을 쓰면 당장 이익이 되어 좋은 것 같지만, 외톨이가 된다. 그래서 망한다. 자기 마음속에 있는 양심을 쓰면 사기도 안 당한다. 욕심 없는 사람이 행복한 사람이다. 욕심을 버리고 양심대로 살면 마음에 천국이 온다.

짐승은 주린 배만 채우면 더 먹지 않고, 먹을 것을 쌓아두지도 않는다. 사람만 유독 욕심이 많아 배부른 것도 모자라 남이 가진 것까지 빼앗아 곡간에 쌓아둔다. 이것은 자기가 자기를 잡아먹고, 남도 잡아먹는 악질 행위다. 종교인들의 기도는 높은 자리에 앉고, 돈 많이 벌어서 군림하려는 내용이 대부분이다. 모두 자기 욕심을 채워서 남보다 더 잘 되려고만 한다. 나쁜 쪽으로만 가려고 발버둥 친다. 그런 기도는 욕심의 주인 하나님과 마귀를 불러들이는 결과를 낳는다.

욕심 버리는 것이 '마음 비우는 것'

욕심을 버리기도 어렵고, 양심대로 살기도 어렵다. 인간조상으로부터 지금까지 욕심으로 사는 것을 당연한 삶으로 여기는 관습이 마음에 자리 잡았기 때문이다. 그러므로 자신의 삶이 잘못되었다는 것을 깨달아야만 바른 사람이 될 수 있는 길을 찾을 수 있다. 진리를 찾으려고 애를 쓸 때에 깨달음이 온다.

현재의 삶에 만족하는 사람은 진리를 찾으려고 애쓸 필요가 없다. 만족한데 무엇을 찾는다는 말인가. 자기종교에 빠져있는 사람도 만족하니까 찾을 필요가 없다고 생각한다. 그래서 진리를 찾는다는 일이 진짜 쉽지 않다.

바른 생각이 중요하다. 생각으로 마음도 정하고, 정신도 차린다. 생각으로 중심도 잡는다. 생각은 삶의 근원이다. 깨달음의 길이다. 양심대로 살려면 생각을 많이 하고, 욕심을 버려야 한다. 욕심이 없어져야 마음이 밝아지고, 깨끗해지며, 고와지고, 선해져서 양심이 된다. 사람의 마음이 양심이 되면 피와 살과 뼈까지도 깨끗해져서 병도 없어지고, 건강하게 된다.

고장 난 곳을 알아야 고칠 방법을 찾을 수 있다. 기계가 고장 난 원인을 모르는 사람은 기술자가 아니고, 병의 원인을 모르는 사람은 의사가 아니다. 사람의 마음에 양립할 수 없는 선한 마음인 양심과 악한 마음인 욕심, 이 두 마음이 마음속에서 싸우고 있는 그 원인을 모르고는 완전한 사람이 될 수 있는 방법을 찾을 수 없다.

욕심은 스스로 버리지 않으면 없어지지 않는다. 고생하며, 마음을 갈고 닦고, 깨달아야 한다. 고생하지 않고 편안하게 사는 사람은 자신의 실상을 보기가 어렵고, 깨닫기도 어렵다. 고생을 해도 욕심을 위한 고생을 하면 욕심만 더 커진다. 도둑은 감옥에서도 도둑질을 더 잘하려고 연구한다.

자기 마음속에 있는 사악한 욕심을 없애는 방법은 양심을 먹고 사는 것이다. 욕심을 없애는 약이 양심이다. 양심은 마음의 빛이다. 양심이 마음에 살아 있으면 마음에서 빛이 난다. 욕심이 사라진다. 정도는 바른 마음이다. 도(道)는 사람의 마음 안에 있다. 자기 마음을 주관해야 참된 사람이 된다. 욕심을 먹고 마음이 더러워졌으니, 욕심만 버리면 바로 깨끗한 마음이 된다.

③ '조물주님' 암송

조물주가 창조해 준 자존성대로 살아야 할 인간이 하나님과 귀신에게 정신과 마음을 빼앗기고, 이들에게 의존해 사는 노예가 되어 고생하고 있다. 이것들이 기생할 수 있는 온상(의존성)이 되어 있기 때문이다. 의존성이 커지면 이것들의 지배력은 커지고 강해진다. 서서히 인간을 잠식한다.

사람의 정신과 마음과 몸 안에서 사람을 괴롭히는 의존성을 어떻게 몰아내느냐. 마음으로 '조물주님'을 자기 안에 꽉 차도록 암송하며 자존성을 세우기 위해 노력하면 정신과 마음이 맑아진다. 점차 자존의지가 생긴다. '조물주님'을 자꾸 암송하면 생기(生氣)가 온다. 생기는 천지에 꽉 차 있다. 사람이 끌어들여야 한다. 곧 조물주가 주는 것과 같다.

깨끗한 물에 먹물을 풀면 깨끗한 물도 먹물이 된다. 어떻게 해야 먹물을 깨끗한 물이 되게 할 수 있을까. 위에서 깨끗한 물이 계속 내려오면 결국 먹물이 없어지고 깨끗한 물이 된다. 웅덩이의 썩은 물도 위에서 깨끗한 물이 계속 내려오면 깨끗해진다. '조물주님'을 계속 암송하면 계속 생기가 온다. 이는 위에서 깨끗한 물이 계속 흘러내려오는 것과 같다. 조급하게 생각하지 말고, 정성들이면서 꾸준히 노력하자. 마음이 원하면 일할 때나, 잘 때나, 걸을 때나, 시간이 있을 때 암송하면 속성한다. 아래의 암송방법을 인용하여 '조물주님'을 암송하는 것이 좋다.

사람은 숨이 끊어지면 죽는다. 숨 쉬는 것은 대단히 중요하다. 모든 생명체는 숨을 쉼으로써 생명을 유지한다. '숨'은 '코 또는 입으로 공기를 들이마시고 내쉬는 기운'이다. 현대의학에서는 호흡을 '산소를 들이마시고, 이산화탄소를 내보내는 가스 교환을 통하여 생물들이 유기물을 분해하여 생활에 필요한 에너지를 만드는 작용'이라고 말한다. 미국 생명공학정보센터의 발표에 따르면 건강한 사람은 몸속 에너지의 93%를 호흡을 통해서 만든다. 또한 우리 몸속의 노폐물 중에 약 70%가 호흡을 통해서 배출된다. 그런데도 나쁜 호흡 습관을 지닌 사람이 84%나 된다고 알려져 있다. 호흡은 묵은 것을 토해내고 새로운 것을 받아들이는 매우 중요한 일이다.

사람들은 대부분 가슴으로 호흡한다. 복식호흡은 복부를 이용하는 호흡이다. 복식 호흡은 흥분을 가라앉히며, 심신의 안정을 찾을 수 있도록 도와준다고 한다. 숨을 들이마실 때는 배를 내밀면서 코로 천천히 들이마셨다가 숨을 참고 3~5초 정도 잠시 정지한다. 숨을 내쉴 때도 역시 천천히 배를 집어넣으면서 숨을 치아 사이로 조금씩 끊어서 내쉰다. 이것은 전통방식이다.

그러나 여기에서의 암송은 복식호흡을 하며 코로 숨을 들여 마셨다가 코로 숨을 내쉬며 '조물주님'과 '자존하기'를 암송하는 것이다. 이렇게 복식호흡을 하면서 암송을 반복한다. 누워서 할 수도 있고, 앉아서 할 수도 있다. 온 몸의 힘을 빼고 몸을 편안하게 한 후 양쪽 눈에 의식을 모으고 복식호흡을 하며 암송하면 정신이 통일되어 효과가 있다.

이것은 필자의 호흡방식이다. 이렇게 복식호흡하며 '조물주님'과 '자존하기'를 암송하면 정신이 맑아지고, 자존의지가 강해지며, 활력이 생긴다. 자신의 배후도 좋아진다. 자존하기 위한 자가발전의 한 방법이다. 지속적인 노력이 필요하다. 이보다 더 중요한 것은 자존하겠다는 의지를 스스로 키우는 것이다.

④ 인간의 결실

양심이 지향하는 대로, 순리를 거스르지 않고 자연에 순응하며 사는 삶이 최상의 삶이다. 굳이 종교 속에 들어가 신을 믿고 종교의 의식과 제도를 따르지 않아도 얼마든지 종교가 원하는 선한 삶을 살 수 있다. 인간의 삶에서 '자존하면서 이웃을 해치지 않고, 서로 화목하고, 서로 나누고 사는 것' 외에 다른 그 어떤 진리가 더 필요한가. 자존하며 양심대로 선하게 살면 더 바랄 것이 없는 것이다. 세상의 난문제는 의존성에 의한 욕심에 의해 서로 자기만을 위하는 데서 벌어졌다. 자존하며 사는 것은 인간의 본분이다. 인간이 자존하며 살면 모두 천국인이 되고, 세상은 천국이 된다.

욕심은 악의 근원이요, 만 가지 고통의 진원지다. 욕심은 나밖에 모른다. 남이야 죽든 말든 자나 깨나 나만 좋으려고 하는 나쁜 마음이다. 이 욕심에서 불화가 불거지고, 투쟁이 벌어지며, 악행을 저지르게 된다. 결국 자신도 죽고 남도 죽게 한다. 욕심에서 벗어나는 길은 이기주의적 생활방식을 이타주의적 생활방식으로 전환하는 것이다. 삶의 기준을 남을 위하는 데 두는 것이다. 자존성을 확립해야 가능하다.

사람은 어느 누구도 악마가 되는 것은 원치 않는다. 욕심이 눈을 가려 자꾸 악마 짓을 되풀이할 뿐이다. 욕심이 화근이다. 내 안에서 작용하는 욕심의 행태를 잘 들여다보자. 욕심이 무슨 짓을 하고 있는지 찬찬히 살펴보자. 욕심의 정체를 정확히 파악해야 물리치는 방법도 알 수 있다. 그래야 선악도 분별할 수 있다.

욕심은 육체 속에 내재돼 있는 생물학적 본성이다. 사람의 육체는 육식동물이나 다름없다. 자기밖에 모른다. 육적 욕구대로 살면 비정한 경쟁과 속임수로 가득 찬 야수의 세상을 만들고 만다. 식물은 씨앗이 땅에 떨어지면 스스로 싹을 틔우고 뿌리를 내린다. 생육에 저해되는 요소는 배제하고, 이로운 영양소는 빨아들여 자신을 성장 시킨다. 초식 동물도 오만가지 식물 중에서 자기 몸에 해로운 독초를 알고 가려 먹는다. 그러나 만물의 영장이요, 이성을 가진 존재라고 자부하는 인간은 끊임없이 일어나는 육욕으로 인해 자기를 파멸시키고, 타인과 자연을 해롭게 한다.

육적본능대로 사는 사람은 욕심의 전제적(專制的) 지배에 저항하지 못한다. 늘 불만족스럽고, 불안하고, 근심과 걱정이 일어나는 것은 마음속에 욕심의 어두운 기운이 있다는 증좌다. 욕심 속에는 반자연성인 파괴력이 깃들어 있기 때문에 욕심을 행하면 그에 따른 반작용으로 고통이 뒤따른다.

채소는 잎을 이용하는 잎줄기채소와 열매를 이용하는 열매채소, 뿌리를 이용하는 뿌리채소가 있다. 뿌리채소의 경우 잎과 줄기가 흙 속에 있는 뿌리를 위해 존재한다. 사람을 뿌리채소에 비유할 수 있다. 우리 몸은 보이지 않는 영혼을 성장시키기 위해 존재한다. 사람의 본질이자 육적생명의 원초가 바로 영적생명인 영혼이다. 몸의 생명이 다하면 몸은 죽고 영혼만 남게 된다. 몸의 결실이 영혼이다. 사람은 몸을 가지고 사는 동안 열심히 영혼을 성장시켜야 한다. 즉, 자존하는 사람으로 키워야 한다. 우리에게 주어진 삶이 얼마나 소중한 것인가.

6) 내 손에 달린 내 운명

진리는 보편타당한 것이다. 종교와 사상, 인종을 초월해서 모두가 받아들일 수 있는 것이 진리다. 조물주도 좋아하고, 사람도 좋아하며, 자연도 좋아하는 것이다. 누구도 거부할 수 없고 변하지 않는 자연의 법칙, 자연의 섭리가 곧 진리다.

자연이 진리임을 부정하는 사람은 없을 것이다. 사람의 마음속에 있는 양심 또한 자연과 합일하는 진리다. 양심이 추구하는 것은 언제나 선이다. 자연처럼 순리대로 살고, 양심에 따라 사는 사람은 진리의 사람이다. 자존하는 사람이다.

이웃사랑이 종교의 근본 가르침이다. 그러나 대부분의 종교는 타종교를 인정하지 않는다. 심한 경우 타 종교인이나 비종교인을 사람 이하로 취급한다. 자기 종교를 믿지 않으면 무조건 '타락인간'이니, '중생'이니, '마귀'니 하며 구제대상으로 분류한다. 이러한 과격한 구원관은 그들 종교의 가르침과 연관되어 있다.

조물주는 '원칙과 질서의 주재자'이다. 사람은 누구나 자존하면서 양심대로 살고, 어려운 이웃을 돕고 살면, 얼마든지 복을 받을 수 있다. 이것은 역사의 선각자들이 수없이 역설했던 말이다. 결국 복도, 화도 자기가 부르는 것이다. 누구나 선하게 자존하면 노력한 만큼 복이 동행한다. 그렇게 사는 것이 진정으로 조물주를 경외하는 길이다. 사람이 조물주를 만나고, 선하게 사는 것은 종교와는 무관한 것이다.

조물주를 세속의 부모와 비교하면 이해하기가 수월하다. 부모는 자식이 올바른 길로 갈 수 있도록 타이르며 스스로 깨닫기를 바랄 뿐, 자식의 손과 발을 묶어 놓지는 못한다. 선으로 가든 악으로 가든 그것은 자식이 결정한다. 운명은 인간 스스로 결정해야 하는 것이다. 즉 자존하는 것이다.

우리의 생각은 우리를 이끌어가는 길잡이다. 생각이 우리의 운명을 결정짓는 중요한 요인이다. 생각은 방향성을 띤다. 뱀의 몸통이 머리가 트는 방향을 따라가듯 사람도 생각에 따라 행동한다. 설혹 신이나 업(業, 전생의 소행으로 말미암아 현세에서 받는 응보)이 인간의 운명에 관여한다고 하더라도 마지막 선택은 언제나 인간의 몫이다.

불교에서는 운명을 조종하는 신의 존재를 인정하지 않는다. 인간은 업력의 영향을 받지만, 그것은 신에 의한 것이 아니라 자신에 의한 것이라고 말한다. 법구경에는 "자기만이 자기의 주인이다. 자기 이외에 누가 따로 주인이 될 수 있으랴. 그러므로 자기를 잘 다스린다면 얻기 힘든 주인을 얻으리라."

고 말한다. 즉, 인간사는 인과응보(因果應報)요, 자작자수(自作自受)요, 자업자득(自業自得)이다. 부자이거나 가난하거나, 건강하거나 건강하지 못한 것도 인과법칙에 의해 자기에게 돌아오는 것이니 그 누구를 탓할 것도 없다. 매우 합리적이고, 공평한 말이다. 결론적으로, 운명은 자기 손에 달려 있으며, 사람은 자기 업의 창조자라는 것이 불교의 관점이다.

운명이 조물주의 손에 달렸다기보다는 인간 자신이 만들어 간다는 주장이 더 설득력이 있어 보인다. 인간의 운명이 신에 의해, 타력에 의해 이미 정해져 있다면 인간은 로봇과 다름없으며, 불평등하고, 삶이 진정으로 가치 있다고 볼 수 없기 때문이다.

대부분의 사람은 신이나 종교, 무당이나 점쟁이에 의존해 살려고 한다. 종교마다 자기 종교의 가르침이 옳다고 강조하며, 자기 종교에 의존해야 구원받고 사후에 천국이나 낙원에 갈 수 있다고 주장한다. 한술 더 떠 종교지도자 중에는 자신을 신이니, 구세주니 하며 사람의 마음을 빼앗고, 자기를 숭배하게 만든 뒤 자신의 욕망의 도구로 이용하는 자들도 있다.

사람은 어떤 마음가짐으로 사느냐에 따라 자신의 운명이 결정된다. 욕심은 마음을 흐리게 하여 마음의 질서를 파괴하고, 마음을 악화시킨다. 사람은 자기 마음을 잘 다스려야 한다. 성인들은 '마음을 주관하는 것이 세상을 주관하는 것보다 더 어렵다'고 했다.

나의 운명이 조물주의 뜻에 달려 있지 않고, 이미 정해져 있는 것도 아니라면 내 운명은 내가 개척해야 한다. 자존하는 것이다. '하늘은 스스로 돕는 자를 돕는다.'는 격언은 자신의 운명은 자신이 열어나가야 한다는 뜻과 맞닿아 있다. 의존성인 삿된 마음과 그릇된 행실을 고치면 얼마든지 좋은 운명으로 바꿀 수 있다.

둘째, 하나님과 인간의 잘못된 관계

"하나님은 이스라엘백성을 지배하여 노예로 부리려고 하고, 이스라엘백성은 하나님의 예속에서 벗어나려고 안달했다. 이것은 인간의 주인이라는 하나님의 입장에서 보면 종인 인간이 하나님의 속을 썩이는 것이고, 종이라는 인간의 입장에서 보면 주인이라는 하나님이 인간을 괴롭히는 것이다."

1. 하나님은 왕, 인간은 백성

하나님과 인간은 유일신 종교에서 생각하듯 애틋한 사랑이 넘쳐나는 그런 부자관계가 아니다. 상하가 엄격한 군신(君臣) 관계다. 하나님에 의하면 하나님은 인간의 왕이요(삼상 8:1~9), 인간은 하나님의 백성이다(출 8:1, 렘 31:1, 32:38). 그렇다고 해서 아무나 하나님의 백성이 되는 것은 아니다. 하나님의 율례(律例)를 따르며, 하나님의 규례를 지켜 행해야만 가능하다(겔 11:20). 하나님의 말에 일절 토를 달지 않고 절대 순종하고, 하나님과의 언약을 지켜야 한다(출 19:1~6). 하나님은 인간을 자신을 위해 지었다. 하나님에게 찬송을 부르게 하고(사 43:21), 하나님에게 영광을 돌리게 하기 위함이다(사 42:8).

따라서 하나님이 곧 법이다(롬 9: 15~16, 왕하 10:30). 하나님은 인간과 만물의 창조주이기 때문에 인간은 하나님의 마음대로 해도 된다고 생각한다. 그래서 하나님은 하나님의 법을 인간에게 적용한다. 하나님의 법에는 신권(神權)만 존재한다. 하나님은 모든 것을 자신에게 맞춘다. 하나님이 인간에게 지키라고 하는 규례와 법도는 모두 하나님 위주다. 그런데 하나님의 법도는 아주 무섭다. 인간의 법은 인간을 보호하려는 것이 목적이지만, 하나님의 법은 하나님의 권위를 지키는 데에 있다. 인간이 조금만 어긋나도 죽음을 면치 못한다(출 30:20~21). 하나님은 자신에게 순종을 강요하고, 때로는 호소하기도 하며, 자신의 말을 듣게끔 유혹하기도 한다. 그래도 말을 듣지 않으면 위협하고, 세력을 부리다가 죽인다. 하나님은 독재자다.

하나님은 맨 처음 이스라엘민족을 자신이 선택한 메신저들을 통하여 하나님이 직접 다스렸다. 그러나 이스라엘민족은 하나님에게 다른 나라들처럼 자신들을 다스릴 인간의 왕을 세워달라고 했다(삼상 8:5). 사랑의 왕이라는 하나님의 주관 권에서 벗어나고 싶었기 때문이다. 명분은 사무엘이 늙고 그의 아들들이 사무엘을 따르지 않는다는 것이었으나, 이는 성경에 나타나 있지 않은 하나님과 인간의 트러블이 있었음을 알게 하는 대목이다. 이스라엘민족이 하나님의 다스림에 항거하는 일종의 시위 같은 것을 한 것이다.

이는 하나님이 원하는 바가 아니었다. 그동안 하나님의 '메신저섭리'는 원활했다. 메신저들은 하나님에게 절대 순종했고, 하나님은 이들을 통해 이스라엘민족에게 일방적으로 자신의 심정과 뜻을 전달할 수 있었다. 이것은 하나님에게 심정적 · 정치적으로 최상의 방법이었다.

하나님보다 '인간 왕' 원해

이스라엘민족에게 왕을 허락할 경우 왕을 통해 섭리를 해야 한다. 왕이 메신저 노릇을 제대로 한다면, 자연히 '메신저섭리'에서 '왕 섭리'로 한 단계 업그레이드되는 것이다. 그러나 왕이 하나님의 꼭두각시가 되지 않겠다고 반발하면 이스라엘민족을 치리할 방법이 없게 된다. 어떻거나 '왕 섭리'는 그만큼 힘이 들고, 하나님의 영향력이 줄어들 수밖에 없다. 이는 왕에게 하나님의 권력을 이양하는 것이나 다름없다. 그동안의 하나님의 행태로 보아 또 다시 피바람을 일으킬 것이 분명하다.

그런데 이에 관한 하나님의 대응은 평소와는 달랐다. 분노와 저주, 징벌 대신 회유와 위협을 선택한 것이다. '너희는 왕의 종이 될 것이고, 그러면 하나님은 너희에게 응답하지 않을 것'이라며 인간의 왕을 세울 경우 그에 따른 여러 가지 부작용에 대해 장황하게 설명했다. 요지는 인간이 왕의 주관을 받는 것보다 지금처럼 하나님의 직접적인 주관을 받는 것이 더 낫다는 것이었다.

"…이는 그들이 너를 버림이 아니요, 나를 버려 자기들의 왕이 되지 못하게 함이니라. …그들에게 엄히 경고하고 그들을 다스릴 왕의 제도를 가르치라.

…그가 너희 아들들을 데려다가 그의 병거와 말을 어거(馭車, 수레를 메운 소나 말을 부리어 모는 일)하게 하리니… 또 너희의 아들들을 천부장과 오십부장을 삼을 것이며, 자기 밭을 갈게 하고, 자기 추수를 하게 할 것이며, 자기 무기와 병거의 장비도 만들게 할 것이며, 또 너희의 딸들을 데려다가 향료 만드는 자와 요리하는 자와 떡 굽는 자로 삼을 것이며, 또 너희의 밭과 포도원과 감람원에서 제일 좋은 것을 가져다가 자기의 신하들에게 줄 것이며, 또 너희의 곡식과 포도원 소산의 십일조를 거두어 자기의 관리와 신하에게 줄 것이며, 또 너희의 노비와 가장 아름다운 소년과 나귀들을 끌어다가 자기 일을 시킬 것이며, 너희의 양 떼의 십분의 일을 거두어 가리니 너희가 그의 종이 될 것이라. …그 날에 여호와께서 너희에게 응답하지 아니하시리라.

…아니로소이다. 우리도 우리 왕이 있어야 하리니, 우리도 다른 나라들 같이 되어 우리의 왕이 우리를 다스리며, 우리 앞에 나가서 우리의 싸움을 싸워야 할 것이니이다 하는지라."(삼상 8:6~20)

이스라엘민족은 하나님의 이러한 설득에도 불구하고 끝까지 소신을 굽히지 않았다. 마지못해 인간의 왕을 허락한 하나님은 사울을 택해 왕으로 삼았으나 곧 후회한다. 사울이 하나님의 명령을 따르지 않았기 때문이다.

"내가 사울을 왕으로 세운 것을 후회하노니, 그가 돌이켜서 나를 따르지 아니하며, 내 명령을 행하지 아니하였음이니라."(삼상 15:11)

하나님은 사울을 버리고 다윗을 택한 후 다윗을 왕으로 세우기 위해 자신이 부리는 악령으로 하여금 사울을 괴롭히게 한다.

"…내가 이미 사울을 버려 이스라엘 왕이 되지 못하게 하였거늘 네가 그를 위하여 언제까지 슬퍼하겠느냐. …내가 그의 아들 중에서 한 왕을 보았느니라 하시는지라. …여호와의 영이 사울에게서 떠나고, 여호와께서 부리시는 악령이 그를 번뇌하게 한지라."(삼상 16:1~14)

하나님은 끝내 사울을 버리고 다윗을 왕으로 삼았다.

"이에 사람을 보내어 그를 데려오매 그의 빛이 붉고 눈이 빼어나고 얼굴이 아름답더라. 여호와께서 이르시되 이가 그니 일어나 기름을 부으라 하시는지라. 사무엘이 기름 뿔병을 가져다가 그의 형제 중에서 그에게 부었더니, 이 날 이후로 다윗이 여호와의 영에게 크게 감동되니라."(삼상 16:12~13)

사울은 어찌 되었는가. 하나님에게 버림받고 괴롭힘을 당하며 40년간 외롭게 살다가 블레셋과의 전투에서 비참한 최후를 맞이한다. 이 전투에서 그의 아들도 모두 전사했다(삼상 31:1~13).

'인권' 없는 하나님 법

성경의 하나님의 인간에 대한 목적은 단 한 가지다. 자신의 말에 순종하게 하는 것이다. 순종하지 않는 자는 가차 없이 버린다. 이용하는 것이 목적이기 때문에 이용가치가 없으면 버리는 것은 당연한 일이다. 그런데 이스라엘민족은 수시로 불순종했다. 이에 대해 하나님의 입장에서만 생각하지 말고, 인간의 입장에서 생각해 보자. 인간이 무엇 때문에 사는가. 행복하기 위함이다. 하나님에게 순종하여 행복하게 되었더라면, 하나님이 자신에게 순종하지 말라고 해도 순종했을 것이다. 인간은 자기를 위해주는 존재에게는 자기 목숨도 바치려고 한다.

하나님의 인간 치리방법은 인간적이지 않았다. 하나님은 인간의 아픔을 모르는 신이다. 하나님은 사랑도 모르고, 인간과 아무 관계도 없다. 하나님은 인간을 위해 줄 수 있는 신이 아니다. 다만 자신의 욕망을 이루기 위해 인간을 이용하고자 할 뿐이다. 하나님은 인간에게 순종만을 강요하며 인간이 원치 않는 길로 내몰았다.

성경의 하나님은 말과 행동이 다른 신이다. 이율배반적이었다. 하나님은 선과 사랑이 무엇인지도 모른다. 하나님은 자신에게 순종하는 것이 선이요, 그것이 자신에 대한 사랑이라고 생각한다. 선과 사랑은 상대를 위해 있다. 생명을 가진 존재는 자기만을 위하여 살도록 되어 있지 않다. 자기만을 위하는 것은 선이 아니고, 자기만을 위하는 것은 사랑이 아니다. 자기만 기쁨을 얻고 영광을 누리고자 하는 것은 욕심이요, 마귀다. 자기만을 위하면 누구나 마귀가 된다. 국가의 지도자가 자기만 좋은 법을 만들면 국민이 기뻐하겠으며, 단체의 책임자가 자기만 기쁘기 위해 단체원들에게 고통을 주면 그의 주관을 받고 싶어 하겠는가.

인간에게 대접받으려 하고, 인간의 위에 올라앉아 군림하려 하고, 세력부리며 자신의 권위를 높이려는 하나님은 자기가 바보인줄 모르는 신이다. 세력부리는 짓은 욕심 많은 마귀, 사탄, 악마가 하는 짓이지 선신이 할 행동이 아니다. 높은 자리에 있다고 세력을 부리면 맹수가 된다. 맹수는 힘을 믿고 산다. 사랑이 있어야 선신이다.

자신이 높아지려고 해도 높아지지 않는다. 상대방이 높여주어서 높아지는 것이 진리다. 높은 자리에 있다고 인간을 멸시하는 신은 인격이 손상되어 망신당하고, 인간을 자신처럼 소중히 대하는 신은 선신으로 대접받는다.

자기를 나타내려는 신은 가짜 신이다. 잘난 척하는 신은 도리어 가치가 없어진다. 내가 옳다고 인간에게 알리려고 애쓰지도 말아야 한다. 자연히 알게 되면 더 가치가 있다. 이것이 신격을 갖춘 선신의 마음자세다. 자기를 자랑하고, 나타내려고 하는 신은 신격체가 못 된다. 인간이 감동하여 우러러보고 고개 숙일 때까지 묵묵히 진실 되게 인간을 위해 사는 신이 선신이다.

하나님이 진정으로 인간의 왕 노릇을 하려면 자식을 잘 살게 해 주는 부모 같은 신이 되어야 한다. 자기가 왕이라고 백성인 인간을 고생시키고, 자기만 호강하고 살면 죄를 짓는 것이다. 욕심이 죄를 낳는다. 자기 영광 받으려고, 자기 좋으려고 인간을 괴롭히며 사는 신은 악신이다. 인간을 고통스럽게 하고 왕 노릇하려는 신은 인간의 피를 빨아먹고 사는 마귀와 다름없다.

인간은 누구나 사랑하고 싶고, 사랑을 받고 싶어 한다. 사랑이 삶의 원동력이기 때문이다. 애정의 욕구는 본능적이다. 사랑은 조물주가 인간에게 선물한 지고지순한 최고의 가치다. 존재하는 모든 것은 서로 도우며 살게 되어 있다. 인간의 관계는 사랑으로 맺어져야 돈독해지고, 행복해진다. 사랑하는 사람들은 만나면 기쁘고, 헤어지면 그리워한다. 성경은 '하나님은 사랑이다'고 일러준다. 그러나 성경에 나타난 하나님 행태를 보면, 인간을 현혹시키는 말임을 알 수 있다.

2. 하나님은 주인, 인간은 노예(종)

1) '노예 삶' 강요하는 하나님, 거부하는 인간

성경에 의하면, 하나님과 인간의 관계는 주종관계다(사 43:10). 하나님은 인간의 주인이요(겔 1:7), 인간은 하나님의 노예(왕하 19:34)다. 이는 하나님이 정한 관계다. 하나님은 인간을 자신의 노예로 부리기 위해 창조했다고 밝힌다. "이 백성은 내가 나를 위하여 지었나니 나를 찬송하게 하려 함이니라."(사 43:21), "내 이름으로 불려지는 모든 자, 곧 내가 내 영광을 위하여 창조한 자를 오게 하라. 그를 내가 지었고, 그를 내가 만들었느니라."(사 43:7) 인간은 인간으로서의 자존성을 버리고 하나님에게 의존하며 살아야 한다는 뜻이다.

하나님은 이스라엘민족에게 지속적으로 '나는 너희의 하나님 여호와다'고 주입시켰다. "내가 이스라엘 자손 중에 거하여 그들의 하나님이 되리니, 그들은 내가 그들의 하나님 여호와로서 그들 중에 거하려고 그들을 애굽 땅에서 인도하여 낸 줄을 알리라. 나는 그들의 하나님 여호와니라."(출 29:45~46) 이 말은 곧 '하나님이 너희 인간의 주인임을 잊지 말라'는 뜻이다.

세상에는 법적으로 부자관계를 끊고 싶어 하는 부모도 있고, 자식도 있다.

부모의 속을 썩이는 자식을 가진 부모와, 자식의 속을 썩이는 부모를 가진 자식이 이런 하소연을 한다. 오죽 답답하고 고통스러웠으면 천륜을 어기는 말까지 할까. 이스라엘민족도 하나님과의 주종관계를 끊고 싶어 했다. 하나님과 근본적으로 상처되었기 때문이다. 하나님은 인간을 지배하여 노예로 부리려고 하고, 인간은 하나님의 예속에서 벗어나고자 안달했다. 이것은 인간의 주인이라는 하나님의 입장에서 보면 종인 인간이 하나님의 속을 썩이는 것이고, 종이라는 인간의 입장에서 보면 주인이라는 하나님이 인간을 괴롭히는 것이다.

하나님은 노예이기를 거부하는 인간의 반발을 무마하기 위해 어르고 달랬다. 마귀의 손아귀에서 구원해 주겠다는 명분을 앞세워 유혹하고, 위협하며, 징벌하고, 죽이면서 인간에게 순종을 강요했다. 자신이 하는 모든 것은 인간을 위해서라는 하나님의 주장은 핑계에 불과하다. 그것은 곧 인간에게서 다른 신(마귀)을 떼어내 버리고 오직 자기 혼자만 부리겠다는 것이다. 어쩌면 마귀에게 종노릇하는 것이 하나님에게 종노릇하는 것보다 더 나았을지도 모른다. 한 신학적 통계에 의하면, 성경에서 하나님은 350만 명을 죽였고, 마귀는 10여 명을 죽였다.

주인도 주인 나름

노예는 늘 해방을 갈구한다. 그러나 그것도 주인 나름이다. 주인이 사랑으로 대하면 노예는 주인을 위해 자신의 목숨도 바치려고 한다. 주인이 말하기 전에 자복(雌伏)한다. 이런 주인을 만난 노예는 노예로서의 삶을 불행으로 여기지 않는다. 그러나 인간의 주인이라는 하나님은 인간의 기본적인 문제도 해결해주지 않으면서 사사건건 참견하고, 자기 말 안 듣는다고 분노하고, 저주하며, 징벌하고, 무자비하게 죽였다. 그러니 하나님을 가까이 하지 않으려고 하는 것은 인지상정이다. 이스라엘민족이 하나님의 족쇄를 풀고 하나님에게서 벗어나려고 안간 힘을 쓸 수밖에 없었다. 하나님과 인간의 관계는 주종관계가 아닌 원수관계다. 인간과 하나님은 상극이다.

하나님이 인간을 잘 못 지은 것인가, 아니면 인간은 하나님의 피조물이라는 하나님의 말이 거짓인가. 인간은 하나님의 뜻에 반하는 행동만 했고, 하나님은 인간이 싫어하는 일만 하라고 강요했다. 하나님과 인간은 이질적이다. 평행선을 달릴 수밖에 없다. 하나님은 인간이 생물이라는 사실을 이해하지 못한다. 생명에 대한 감정이 없는 신이다. 즉, 인간의 창조주가 아니다.

하나님이 인간을 애당초 노예로 부리려고 창조했다면, 자유의지가 없는 로봇이나 마소처럼 지었어야 옳다. 그렇다면 하나님의 노예로서의 삶을 묵묵히 받아들였을 것이다. '하나님은 인간의 창조주'라는 말은 하나님의 일방적인 주장일 뿐이다. 인간이 하나님의 피조물이라면, 인간을 자신에게 맞게 지었을 텐데, 하나님과 인간은 전혀 맞지가 않다. 물과 기름과 같다.

하나님은 인간에게 자신에게 의존해 사는 노예가 되라고 하지만, 인간은 하나님을 배제하고 자존하려고 한다. 인간이 성경에서 말한 것처럼 타락한 인간이고, 패륜아이기 때문일까. 아니다. 그것은 인간을 노예로 부리기 위한 하나님의 계략이다. 인간은 본래 자존적인 존재다. 인간은 자연의 일부다. 자존성이 본성이다. 자연의 모든 생명체는 자존한다. 이스라엘민족이 하나님의 주관 권에서 벗어나 인간들끼리 살고자 몸부림친 것도 이 때문이다.

하나님의 행태는 자연의 법칙에 어긋나는 것이었다. 하나님은 자신이 곧 진리이고, 법이라고 생각하는 독선적 · 독존적인 신이다. 유혹과 위협, 저주와 징벌, 살인으로 인간의 자존성을 말살하고, 자신에 대한 의존성을 심어서 인간을 노예로 부리기 위해 혈안이 되었다. 하나님은 신본주의를 원했지만,

인간은 인본주의를 선택했다.

"…나는 여호와 너희의 하나님이니라. 너희는 너희가 거주하던 애굽 땅의 풍속을 따르지 말며, 내가 너희를 인도할 가나안 땅의 풍속과 규례도 행하지 말고, 너희는 내 법도를 따르며, 내 규례를 지켜 그대로 행하라. 나는 너희의 하나님 여호와이니라. 너희는 내 규례와 법도를 지키라. 사람이 이를 행하면 그로 말미암아 살리라. 나는 여호와이니라."(레 18:2~5)

하나님은 자신만이 옳고 다른 것은 모두 그르다고 생각한다. 그래서 자신에게 순종하는 인간에게는 간이고 쓸개고 모두 빼줄 것처럼 좋아하고, 순종하지 않는 인간은 마귀와 같이 처단해야할 대상으로 취급한다. 하나님은 '나는 아브라함의 하나님, 이삭의 하나님, 야곱의 하나님이다.'(출 3:15)고 스스럼없이 말한다. 어떤 인간에게도 하지 않은 애정이 듬뿍 담긴 말이다. 그들이 하나님 앞에 절대적인 믿음을 보였기 때문이다. 이스라엘민족도 이들을 본받아 자신에게 순종하라는 뜻이다. 그러나 이들도 하나님의 종이다(렘 30:10).

인간은 '사랑의 神' 원해

하나님은 자신이 믿을 수 있는 절대 순종하는 사람을 찾으려고 애쓴다. 무지몽매한 사람이 그 대상이다. 자의식이 있는 사람은 하나님에게 순종하지 않으려고 한다. 이해가 빠르다. 하나님이 하라는 대로 하려면 자유가 없을 뿐 아니라 삶에 도움도 안 되고, 힘이 든다는 것을 안다. 하나님은 인간에게 순종을 바라는 것이 불가능하다는 것을 알고 있다. 그래서 유혹하고, 분노하고, 징벌을 내리고, 죽이면서 복종하게 만들려고 한 것이다. 속이고, 겁을 주고, 고난을 주어서 현실에서의 삶에 미련을 버리고, 자신에게 순종하게 만들려고 한다. 무당 · 점쟁이의 '몸주'가 되기 위한 잡귀신들의 수법과 동일하다.

하나님은 인간의 자율적인 삶을 허용하지 않는다. 자신의 주관 권에서 벗어나는 것을 용납하지 않는다. 인간은 자신의 노예라고 생각하기 때문이다. 이러한 하나님의 사고방식이 성경 창세기의 바벨탑에 관한 에피소드로 실려 있다. 인간들이 서로 소통하며 인간중심의 삶을 살려고 하자, 하나님이 이를 방해한 것이다. 언어를 혼잡하게 하여 서로 알아듣지 못하게 하고, 사방에 흩어지게 만들었다.

"…온 땅의 언어가 하나요, 말이 하나였더라. …성읍과 탑을 건설하여 그 탑 꼭대기를 하늘에 닿게 하여 우리 이름을 내고 온 지면에 흩어짐을 면하자 하였더니 …여호와께서 이르시되 이 무리가 한 족속이요, 언어도 하나이므로 이같이 시작하였으니, 이 후로는 그 하고자 하는 일을 막을 수 없으리로다. 자, 우리가 내려가서 거기서 그들의 언어를 혼잡하게 하여 그들이 서로 알아듣지 못하게 하자 하시고, 여호와께서 거기서 그들을 온 지면에 흩으셨으므로 그들이 그 도시를 건설하기를 그쳤더라."(창 11:1~8)

하나님은 인간의 주인이라며 수많은 갑질을 했다. 권력과 재물과 좋은 것은 독차지하려 하고, 인간을 위협과 힘으로 눌러 자기 노예로 부리려고 했다(삿 2:11~18). 부모의 입장에서 인간을 사랑으로 품어주려 하지 않고, 조직폭력배처럼 힘으로 눌러서 복종시키려고 했다. 하나님은 인간을 자기 손아귀에서 벗어나지 못하게 통제하려고 했지만, 인간은 하나님의 말을 거역하고 자기 마음대로 살고자 했다. 하나님과 상종 자체를 거부한 것이다. 하나님은 유혹하다가 안 되면 분노하고, 저주를 퍼붓고, 징벌을 내리고, 죽이며 화풀이를 했다. 공포심을 유발시켜 복종하게 만들기 위해서다. 사기꾼, 조직폭력배, 살인자와 흡사하다. 구약성경에는 이런 악순환이 수없이 반복되고 있다.

하나님의 인간 통제방식에 문제가 있는 것인가, 아니면 인간의 의식에 문제가 있는 것인가. 하나님은 막무가내로 유혹→분노→저주→징벌→살인을 되풀이 했다. 자신에게서 마음이 떠난 인간을 되돌리려는 수고로움(?)이 애처롭기까지 할 지경이다. 단언컨대 하나님은 자신이 창조했다는 인간의 심리를 모르는 어리석은 신이다. 인간에 대한 애정도 없고, 인간에 대한 배려 또한 눈곱만큼도 없는 악신이다. 오직 자신의 욕심만 채우려고 덤벼들었다. 그러니 짐승인들 그 곁에 가려고 하겠는가. 인간이 기르는 애완동물도 주인의 감정에 따라 반응한다.

2) 하나님은 거룩하고, 인간은 미천하다

하나님은 자신을 거룩하게 여긴다. "나는 여호와 너희의 거룩한 이요, 이스라엘의 창조자요, 너희의 왕이니라."(사 43:15) 하나님의 메신저들도 하나님을 극찬한다. "여호와여, 신 중에 주와 같은 자 누구니이까. 주와 같이 거룩함에 영광스러우며, 찬송할만한 위엄이 있으며, 기이한 일을 행하는 자 누구니이까."(출 15:11), "서로 창화(唱和, 한쪽에서 구호를 외치거나 노래를 부르고, 다른 쪽에서 그에 이어서 외치거나 부름)하여 가로되 거룩하다, 거룩하다, 거룩하다, 만군의 여호와여, 그 영광이 온 땅에 충만하도다."(사 6:3)

거룩함의 절정은 하나님이 출현하는 장면에 나타난다. "여호와의 사자가 떨기나무 가운데로부터 나오는 불꽃 안에서 그에게 나타나시니라. 그가 보니 떨기나무에 불이 붙었으나 그 떨기나무가 사라지지 아니하는지라. …하나님이 떨기나무 가운데서 그를 불러 이르시되 모세야, 모세야 하시매 그가 이르되 내가 여기 있나이다. 하나님이 이르시되 이리로 가까이 오지 말라. 네가 선 곳은 거룩한 땅이니, 네 발에서 신을 벗으라."(출 3:1~5)

하나님은 인간을 이용하고 나면 버린다. 자신의 말을 듣지 않으면 분노하고, 저주를 퍼부으며, 징벌하고, 살인을 밥 먹듯 했다. 이러한 하나님이 자신은 거룩하다 하고, 인간은 미천하여 무가치한 존재로 규정했다. 인간을 노예로 대하고, 물건 취급했으며, 도구라고도 했다(렘 51:20~21).

하나님은 인간에게 '내가 거룩하니 너희도 거룩 하라'(레 20:7)고 했다. 하나님은 거룩하고, 인간은 거룩하지 않다는 것이다. 하나님은 '너희를 거룩하게 하는 하나님'(레 22:32)이라고도 했다. 하나님의 말을 잘 듣고 그대로 행하면, 위대하고 성스런 사람이 되게 해 주겠다는 뜻이다.

주인이 살려고 만들어 놓은 집에 객이 들어와 살면 어떻게 되는가. 곧 망가진다. 주인은 자기 노력이 들어갔기 때문에 아끼고 가꾸지만, 객은 자기 것이 아니므로 아무렇게나 사용한다. 조물주가 자존하라고 낳은 인간을 객인 하나님이 자신에게 의존하게 만들어 노예로 이용하면 인간 본연의 모습을 상실하게 된다(삼하 24:1). 자존성을 버리고 의존성으로 살아야하니까 마음이 혼란해지고, 몸에도 이상이 생긴다. 인간의 가치를 상실한다. 곧 노예처럼 사는 것이다. 인간은 자존하며 살아야 조물주가 목적한 사람이 되고, 행복하게 된다. 하나님에게 마음을 빼앗겨 하나님을 의존하며 하나님이 하라는 대로 하고 살면 하나님의 노예가 된다.

육체가 없는 하나님이 인간의 왕 노릇하려면 인간을 자신을 사랑하듯 사랑하고, 자신을 존엄히 여기듯이 존엄하게 여겨야 한다. 그러면 인간은 스스로 하나님의 노예가 되고자 할 것이다. 그런데 사랑이라는 하나님이, 창조주라는 하나님이 사기꾼, 조직폭력배, 살인마처럼 유혹하고, 위협하고, 힘으로 누르고, 살인마처럼 마구 죽이면서 자신에게 순종하기를 바라고 있다(삼하 24:25).

사랑 없는 '사랑의 하나님'

사랑이라는 하나님(요일 4:6)이 아니러니 하게도 사랑이 없는 것이다. 사랑은 내 몸을 희생하여 상대방을 기쁘고, 편안하며, 행복하게 해주는 것이다. 그러나 하나님은 인간을 사랑으로 대하지 않는다. 노예로 취급하기 때문이다. 선과 사랑은 주려는 자의 것이다. 하나님은 인간을 사랑하려는 것이 아니라 이용하려고만 했다. 이용하다가 이용가치가 없어지면 쓰레기 버리듯 했다. 하나님 자신이 인간의 사랑을 받고 싶으면서 외려 인간을 사랑한다고 말하는 것은 나쁜 꾀로 속이기 위함이다. 인간을 속이니까 사기 치는 것이다. 사랑한다고 말하면서도 사랑은 주지 않고, 사랑을 받으려고 하면 마귀가 된다.

부모의 입장에 서야 사랑할 수 있다. 부모는 자식을 자기 몸보다 더 사랑한다. 더 귀히 여긴다. 사랑의 신은 인간을 자기 자식 사랑하듯 사랑하는 신이다. 하나님은 자칭 인간과 자연의 창조주이기 때문에 인간과 자연을 하나님 자기 마음대로 할 수 있다고 생각한다. 하나님은 인간과 자연을 자신의 영광을 위해 지었다고 주장한다. 설혹 그렇다고 하더라도 인간과 자연이 없으면 하나님도 없다. 하나님이 사랑의 신이 되어야 인간과 자연 중의 최고라는 소리를 들을 수 있다. 사랑이 최고라야 최고가 된다. 인간과 자연을 내 몸과 같이 사랑하는 신이 되어야 창조주, 유일신, 전지전능한 신의 자격이 있다.

하나님이 자신만 좋도록 살려고 인간과 자연을 창조했다면, 하나님은 선신이 아니다. 하나님이 인간과 자연을 기쁘게 해주어야 인간과 자연도 하나님을 기쁘게 해드린다. 그런데 하나님이 인간과 자연을 위하여 사는가. 하나님이 인간과 자연보다 나은 것이 무엇인가. 성경에서 하나님은 마귀보다, 짐승보다 못한 언행을 하였다. 하나님은 인간과 자연을 사랑하는 것이 곧 자신을 사랑하는 것임을 모르고 있다.

인간의 왕 노릇하기 위해 인간을 자기 밑에 두고 노예로 부리려는 마음은 욕심이다. 신이 욕심을 써먹으면 인간들이 선신취급을 하지 않기 때문에 마귀의 자리로 떨어진다. 그래서 높고자 하는 자는 낮아지고, 낮고자 하는 자는 높아진다고 했다. 인간의 왕이 되어 영광 받으려는 하나님은 인간에게 군림하고 추앙받는 것이 삶의 푯대다. 권력을 쥐고 영화를 누리며 살겠다는 그 욕심이 꼭 마귀를 닮았다.

하나님은 거만하거나 자만하거나 교만하지 말아야 한다. 겸손한 신이 되어야 한다. 자신을 높이고 인간의 왕이 된 것처럼 착각하면 마귀가 된다. 신이 어찌하여 신의 길에서 벗어나 인간의 왕 대접을 받으려고 하는가. 자만과 거만, 교만은 자기 인격에 손상을 주고, 인생을 망치게 한다. 악의 시초다. 눈을 부릅뜨고 경계해야 할 것들이다. 하나님은 자기 마음을 다스려서 겸손하고, 낮아지지 않으면 인간에게 배척받게 된다.

사랑과 선, 생명이 꽉 차있는 신은 자연히 고개를 숙인다. 그런 신은 인간의 왕보다 인간의 하인이 되고자 한다. 벼는 익을수록 고개가 숙여진다. 진짜는 가만히 있어도 진짜고, 가짜는 아무리 진짜라고 선전하며 진짜처럼 행동해도 가짜다.

도대체 하나님이 인간을 위해 준 것이 무엇인가. 노예로 부려먹으려고 창조한 인간을 자식처럼 사랑할 수 있겠는가. 종과 자녀는 격이 다르다. 하나님은 인간의 아버지가 아니라 인간의 주인이다. 하나님에게서 자녀대우를 기대해서는 안 된다. 하나님은 인간을 자녀로 대우한 적이 없다. 유혹하고, 분노하고, 저주하고, 징벌하고, 살인하는 하나님에게서 무엇을 바라겠는가. 인간들에게는 살인하지 말라고 가르치면서 자신은 창조주이기 때문에 노예인 인간 몇 백만 명쯤은 죽여도 된다는 말인가. 인간을 사랑하지 않는 하나님은 인간의 사랑을 받을 자격이 없다. 거짓과 힘으로 하지 말고 사랑으로 해야 한다. 사랑하는 신이 선신이다.

셋째, 하나님의 실체

"하나님은 안하무인이다. 자신 외에는 아무것도 없다. 오직 자신뿐이다. 자신 외의 다른 것은 일체 용납하지 않는다. 자신이 제일이다. 자신이 주인이고, 다 부산물이다. 자신 외에는 구원자도 없다(사 43:11). 이것이 하나님의 본질이다. 하나님이 섭리를 독단적으로 진행하는 것도 이 때문이다."

1. 나 외에는 아무 것도 없다

"나는 여호와라. 나 외에 다른 이가 없나니, 나 밖에 신이 없느니라. 너는 나를 알지 못하였을지라도 나는 네 띠를 동일 것이요, 해 뜨는 곳에서든지 지는 곳에서든지 나 밖에 다른 이가 없는 줄을 알게 하리라. 나는 여호와라. 다른 이가 없느니라."(사 45:5~6)

하나님은 안하무인이다. 자신 외에는 아무것도 없다. 오직 자신뿐이다. 자신 외의 다른 것은 일체 용납하지 않는다. 자신이 제일이다. 자신이 주인이고, 다 부산물이다. 자신 외에는 구원자도 없다(사 43:11). 이것이 하나님의 본질이다. 하나님이 섭리를 독단적으로 진행하는 것도 바로 이 때문이다.

하나님의 이러한 독존심(獨存心)은 어디에서 나오는 것일까. '우주 만물이 많지만 나, 하나님은 창조주로, 첫 번째로 존재하는 분이다. 우주 만물은 하나님으로부터 시작되었다. 하나님은 우주의 주인이요, 만물의 생명의 근본이다.'고 생각하는 교만심에서 나온다.

하나님은 '땅에 있는 사람을 아비라고도 하지 말고, 선생이라고도 하지 말며, 스승이라고도 하지 말고, 지도자라고도 하지 말라. 선생이나 아버지나 지도자는 하나님 한 분뿐이다'고 주장한다. 하나님은 모든 초점을 자신에게 맞추고 있다. 오직 자기뿐이다. 요즘말로 하면 '오만의 끝판 왕'이다.

사람들은 내가 최고다, 내가 옳다고 주장하는 존재를 가장 싫어한다. 최고의 위치에 있고, 옳은 일만 하는 사람이라고 하더라도 겸손함과 배려심이 없으면 사람취급을 하지 않는다. 상대방과 상의하고, 상대방을 존중하며, 더불어 살아가는 사람을 존경한다. 그래서 높아지고자 하는 자는 낮아지고, 낮아지고자 하는 자는 높아지는 것이 진리다. 자신이 상대방에게 배려 받으려면 먼저 상대방을 배려해야 한다.

하나님에게 배려 받지 못한 인간이 하나님을 배려하지 않는 것은 당연하다. 유대민족이 하나님을 불신한 것도 바로 이 때문이다. 하나님이 인간에게 추앙받으려면, 하나님이 먼저 인간을 존중해야 한다. 내가 최고다, 나만 옳다고 주장하는 하나님의 마음속에는 교만심이 가득 차 있다. 교만심은 어디에서 나오는가. 욕심에서 나온다. 욕심은 자기밖에 모른다. 남은 없다. 자기를 주장하는 자는 자기밖에 모르는 자이니, 욕심 그 자체다. 남이 잘 되는 것을 보지 못한다. 그래서 남을 시기하고, 질투한다.

하나님은 '오만의 끝판 왕'

하나님은 인간이 자신 외의 다른 신을 섬기는 것에 대해 매우 민감하다. 그래서 하나님 스스로 '질투의 하나님'이라고 말한다. "너는 다른 신에게 절하지 말라. 여호와는 질투라 이름 하는 질투의 하나님이시니라."(출 34:14)

질투에는 두 가지의 부정적인 의미가 담겨져 있다. 국어사전을 보면 하나는, '부부 사이나 사랑하는 이성(異性) 사이에서 상대되는 이성이 다른 이성을 좋아할 경우에 지나치게 시기하는 것'이고, 다른 하나는, '다른 사람이 잘 되거나 좋은 처지에 있는 것 따위를 공연히 미워하고 깎아내리려 한다.'는 것이다.

기독교인들은 이러한 하나님의 질투를 매우 긍정적으로 보고 있다. "하나님 이외에 다른 신의 숭배를 결코 용납하지 않으시는 하나님의 성품을 강조한 표현이다. 즉, 택한 백성을 향한 하나님의 뜨거운 열심과 순수한 사랑을 역설적으로 강조한 말이다. 이는 하나님의 지극한 사랑의 표현이자, 자신의 사람에게서 전적인 헌신을 원하시는 하나님의 간절한 마음의 표시이다."(교회용어사전)고 해석한다. 이것이 '진영(陣營)논리'다. 자신이 속한 진영의 주장에 대해서는 논리와 객관성을 따지지 않고 받아들이지만, 상대진영의 주장에 대해서는 논리와 정오(正誤)를 떠나 무조건 반박한다.

하나님의 말처럼 하나님은 질투의 하나님이다. "네 하나님 여호와는 소멸하는 불이시오, 질투하는 하나님이시니라."(신 4:24) 하나님은 인간에게 하나님만을 사랑해야 한다고 명령한다. 인간이 하나님이 아닌 다른 신을 섬기는 것은 정부(情夫)와 간통하는 것과 같다고 주장한다. 하나님과 인간의 관계는 부부의 연합처럼 상호 신뢰에 기초를 두고 있기 때문에 인간이 다른 종교나 우상이나 다른 신을 섬기는 것은 정부와의 간통과 다름이 없다고 보는 것이다.

그래서 하나님은 인간에게 목을 맨다. 하나님을 사람으로 비유하면, 부정망상(不貞妄想, 부인 또는 남편이 상대방의 정조를 의심하는 증상) 장애자다. 하나님은 인간이 하나님 외의 다른 신을 섬기면 하나님의 질투를 일으켜 그 형벌이 3~4대까지 이른다고 겁박하고, 하나님을 사랑하는 사람은 천대까지 은혜를 베풀겠다고 유혹한다.

"나는 너를 애굽 땅, 종 되었던 집에서 인도하여 낸 너의 하나님 여호와로라. 너는 나 외에는 다른 신들을 네게 있게 말찌니라. 너를 위하여 새긴 우상을 만들지 말고, 또 위로 하늘에 있는 것이나 아래로 땅에 있는 것이나 땅 아래 물속에 있는 것의 아무 형상이든지 만들지 말며, 그것들에게 절하지 말며, 그것들을 섬기지 말라. 나 여호와 너의 하나님은 질투하는 하나님인즉 나를 미워하는 자의 죄를 갚되 아비로부터 아들에게로 삼사 대까지 이르게 하거니와 나를 사랑하고 내 계명을 지키는 자에게는 천 대까지 은혜를 베푸느니라."(출 20:1~6)

부정망상장애는 정신과 질병 가운데 가장 치료하기 어려운 병으로 알려져 있다. 독설과 저주, 폭력은 물론 살인도 하기 때문이다. 하나님의 질투는 인간의 상상을 초월한다. 하나님 스스로 '나는 질투하는 하나님'이라고 밝힌 것처럼 구약성경에는 하나님이 질투의 화신임을 보여주는 많은 사례가 있다. 하나님의 질투로 인해 수많은 사람이 고통을 당했고, 목숨을 잃었다. 하나님은 인간을 살리는 하나님인가, 죽이는 하나님인가.

질투의 하나님, 저주의 하나님, 보복의 하나님

가톨릭에서는 질투를 7대 죄악, 칠죄종(七罪宗)의 하나로 규정하였다. 칠죄종은 본죄의 일곱 가지 근원 즉 교만, 인색, 음욕, 분노, 질투, 탐욕, 나태의 일곱 가지 죄를 이른다. 이것들은 사람이 죄를 짓게 하는 원천이며, 죄원(罪源)이라고 한다. 하나님은 무엇 때문에 질투하며, 어떻게 질투 하는가.

〈**성경에서의 사례**〉

●하나님은 자신이 조상에게 베푼 은혜를 저버리고 자신을 경멸했다며, 이스라엘민족의 후손에게 저주를 내린다.

▷"애굽에서 이스라엘 모든 지파 중에서 내 제사장으로 삼아 대제사장 의

복을 입게 하고, 제단에 올라 분향하며, 이스라엘 자손이 드리는 모든 화제(火祭)를 내가 네 조상의 집에 주었다. 그런데 너희는 어찌하여 내가 내 처소에서 명령한 내 제물과 예물을 밟으며, 네 아들들을 나보다 더 중히 여겨 내 백성 이스라엘이 드리는 가장 좋은 것으로 너희들을 살지게 하느냐. 내가 전에 네 집과 네 조상의 집이 내 앞에 영원히 행하리라 하였으나 결단코 그렇게 하지 아니하리라. 나를 존중히 여기는 자를 내가 존중히 여기고, 나를 멸시하는 자를 내가 경멸하리라. …네 집에 영원토록 노인이 없을 것이며, 네 집에서 출산되는 모든 자가 젊어서 죽으리라. 네 두 아들 홉니와 비느하스가 한 날에 죽으리니, 그 둘이 당할 그 일이 네게 표징이 되리라."(삼상 1:27~35)

●하나님의 질투는 공포심을 자아내게 하고, 무자비하게 보복한다.

▷"여호와는 투기하시며, 보복하시는 하나님이시니라. 여호와는 보복하시며, 진노하시되 자기를 거스르는 자에게 보복하시며, 자기를 대적하는 자에게 진노를 품으시며, …벌 받을 자를 결코 내버려두지 아니 하시느니라…"(나훔 1:2~3)

▷"하나님의 궤를 가져간 아스돗 사람들에게 하나님이 독한 종기의 재앙으로 아스돗과 그 지역을 쳐서 망하게 하였다. 하나님의 궤를 가드로 옮겨 놓자, 그 성읍의 작은 자와 큰 자를 다 쳐서 독한 종기가 나게 하였다. 다시 에그론으로 보내자 죽지 아니한 사람들은 독한 종기로 쳐서 성읍의 부르짖음이 하늘에 사무치게 하였다."(삼상 5:6~12)

●자신의 명령을 지키지 않았다고 격노한 하나님, 저주를 내리고 실행한다.

이스라엘 왕국 제3대 왕이며, '지혜의 왕'으로 알려진 솔로몬 왕이 하나님을 떠나 이방 여인들과 다른 신들에게 분향하며 제사하자, 하나님은 다른 신을 따르지 말라고 경고하였다. 그러나 솔로몬은 하나님의 명령을 지키지 않았다. 격노한 하나님은 저주를 내리고, 실행한다.

▷"네가 내 언약과 내가 네게 명령한 법도를 지키지 아니하였으니, 내가 반드시 이 나라를 네게서 빼앗아 네 신하에게 주리라. 그러나 네 아버지 다윗을 위하여 네 세대에는 이 일을 행하지 아니하고, 네 아들의 손에서 빼앗으려니와 오직 내가 이 나라를 다 빼앗지 아니하고, 내 종 다윗과 내가 택한 예루살렘을 위하여 한 지파를 네 아들에게 주리라"

하나님은 여러 사람을 일으켜 솔로몬의 대적자가 되게 하여 괴롭혔다. 르호보암은 부왕 솔로몬의 뒤를 이어 왕이 되었으나 지나친 조세 부담과 부역에 반발한 10지파가 여로보암을 주축으로 반란을 일으키고 북이스라엘을 건국하자, 르호보암은 유다, 베냐민 두 지파만 거느리고 남유다의 왕이 되었다(왕상 12:1~15). 이 모든 것은 하나님의 질투에 의한 섭리였다. 하나님은 '말하는 것은 정녕 이루고, 경영한 것은 정녕 행한다'(사 46: 11절)는 신이다.

●산당을 제거하지 않아 백성들이 거기에 제사 드리고 분향하게 만들었다는 이유로 나병환자가 된 왕도 있다.

▷"이스라엘 왕 여로보암 27년에 유다 왕 아마샤의 아들 아사랴가 16세에 왕이 되어 50년간 다스렸다. 아사랴가 그의 아버지 아마샤의 모든 행위대로 여호와 보시기에 정직히 행하였으나 오직 산당은 제거하지 않아 백성이 여전히 그 산당에서 제사를 드리며 분향하였다. 여호와께서 왕을 쳐서 그가 죽는 날까지 나병환자가 되게 하여 왕자 요담이 왕궁을 다스리며 그 땅의 백성을 치리하게 하였다."(왕하 15:1~5)

하나님은 '패륜 신'

●하나님은 바알을 따랐다고 진멸되기까지 칼을 보낸다고 저주하며 으름장을 놓는다. 하나님은 우상을 숭배한 것은 하나님의 자존심에 먹칠한 죄로 여긴다.

▷"그들이 내가 그들의 앞에 세운 나의 율법을 버리고 내 목소리를 순종하지 아니하며, 그대로 행하지 아니하고 바알들을 따랐음이라. 만군의 여호와 이스라엘의 하나님께서 이와 같이 말씀하시니라. 보라, 내가 그들 곧 이 백성에게 쑥을 먹이며, 독한 물을 마시게 하고, 여러 나라 가운데에 그들을 흩어 버리고 진멸되기까지 그 뒤로 칼을 보내리라."(렘 9:13~16)

●하나님은 다른 신들을 섬긴 유다 성읍과 예루살렘을 폐허로 만들었다.

▷"너희가 예루살렘과 유다 모든 성읍에 내린 나의 모든 재난을 보았느니라. 보라, 오늘 그것들이 황무지가 되었고, 사는 사람이 없다. 다른 신들에게 나아가 분향하여 섬겨서 나의 노여움을 일으킨 악행으로 말미암음이라. 나의 모든 종 선지자들을 끊임없이 보내어 내가 미워하는 이 가증한 일을 행하지 말라 하였으나 다른 신들에게 여전히 분향하여 그들의 악에서 돌이키지 아니하였으므로 나의 분과 나의 노여움을 쏟아서 유다 성읍들과 예루살렘 거리를 불살랐더니, 그것들이 오늘과 같이 폐허와 황무지가 되었느니라."(렘 44-2~6)

●하나님은 애굽 땅으로 되돌아간 자들에게도 저주를 내린다. 이는 하나님에 대한 불신이기 때문이다.

▷"겸손하지 아니하며, 두려워하지도 아니하고, 나의 율법과 나의 법규를

지켜 행하지 아니하느니라. 환난을 내리고 온 유다를 끊어 버릴 것이며, 또 애굽 땅에 머물러 살기로 고집하고 그리로 들어간 유다의 남은 자들을 처단하리니, 그들이 다 멸망하여 애굽 땅에서 엎드러질 것이라. 애굽 땅에 사는 자들을 칼과 기근과 전염병으로 벌하리니, 유다 땅에 돌아올 자가 없을 것이라." (렘 44:10~14)

말과 행동은 떼래야 뗄 수 없는 밀접한 관계다. 하나님의 언행은 하나님의 신격(神格)을 가늠하는 척도다. 하나님은 인간이 생각하는 선과 사랑의 신과는 동떨어진 신이다. 하나님의 인간에 대한 정죄는 하나님 자신에게 순종하지 않은 것이다. 하나님은 자신을 위해 인간을 지었다. 하나님에게 찬송을 부르게 하고(사 43:21), 하나님의 영광을 위해 창조하였다(사 42:8). 그러므로 인간은 하나님을 위해 살아야 한다는 것이다.

생명과 선, 사랑은 상대를 위해 있다. 조물주는 생명을 가진 존재는 자기만을 위하여 살도록 창조하지 않았다. 자기만을 위하는 것은 선이 아니고, 자기만을 위하는 것은 사랑이 아니다. 자기만 기쁨을 얻고 영광을 누리고자 하는 것은 욕심이요, 마귀다. 자기만을 위하면 누구나 마귀가 된다.

국가의 지도자가 자기만 좋은 법을 만들면 국민이 기뻐하겠으며, 단체의 책임자가 자기만 기쁘기 위해 단체원들에게 고통을 주면 평화가 오겠는가. 사람과 자연 모두 기쁘게 하는 것이 선이다. 조물주는 사람과 자연이 기뻐하는 것을 보고 기뻐하고자 사람과 자연을 낳았다. 자연은 유기적인 관계를 맺으며 살아가고 있다. 그러나 창조주라고 주장하는 하나님은 오직 자기만이 기쁘고자 한다. 하나님은 사람이 기뻐하는 것을 원치 않는다. 자신만 좋고, 기쁘면 그만이다.

하나님의 마음속에는 '배려'라는 단어가 없다. 이기적인 신이니, 인간을 배려할 생각이 없는 것이다. 하나님이 '인간을 사랑한다.', '인간에게 복을 주겠다.'는 말을 하는 것은 자신의 욕심을 채우기 위한 유혹일 뿐이다. 하나님의 말 속에는 사람을 의존하게 만들고, 허상 속에 살게 만들어 인간 위에 군림하려는 힘이 들어 있다.

유일신교의 신 하나님과 인간은 상극이다. 함께 해서는 안 될 신이다. 독선과 아집에 사로잡힌 독재자, 실체 없는 마음과 말뿐인 정체불명의 신을 가까이 하는 것은 매우 위험한 짓이다. 욕심 많은 사람이 양심은 안 써먹고, 욕심만 써먹으니까 세상에 죄악이 만연하다. 이들은 하나님처럼 상대방을 자기 손아귀에 넣고 자기 마음대로 부리려하고, 상대방을 이용하여 자기만 잘 먹고 잘살려고 하니까 죄악이 사그라들지 않는다. 인간이 하나님을 닮고자 하면 죄악세계는 결코 끝나지 않는다.

2. 내가 곧 법이다

1) 나만 경외하라

① 자존(自尊)의 왕

하나님은 인간에게 자신에 대한 절대적인 믿음을 요구한다. 자신을 위해 제사 드리는 것보다 순종하기를 원한다. 하나님이 인간에게 원하는 것은 순종뿐이다. 하나님은 인간의 순종을 곧 자신을 경외하고 두려워하는 증표로 생각한다. 하나님이 자신을 불신하는 인간에게 저주를 퍼붓고, 위협을 가하고, 징벌을 하고, 무자비하게 죽이는 것은 인간으로 하여금 자신에 대한 두려움을 유발시켜 자신의 말을 잘 듣게 하기 위한 술책이다. 조직폭력배의 전형적인 수법이다. 하나님은 자신을 경외하지 않는 것을 범죄로 여기고 용서하지 않는다. 하나님은 자신에 대한 불경죄를 엄히 다스린다. 하나님은 인간을 시험하기도 하는데, 그것은 곧 인간이 자신에게 범죄 하지 않게 하려는 방지책이다(출 20:18~26).

하나님은 아브라함이 자신을 경외하는지 보려고 아브라함에게 100세에 낳은 독자 이삭을 번제로 드리라고 시험한다. 아브라함은 이삭을 결박하여 제단 나무 위에 놓고 칼로 이삭을 잡으려고 했다. 그때 하늘에서 여호와의 사자가 그를 불러 말했다. "그 아이에게 네 손을 대지 말라. 그에게 아무 일도 하지 말라. 네가 네 아들 네 독자까지도 내게 아끼지 아니하였으니, 내가 이제야 네가 하나님을 경외하는 줄을 아노라."하며 제지한다. 아브라함은 옆에 있던 숫양을 가져다가 아들을 대신하여 하나님에게 번제로 드렸다(창 22:1~14). 하나님은 자신에게 절대 믿음을 보인 아브라함에게 감동하였다. '나는 아브라함의 하나님이다'고 극찬한 이유가 여기에 있다. 아브라함은 믿음의 조상이 되었다.

모세가 시내 산에서 하나님에게 10계명을 받아 이스라엘백성들에게 전해주고 난 후에도 하나님의 시험이 있었다. 유대백성이 우레와 번개, 나팔 소리와 산의 연기를 보고 떨며 멀리 서서 모세에게 "하나님이 우리에게 말씀하시지 말게 하소서. 우리가 죽을까 하나이다."고 하자, 모세가 말한다. "두려워하지 말라. 하나님이 임하심은 너희를 시험하고 너희로 경외하여 범죄 하지 않게 하려 하심이다."(출 20:18~20) 하나님이 인간에게 하나님을 경외하라고 하는 것은 인간에게 복을 주기 위함이다(렘 32:39) 고 말한다. 그러나 복을 줄 능력이 있는지, 무슨 복을 주려는 것인지 모르지만, 준다고 하더라도 무조건 주는 것이 아니다. 그 대상은 자신을 경외하는 자에게 한정되어 있다.

하나님은 왜 다른 신을 섬기지 말고, 자기만을 섬기라고 강조하는 것일까. 하나님은 자신을 경외하라고 이르면서 말미에 꼭 '나는 여호와이니라', '나는 너희의 하나님 여호와이니라'고 강조한다. 심지어 "내 안식일을 지키며 내 성소를 경외하라"(레 26:2) 고 하면서도 '나는 여호와이다'고 말한다. 하나님은 도대체 인간에게 무엇을 말하고 싶은 것일까.

'나는 너희 하나님 여호와다'는 말은 '내가 너희의 주인이다'는 뜻이다. 자신이 인간의 주인이라는 것을 각인시키고 싶었던 것이다. 하나님에 대한 인간의 믿음이 흔들릴 수 있기 때문에 너희 '인간의 중심은 여호와'다고 강조한 것이다. 이것은 절대자 하나님답지 않은 자신 없는 행동의 반영이다. 자신이 인간들로부터 무시당할까 염려되고, 대우받지 못할 것을 두려워하여 자신의 존재감을 나타내려는 심리가 깔려있다.

진짜는 내가 진짜라고 말하지 않는다. 진짜는 가만히 있어도 진짜다. 그러나 가짜는 가만히 있을 수가 없다. 어떻게든 자신이 진짜임을 수시로 강조한다. 진짜같이 행동해야 진짜로 알고 속는다. 그러나 진짜라고 강조하고 보여주는 것은 가짜다. '다른 신을 섬기지 말라'는 말은 하나님 자기만을 섬기라는 말이다. '나는 거룩하니, 너희도 거룩하라'는 말은 하나님 자기 뜻대로 하라는 말이고, '나를 욕되게 하지 말라', '나를 경외하라'는 말은 하나님을 공경하고 떠받들라는 말이다. 하나님은 자신의 이름을 욕되게 하는 것을 가장 싫어한다(레 19:12).

자신의 권위만 높이려는 하나님

사랑과 선은 권위나 자존심이 없다. 그러나 하나님은 권위와 자존심이 아주 강하다. 매사에 자존심과 권위를 앞세운다. 유대민족은 하나님에게 성물을 드리는 데도 긴장해야 했다. 하나님은 자신과 관계되는 모든 것에 거룩함과 권위를 부여한다.

"아론과 그의 아들들에게 말하여 그들로 이스라엘 자손이 내게 드리는 성물에 대하여 스스로 구별하여 내 성호를 욕되게 함이 없게 하라. 나는 여호와이니라."(레 22:2), "네가 내게 돌로 제단을 쌓거든 다듬은 돌로 쌓지 말라. 네가 정으로 그것을 쪼면 부정하게 함이니라. 너는 층계로 내 제단에 오르지 말라. 네 하체가 그 위에서 드러날까 함이니라."(출 20:25~26)

여호와의 성물에 범죄 하여도 여호와에게 속건제(贖愆祭, 허물을 씻기 위

한 제사)를 드려야 한다. "네가 지정한 가치를 따라 성소의 세겔로 몇 세겔 은에 상당한 흠 없는 숫양을 양 떼 중에서 끌어다가 속건제로 드려서 성물에 대한 잘못을 보상하되 그것에 오분의 일을 더하여 제사장에게 줄 것이요. 제사장은 그 속건제의 숫양으로 그를 위하여 속죄한즉 그가 사함을 받으리라." (레 5:14~16).

여호와의 계명 중 하나를 범하여도 속건 제물을 바쳐야 죄를 사해준다. "만일 누구든지 여호와의 계명 중 하나를 부지중에 범하여도 허물이라 벌을 당할 것이니, 그는 네가 지정한 가치대로 양 떼 중 흠 없는 숫양을 속건 제물로 제사장에게로 가져갈 것이요, 제사장은 그가 부지중에 범죄 한 허물을 위하여 속죄한즉 그가 사함을 받으리라. 이는 속건제니, 그가 여호와 앞에 참으로 잘못을 저질렀음이니라." (레 5:17~19)

안식일에 일하는 자는 죽임을 당한다. 하나님이 6일 동안 만물을 짓고 7일에 쉬었으므로 가축도 쉬게 하고, 불도 피우지 말아야 한다. 이 날에 일하는 자는 죽이겠다고 위협한다.

"안식일을 기억하여 거룩하게 지키라. 엿새 동안은 힘써 네 모든 일을 행할 것이나, 일곱째 날은 네 하나님 여호와의 안식일인즉 너나 네 아들이나 네 딸이나 네 남종이나 네 여종이나 네 가축이나 네 문안에 머무는 객이라도 아무 일도 하지 말라. 이는 엿새 동안에 나 여호와가 하늘과 땅과 바다와 그 가운데 모든 것을 만들고 일곱째 날에 쉬었음이라. 그러므로 나 여호와가 안식일을 복되게 하여 그 날을 거룩하게 하였느니라."(출 20:8~11), "엿새 동안은 일하고 일곱째 날은 너희를 위한 거룩한 날이니, 여호와께 엄숙한 안식일이라. 누구든지 이 날에 일하는 자는 죽일지니, 안식일에는 너희의 모든 처소에서 불도 피우지 말지니라."(출 35:2~3)

하나님이 에덴동산에서 아담과 하와를 쫓아낸 것도, 노아 때 홍수심판으로 모든 생명체를 말살하고, 모세를 통하여 마귀와 싸우고, 애굽인들을 홍해에 수장시키고, 아브라함을 통해 이삭을 번제(燔祭)하라고 한 것 등은 하나님의 자존심과 권위를 높이기 위한 것이다. 하나님은 자존심을 높이고, 권세부리기 위해 자신의 불신자들과 끝없는 살육과 전쟁을 벌였다. 하나님은 자신의 라이벌 마귀를 처단할 능력이 없다. 그러기에 원수라는 마귀를 저주하면서도 마귀는 손도 대지 못하고, 인간에게 다른 신들을 섬긴다고 분노하고, 저주하고, 죽이며 화풀이를 한 것이다. 하나님은 올바른 신으로 보지 않는 이유가 여기에 있다.

인간이 외면할 수밖에 없는 하나님

높은 자리와 권력을 좋아하고, 남을 자기 밑에 두고 종 부리듯이 부리려는 마음이 마귀의 욕심이다. 자만 · 거만 · 교만은 인격에 손상을 주고, 인생을 망치게 한다. 악의 시초다. 경계하고 경계해야할 것들이다. 하나님은 자기 마음을 다스려서 겸손하고, 낮아지지 않으면 인간에게 버림받는다.

자만 · 거만 · 교만해지면 신도 엉덩이에 뿔이 난다. 그러면 어깨에서도 뿔이 나고, 머리에도 뿔이 난다. 이렇게 자꾸 뿔이 나면 도깨비가 된다. 도깨비는 자기 외에는 아무 것도 없는 것으로 생각한다. 신이 욕심을 써먹으면 사람들이 악신 취급을 하기 때문에 마귀자리로 떨어진다. 예수도 말하지 않았는가. '높고자 하는 자는 낮아지고, 낮고자 하는 자는 높아진다.'고.

낮은 자리에서 고생하며, 인간을 위해 존재하는 조물주는 바보(?)같이 취급당하면서도 묵묵히 인간과 자연을 위해 존재한다. 그래서 낮아져라, 겸손하라 하는 것이다. 그러나 욕심 많고, 악한 하나님은 낮아지지를 못한다. 속성이 남을 누르고 그 위에 올라서려고 하기 때문에 낮아지고, 겸손할 수가 없다.

마귀가 따로 있는 것이 아니다. 하나님이 마귀 같은 짓을 하면 마귀가 된다. 인간도 마귀처럼 행동하면 인간마귀가 된다.

세력을 부리면 짐승이 된다. 짐승은 힘을 믿고 산다. 사랑이 있어야 선신이다. 자만심과 교만심을 버리고, 높아지지 말고 낮아져야 선신이다. 하나님이 아무리 높아지려고 해도 높아지지 않는다. 인간이 높여주어서 높아지는 것이 진리다. 하나님이 자신이 창조주이며, 높은 자리에 있다고 인간을 멸시하면 신격이 손상되어 망신당한다. 하나님이 인간을 존중히 대하면 인간은 하나님이 말하지 않아도 존중한다.

사람 위에 올라앉으려는 그 욕심이 바로 마귀다. 교만한 존재는 자기를 높이려고 남을 무시한다. 하나님의 마음 안에 선이 있는지, 악이 있는지는 하나님의 언행을 보면 알 수 있다. 그 나무를 보면 그 열매를 알 수 있고, 그 열매를 보면 그 나무를 알 수 있다. 그 열매에 그 씨다.

사랑은 상대방을 위해 주는 것이다. 서로 위해 주려고 하면 불화가 생길 수 없고, 싸울 일이 없다. 자기만 높이고, 자기만 대접받으려고 하니까, 자기만 좋으려고 욕심 부리니까 불화하고, 싸우게 된다. 상대방을 기쁘게 해주어야 자기 마음이 기쁘다. 좋은 말을 하면 좋은 말이 돌아오고, 욕을 하면 욕이 돌아온다.

인간은 욕심 없고, 작고, 낮은 자리에서 인간을 위하는 신을 원한다. 마음이 비어 있고, 낮고, 곱고, 부드러운 신을 원한다. 큰 것과 높은 곳을 좋아하고, 교만하고, 거칠고, 뻣뻣하고, 거짓말하고, 분노하고, 살육하는 신은 마음속에 자기가 최고가 되겠다는 욕심이 있기 때문에 종내 인간에게 버림받고 만다.

② 편애의 왕

성경은 인간의 생과 사, 복과 화는 하나님의 손에 달려 있다고 알려준다. 하나님이 곧 법이다. 하나님은 자기 마음 내키는 대로 한다. 하나님은 긍휼히 여길 자를 긍휼히 여기고 불쌍히 여길 자를 불쌍히 여긴다. 그것은 원하는 자로 말미암음도 아니고, 달음박질하는 자로 말미암음도 아니다. 오직 긍휼히 여기는 하나님으로 말미암음이다(롬 9: 15~16).

하나님은 공평한 신이 아니다. 편애하는 신이다. 하나님이 창조주라면 인간은 모두 자신의 피조물이다. 그런데도 자신의 말을 잘 듣는 사람만 편애하는 이유가 무엇일까. 마음이 편협하기 때문이다. 사람보다 낫다고 할 수 없다. 하나님의 행태를 보면 선신으로 보이지 않는다. 하나님은 자신에게 순종하는 아브라함에게 복을 주면서 '너를 축복하는 자에게는 내가 복을 내리고, 너를 저주하는 자에게는 내가 저주하리라'(창 12:2~3)고 애정을 듬뿍 표시했다.

모세 때의 출애굽 사건은 하나님과 마귀의 대리전 양상을 띠고 있다. 하나님은 모세를 통해 애굽 왕 바로에게 이스라엘민족을 놓아주라고 경고했다. 애굽 왕 바로는 자신은 하나님을 알지 못한다며 거절하고 고역을 가중시켰다. 이에 대노한 하나님은 10번의 재앙을 내려 바로의 무릎을 꿇게 한다. 마지못해 굴복한 바로는 이스라엘인들을 놓아주었으나 끝내 미련을 버리지 못하고 군대를 보내 다시 잡아들이려다가 홍해에서 모두 수장당하고 만다.

이 사건이 진실이든 거짓이든 상관없다. 창조주가 인간 세상에 나타나 자기를 따르는 사람 편에 서서 반대 편 사람들을 괴롭히고 도살하는 것이 과연 옳은 일인가 하는 것이다. 하나님은 독선과 아집에 사로잡힌 신이다. 편견의 신이요, 원칙이 없는 신이다. 자신에게 순종하지 않는 자는 도륙하는 신이다. 악신이라고 볼 수밖에 없다.

이스라엘민족들에게 가나안 땅을 줄 테니 점령하여 나눠가지라는 지시는 황당하다. 날강도가 따로 없다. 가나안 땅에 사는 사람들이 그 땅의 주인이다. 그들도 자신이 창조했다는 이스라엘민족들과 똑같은 사람이다. 그런데 자신을 믿지 않는다는 이유로 가나안 사람들의 땅을 이스라엘민족의 소유로 주었다며, 종족에 따라 제비 뽑은 대로 땅을 나누어 가지라 하고, 가나안 땅을 점령하면 자신이 싫어하는 우상들을 다 부수라고 지시한다(민 33:50~54). 또 애굽 인들이 사는 애굽 땅에는 우박과 불덩이를 내려 사람과 짐승과 농작물과 나무를 초토화시켰으나 이스라엘 자손들이 사는 고센 땅은 아무 일이 없게 했다(출 9:24~26).

이것은 무엇을 말하는 것일까. 하나님의 의중은 무엇일까. 자신의 말에 순종하면 복을 내리고, 불신하면 벌을 준다는 것을 보여주고자 함이다. 악신이 따로 없다. 악은 독재의 탈을 쓴다. 무엇이든지 자기 마음대로 하려고 한다. 다른 사람을 자기 노예처럼 부리려하고, 재물이나 권력이나 좋은 것은 전부 제 것으로 만들려고 한다. 자기만이 왕 노릇하려고 한다. 악인들은 '어떻게 하면 내 욕심을 채울 수 있을까'만 연구한다. 악은 모질고, 악독하다. 한 번 붙잡으면 불치병처럼 끈질기게 놓아주지 않고 노예로 만들어 이용한다.

사랑이라는 하나님이 자신의 편에 선 사람들에게는 한량없는 사랑을 베풀고, 자신의 반대편에 선 사람들은 처단해야할 악인으로 규정하고 증오하며 도륙한다. 하나님은 원칙도 없고, 정의도 없으며, 인정사정이 없다. 자신을 믿지 않는 자들에게 권능을 행사하여 죽이고, 재물과 땅을 빼앗아 자신을 믿는 자들에게 주는 하나님은 편애의 신, 옹졸한 신이다.

〈성경에서 보는 하나님의 편애〉

● 하나님은 애굽 사람의 모든 가축은 죽이고, 이스라엘 자손의 가축은 하

나도 죽이지 않았다(출 9:1~8).

●하나님은 애굽의 아이(Ay) 왕과 그의 백성, 성읍, 땅을 여호수아의 손에 넘겨주었다. 그 성읍을 취하거든 그것을 불살라 여호와의 말씀대로 행하라고 작전까지 세워주고 싸움을 독려하였다. 아이 주민들을 진멸하고, 가축과 재물을 탈취하고, 아이 왕을 죽여 나무에 달았다가 성문 어귀에 던지고, 그 위에 돌로 큰 무더기를 쌓게 하였다(수 8:1~29).

●하나님은 아모리 족속의 다섯 왕들을 여호수아 손에 넘겨주었다. 그리고 큰 우박 덩이를 내리고, 태양과 달을 머물게 하고, 아모리 족속 다섯 왕을 쳐 죽여 다섯 나무에 매달고, 그 성읍에 있는 모든 사람을 진멸하게 했다. 그런 후 립나와 그 성읍과 왕을 이스라엘 손에 붙여주어 칼날로 모든 사람을 진멸했으며, 라기스와 게셀과 에글론과 헤브론과 드빌 왕과 백성들을 진멸하였다(수 10:5~40).

●하솔 왕, 마돈 왕, 시므론 왕, 악삽 왕을 비롯한 여러 왕들과 가나안 족속, 아모리 족속, 헷 족속, 브리스 족속, 여부스 족속, 히위 족속들이 이스라엘과 싸우려고 진을 치자, 하나님은 여호수아에게 말한다. '두려워하지 말라. 내일 이맘때에 그들을 이스라엘 앞에 넘겨주어 몰살시키리니, 너는 그들의 말 뒷발의 힘줄을 끊고, 그들의 병거를 불사르라' 여호수아는 하나님의 명령대로 모두 진멸했다(수 11:1~15).

●엘가나에게는 한나와 브닌나 두 아내가 있었다. 브닌나에게는 자식이 있고, 한나에게는 자식이 없었다. 엘가나는 매년 만군의 여호와께 예배하며 제

사를 드렸는데, 제물의 분깃을 한나에게는 갑절을 주었다. 그러나 여호와께서 그에게 임신하지 못하게 하니, 브닌나가 그를 심히 격분하게 하여 괴롭게 하였다.

한나가 마음이 괴로워서 여호와께 서원하였다. '주의 여종에게 아들을 주시면 내가 그의 평생에 그를 여호와께 드리고 삭도를 그의 머리에 대지 않겠습니다.' 엘가나가 한나와 동침하매 여호와께서 그를 생각하여서 한나가 임신하고 때가 이르매 아들을 낳아 사무엘이라 이름 지었다. 한나는 여호와를 찬양하는 기도를 올렸다.

'여호와는 죽이기도 하시고, 살리기도 하시며, 스올에 내리게도 하시고, 거기에서 올리기도 하시는도다. 여호와는 가난하게도 하시고, 부하게도 하시며, 낮추기도 하시고, 높이기도 하시는도다. 가난한 자를 진토에서 일으키시며, 빈궁한 자를 거름더미에서 올리사 귀족들과 함께 앉게 하시며, 영광의 자리를 차지하게 하시는도다. 땅의 기둥들은 여호와의 것이라. 여호와께서 세계를 그것들 위에 세우셨도다.'

여호와께서 한나를 돌보시사 그로 하여금 임신하여 세 아들과 두 딸을 낳게 하셨고, 아이 사무엘은 여호와 앞에서 자랐다(삼상 1:1~2:21).

● 만군의 하나님 여호와께서 함께 계시니 다윗이 점점 강성했다. 다윗은 여호와의 명령대로 행하여 블레셋 사람을 쳐서 게바에서 게셀까지 점령했다(삼하 5:10~25).

善은 자연법칙에 합당한 것

하나님이 자기 마음대로, 자기 하고 싶은 대로 한다고 선이 되는 것은 아니다. 선은 자연법칙에 합당한 것이다. 자연법칙에 반하는 일을 자기 마음대로 선이요, 진리라고 하면 하나님은 자연법칙을 거스르는 신이 된다. 자기 마음대로 하려는 것은 욕심이다. 욕심은 질서와 순리와 법도를 파괴한다. 욕심이 무법천지를 만든다. 욕심이 죄를 낳는다. 자연법칙을 거스르는 악의 요소다.

하나님도 욕심대로 살면 동물만도 못한 신이 된다. 실제로 하나님이 동물보다 나은 것이 없다. 말을 못하여 그렇지, 하나님보다 선한 동물이 많다. 동물은 배가 고파서 살려고 다른 동물을 잡아먹지만, 배부르면 더 잡지 않는다. 그런데 증오심에 불탄 하나님은 자기 편 사람에게 자기를 반대하는 편 사람과 싸우게 하여 죽이고 재산을 빼앗아 나눠가지게 하는 등 수많은 악행을 했다. 짐승보다 못한 짓이다. 하나님이 동물보다 낫다고 할 수 없다.

인간이든 하나님이든 욕심을 마음에 품고 살면 욕심 속에 숨어있는 악 때문에 악행을 하고, 죄를 짓는다. 그래서 욕심을 버리는 것은 악을 버리고, 죄를 버리는 것이 된다. 마음에 욕심이 자리 잡고 있으면 양심이 맥을 못 춘다. 욕심을 버리면 악도 없어지므로 양심이 살아나고, 양심이 살아나면 선과 사랑, 진리가 살아난다. 선과 사랑과 진리가 살아나야 참된 인간, 참된 하나님이 된다.

하나님이 욕심을 버린다는 것은 인간의 왕 노릇하겠다는 권력욕을 버리는 것이다. 그러면 인간 위에 군림하겠다, 인간에게 추앙받겠다, 인간을 노예로 부리겠다는 망상도 없어진다. 욕심이 없으면 인간을 유혹할 일도 없고, 자신의 말을 듣지 않는다고 질투하며 분노할 일도 없으며, 저주를 퍼부을 일도 없고, 징벌할 일도 없다. 인간을 죽일 일도 없다. 우상을 섬기지 말라고 목메어 외칠 필요도 없다. 고뇌도 없어지고, 증오심도 없어진다. 행복해진다. 하나님이 행복하려면 욕심을 버려야 한다. 그러나 욕심이 하나님의 본질이니 어찌하겠는가. 하나님은 자멸의 길을 갈 수밖에 없는 어리석은 신이다. 종국에는 인간에게 외면 받아 자연도태 되고 말 것이다.

③ 독선의 왕

하나님은 우상숭배를 가장 싫어한다. 그래서 우상숭배하는 인간들은 가차없이 도륙한다. 이유가 무엇일까. 자신만이 인간의 주인이 되어 인간 위에 군림하고, 인간에게 추앙받기 위해서다. 하나님은 인간을 자신의 노예로 창조하고, 노예로 부렸다. 그런데 인간이 자신이 아닌 우상을 숭배하자 화들짝 놀랐다. 예기치 못한 인간의 배역(背逆)에 큰 충격을 받았다.

인간 없는 하나님을 생각해 보라. 하나님이 인간을 다른 신들에게 빼앗기면 자신의 생존기반이 무너지고 만다. 동물이나 식물, 광물에게 기생하여서는 생존력을 얻을 수가 없다. 인간을 하나님 자신의 주관 권 내에 붙잡아 두는 것은 자신의 생존을 위한 절체절명의 일이다. 하나님은 예기치 않은 인간의 돌발행동에 몹시 당황했다. 마음이 흔들리기 시작했다. 태도가 확 바뀌었다. 서슬이 시퍼렇던 권위도 온 데 간데없이 사라졌고, 염치도 없어졌다. 인간을 자신의 자식으로, 배우자로 부르며 애타게 호소한다. "나 여호와가 말하노라. 배역한 자식들아 돌아오라. 나는 너희 남편임이니라(렘 3:14)" 애절함이 물씬 배어있는 하소연이다.

창조주, 유일신, 전능자라고 주장하는 하나님이 미천한 노예로 여겨온 인간을 자신의 자식으로, 배우자라고 부른 것은 놀라운 사건이다. 천지가 개벽할 일이요, 경천동지할 일이다. 하나님의 이 돌변행동은 자신의 노예를 다른 신들에게 빼앗기지 않으려는 고육지책일까. 읍소(泣訴)일까.

성경에는 우상숭배자들은 산채로 유황불 붙는 못에 던지우고(계 19:20), 밤낮 쉼을 얻지 못하며(계 14:11), 하나님 나라를 유업으로 받지 못하는(고전

6:9~10)는 등의 형벌을 받는다고 되어 있다. '음란히 섬긴다'는 표현은 구약 성경에서 '우상 숭배'에 대한 묘사로서 무수히 등장한다(출 34:15). 이것은 하나님이 우상숭배에 대해 고심하고 있다는 증좌라 하겠다.

하나님이 인간을 자신의 자식으로, 배우자로 부르면서 인간의 부부관계를 빗대어 우상숭배는 하나님을 버리고 다른 신들과 놀아나는 음란한 행위이니, 우상을 숭배하지 말라고 호소한 것을 보아 몹시 다급했음을 알 수 있다. 자신의 생존이 걸린 사안으로 여긴 것이 분명하다. 짐작컨대 하나님의 논리는 이러할 것이다. '부부의 사랑은 부부 둘만이 주고받으려고 한다. 다른 사람에게 주면 깨어지고, 죽이는 일까지 벌어진다. 부부가 사랑으로 하나 되면 단단하지만, 그 사이에 다른 사랑이 끼면 사이가 벌어지고, 부서진다. 부부의 사랑은 부부 둘만의 것이어야 한다. 다른 사람에게 허용되어서는 안 된다.' 그래서 하나님이 "나 외의 다른 신을 섬기지 말라, 우상숭배하지 말라"고 강조한 것이다. 다른 신을 섬기는 것을 음란으로 규정하고 질투하고, 보복한 것이다.

하나님은 이스라엘백성이 가나안 땅에 들어가서 가증한 것들을 배우지 말라며 구체적인 지시를 내린다. 요지는 '하나님 앞에 완전 하라'는 것이다.

"네 하나님 여호와께서 네게 주시는 땅에 들어가거든 너는 그 민족들의 가증한 행위를 본받지 말 것이니, 그의 아들이나 딸을 불 가운데로 지나게 하는 자나 점쟁이나 길흉을 말하는 자나 요술하는 자나 무당이나 진언자나 신접자나 박수나 초혼자를 너희 가운데에 용납하지 말라. 이런 일을 행하는 모든 자를 여호와께서 가증히 여기시나니, 이런 가증한 일로 말미암아 네 하나님 여호와께서 그들을 네 앞에서 쫓아내시느니라. 너는 네 하나님 여호와 앞에서 완전 하라. 네가 쫓아낼 이 민족들은 길흉을 말하는 자나 점쟁이의 말을 듣거니와 네게는 네 하나님 여호와께서 이런 일을 용납하지 아니하시느니라(신

18:9~14)."

하나님은 이들(우상숭배자)을 원수 마귀와 한 패로 보고 있다. 이렇듯 하나님은 자신 외의 다른 신을 섬기는 것에 대해 매우 민감하다. 하나님은 이스라엘백성들에게 "네 하나님 여호와의 이름을 망령되게 부르지 말라."(출 20:7)고 질책했다. "다른 신에게 희생 드리는 자를 멸하라"(출 22:20)고도 명령했다. 이스라엘백성이 하나님을 원망하자, 이스라엘백성의 배역을 질타한다. "너희가 나를 누구에게 비기며, 나로 그(마귀)와 동등이 되게 하겠느냐"(사 40:25), "어느 나라가 그 신을 신 아닌 것과 바꾼 일이 있느냐. 그러나 나의 백성은 그 영광을 무익한 것과 바꾸었도다."(렘 2:11)

'나만 섬기라'는 하나님

하나님이 우상으로 규정한 것들은 하나님 외의 모든 것이다. 오직 하나님밖에 없다. 독선의 왕 하나님이다. 하나님 외에는 아무 것도 없으니, 하나님만 받들고 모시라는 것이다. 그래서 인간을 현혹해서 자신에게서 멀어지게 한다고 여기는 무당과 점쟁이를 죽이라고 명령한 것이다. 인간이 부정해지기 때문이라는 것이 그 이유다. "무당은 살려 두지 말라"(출 22:18), "남자든 여자든 신접한 사람이나 무당은 죽여야 한다. 너희는 그들을 돌로 쳐 죽이라. 그들의 죽음의 책임은 그들에게 있다."(레 20:27), "무당이나 점쟁이를 찾아가지 마라. 그런 사람을 찾아가면 너희는 부정해질 것이다. 나는 너희 하나님 여호와이다."(레 19:31), "무당과 점쟁이를 찾아가는 사람에게 내가 노하여, 그들을 백성에게서 끊을 것이다."(레 20:6)

하나님은 이처럼 무당과 점쟁이를 원수 마귀와 한 패로 여기고 단호히 대

처한다. 그 이유는 무엇일까. 자신의 정체가 탄로 날 수 있고, 인간들이 자신만을 섬기지 않을 수 있기 때문이다.

하나님은 어떠한 신이나 사람도 사람에게 모심 받을 수 없다고 주장한다(출 20:3). 따라서 사람에게 모심 받으려고 하는 신은 모두 하나님의 대적자가 된다. 사람은 잡신이나 어떠한 신도 모시면 안 되고, 잡신이나 신 또한 사람에게 모심 받으려고 해서는 안 된다는 것이 하나님의 지론이다. 하나님은 자신만 사람에게 신의 대접을 받아야 한다고 생각한다.

하나님은 사람이 위하는 신들은 사람이 만든 가짜 신으로 보고 있다. 허수아비라는 것이다. 무당이나 점쟁이, 우상종교에서는 잡귀신을 신이라 속이고, 믿으면 복을 준다고 유혹한다. 그것들은 가짜다. 없다는 것이 아니다. 진짜신이 아니라 가짜신이라는 말이다. 그래서 진짜신인 하나님이 우상숭배하지 말라고 성경 여러 곳에 기록해 놓았다. 하지만 인간들은 진짜신인 하나님을 멀리하고 가짜 신을 위하니 하나님의 애간장이 타는 것이다. 그러나 어느 신이 진짜이고, 어느 신이 가짜인지는 알쏭하다. 하나님이 가짜라고 규정한 무당이나 점쟁이, 우상종교에서 섬기는 신은 하나님처럼 인간을 못살게 굴지도 않고, 죽이지도 않는다.

하나님은 자신의 메신저를 통해 말로 나타나서 자신이 창조주요, 유일신이며, 전능자라면서 인간을 좌지우지 하려고 한다. 인간은 자신의 노예로 지었기 때문에 자신의 말을 듣지 않으면 안 된다고 역설하며 인간의 왕 노릇하고, 주인노릇하려고 한다. 하나님의 말을 액면 그대로 받아들여야 하는가. 하나님의 언행은 다분히 이율배반적이다. 말과 행동이 전혀 다르다. 인간을 위하는 것처럼 하면서 이용한다.

성경의 하나님 말을 사실이라고 믿는 사람은 성경에서 보이는 하나님의 얼굴이 하나님의 민낯이라고 생각한다. 하나님의 진면목에 의문을 가진 사람은 많지 않다. 자기 몸을 낮추면서 인간을 존중하고, 품어주는 신이 진짜신이다. 부모 같은 마음이 많은 신이 존귀한 신이다. 인간을 마음으로 품어줄 줄 아는 신이 진짜 신이다. 그러한 신을 사랑의 신이라고 한다. 인간은 그런 신을 원한다.

벼는 익을수록 고개가 숙여진다. 진짜는 가만히 있어도 진짜고, 가짜는 아무리 진짜라고 선전하며, 진짜처럼 행동해도 가짜다. 자기를 나타내려 하고, 잘난 척하면 도리어 가치가 없어진다. 내가 잘했다고 알리려고 애쓰는 것보다 자연히 알게 되면 더 가치가 있다. 이것이 인격을 갖춘 마음자세다. 자기를 자랑하고, 나타내려고 하면 인격자가 못 된다. 인간이 감동하여 우러러보고 고개 숙일 때까지 묵묵히 진실 되게 인간을 위하는 신이 참된 신이다.

어리석은 존재는 남들이 예쁘다, 똑똑하다고 칭찬하면 우쭐해서 더 잘난 척하고, 교만해져서 망동한다. 참된 존재는 남이 칭찬해도 동요하지 않는다. 남에게 칭찬받고, 남에게 잘 보이기 위해 잘하는 척하는 존재는 소인배다. 자기 본심대로 사는 것이 본분이거늘 어찌 남의 칭찬 받기를 바라며, 스스로 높이려 하는가.

자멸의 길 가는 하나님

하나님은 우주만물의 창조주라고 나타나서 인간의 왕 노릇하고자 한다. 유일신으로 추앙받고 군림하려고 한다. 욕심이 죄를 낳고, 죄가 악을 낳는다. 인간을 노예로 부리면서 인간을 억누르고 업신여기며 우쭐대면, 자신이 높아지는 것으로 아는 하나님은 어리석은 신이다. 인간에게 대접받으려하고, 인간 위에 올라가려 하고, 힘으로 굴복시켜 복종하게 만들려는 하나님은 자기가 바보인줄 모르는 신이다.

하나님은 자신이 삼라만상의 주인인데, 인간들이 자신을 제쳐두고 자신의 자리에 다른 신들을 모시고 있다고 생각한다. 그래서 미칠 지경이다(고전 10:20). 자신의 라이벌 마귀(다른 신)가 자신의 노예인 인간을 빼앗아 마음대로 부리고 있다. 하나님의 것을 빼앗으면 악이다. 천지에 있을 수 없는 일이 자신의 목전에서 벌어지고 있다. 천지가 거꾸로 된 것이다. 자존심의 왕 하나님은 열불이 난다. 복장이 터질 것 같다. 만물의 영장인 인간이 창조주 · 전능자 · 유일신인 자신을 뒤로하고 나무나 돌멩이에게 경배하고, 마귀와 잡귀신들에게 잘 되게 해 달라고 두 손 모아 싹싹 빌고 있다. 그래서 하나님의 분노가 폭발하고, 그래서 저주하고, 징벌하고, 무자비하게 마구 죽인 것이다.

하나님은 '나는 빛도 짓고 어둠도 창조하며, 평안도 짓고 환란도 창조한다.'(사 45:7)고 주장한다. 하나님은 전능하다는 것이다. 그래야 사람이 믿고 추앙할 수 있다. 그런데 하나님이 사람에게 추앙받고, 모심 받으면 하나님 또한 우상이 된다는 것을 모르고 있다. 하나님을 추앙하는 사람과 추앙받는 하나님 모두 죽음의 길로 가게 된다. 우주질서가 그렇게 되어 있다. 모든 존재는 동등한 가치를 지니고 있다. 높고 낮음이 없다. 조물주도 이 질서를 무시하면 존재할 수 없다. 그래서 조물주는 나타나지 않는다. 질서가 있어야 평화가 있고, 평화가 있어야 행복할 수 있다.

사람 위에 군림하려는 신은 곧 가짜신, 마귀다. 신이 사람에게 대접받으려고 하면 안 된다. 자기를 창조주로 믿게 하려는 신은 가짜다. 신은 사람 위에 올라설 수 없다. 마귀 따위나 사람 위에 올라앉으려고 한다. 높은 자리에 올라앉아 우상처럼 사람에게 숭배 받으려는 신, 사람 위에 올라앉으려는 신은 마귀가 들어가 있는 가짜신이다.

성경을 보면 하나님의 마음에는 사자 · 뱀, 여우 · 늑대, 돼지 · 개 같은 성질이 들어 있다. 사기꾼 · 조직폭력배 · 살인자의 성질이 들어 있다. 하나님은 인간을 무시하고, 노예처럼 부리고, 마구 죽이는 짐승과 마귀만도 못한 악행을 수없이 저질렀다. 하나님의 능력은 사람을 미혹하고, 이용하며, 죽이는 것이다. 하나님이 저지른 모든 죄는 자기가 우주의 주인이 되어서 인간과 자연을 자기 마음대로 하겠다는 욕심에서 비롯되었다. 인간을 누르고, 인간의 머리 위에 올라앉아 호령하면서 자기 노예처럼 부려먹으려는 하나님의 정체는 무엇일까. 선신인가, 악신인가. 창조주인가, 아니면 양의 탈을 뒤집어 쓴 늑대인가. 마귀처럼 생각하고 행동하면 마귀가 된다. 마귀와 같은 욕심을 써먹고 살면 누구나 마귀가 된다.

인간을 자기 밑에 두고 노예처럼 부리려는 마음, 자기만 높은 자리에 올라앉으려는 마음, 좋은 것은 독차지하려는 마음, 자기는 귀하게 여기고 남을 멸시하고 천대하는 마음이 마귀의 마음인 욕심이다. 욕심의 하나님은 신격(神格)이 없다. 욕심이 무엇인가. 자기 마음대로 하려는 마음이고, 자기만 좋으려는 마음이고, 자기만 높아지려는 마음이다. 이 세상이 평화와 행복의 세상이 되지 못한 것은 인간들이 욕심으로 살기 때문이다. 욕심으로는 세상에 평화와 행복이 올 수 없다. 서로 자기만 좋으려고 하는데, 어떻게 평화와 행복이 정착되겠는가.

2) 나의 법도와 규례를 지키라

하나님이 이스라엘백성을 상대로 한 정치는 공포정치였다. 하나님이 정해놓은 법도는 무섭다. 공포심을 조장한다. 복종하게 만들기 위함이다. 하나님은 자신을 여호와라고 강조하면서 자신이 준 계명을 지키라고 지시한다(레 22:31).

하나님은 회막(會幕, 하나님이 이스라엘백성과 만나는 거룩한 장막. 솔로몬 성전이 세워지기 전까지 하나님의 임재 처소로 사용된 성소)에 들어가서 지켜야 할 법도에 대해 이렇게 말한다. "회막에 들어갈 때에 물로 씻어 죽기를 면하라. 제단에 가까이 가서 여호와 앞에 화제(火祭, 구약 시대에 유대 인의 제사 방법의 하나. 짐승, 유향 따위를 불살라 그 냄새를 제물로 바친다)를 사를 때에도 그렇게 하라. 이것은 대대로 영원히 지킬 규례다."(출 30:20~21), "회막에 들어갈 때에 포도주나 독주를 마시면, 죽음을 면치 못한다."(레 10:9) 지성물(至聖物, 하나님께 바쳐진 지극히 거룩한 물건)에 들어가서 지켜야 할 법도도 두려움에 몸을 떨게 만든다. "지성물에 접근할 때에 그들의 생명을 보존하고 죽지 않게 하기 위하여 이같이 하라. 아론과 그의 아들들이 들어가서 각 사람에게 그가 할 일과 그가 멜 것을 지휘하게 할지니라. 그들은 잠시라도 들어가서 성소를 보지 말라. 그들이 죽으리라."(민 4:19~20).

하나님은 이처럼 단순한 것에도 공포분위기를 조성하여 인간을 두려움에 떨게 만들었다. 하나님의 이름을 함부로 부르면 그것도 죄가 된다(출 20:7). 하나님은 누구든지 자신에게 범죄 하면 자신의 책에서 지워버리겠다고 위협한다(출 32:33). 하나님을 미워하면 3~4대까지 그 죄를 갚는다(출 20:5)고 압박했다.

하나님이 자신이 내세운 법도와 규례를 지키라고 강요하는 것은 인간을 자신의 '우리' 안에서 벗어나지 못하기 위해서다. 조직폭력배의 수법이다. 10계명은 인간을 하나님의 우리 안에 가두기 위한 지침서다. 하나님이 안식일을 지키라고 강조한 이유는 무엇일까. 인간의 마음을 한데 모아 추앙받기 위함이다. 한 사람의 추앙보다 10사람, 100사람, 1000사람의 추앙을 받기를 원한다. 사람이 많을수록, 강도가 높을수록 하나님의 만족도는 높아진다. 하나님이 내세운 법도와 규례는 모든 것이 하나님이 제일이어야 하고, 모두가 자기 우리 안에 있어야 한다는, 하나님의 법이다.

나의 '우리' 안에 있으라

하나님이 하라는 법도와 규례는 절차가 복잡하고 요란하다. 왜 그렇게 만든 것일까. 어려워야 매달리고, 복잡해야 풀려고 애쓰게 된다. 그것은 곧 하나님 외의 다른 생각을 하지 못하게 하려는 하나님의 작전이다.

하나님이 모세에게 명령한 속죄제(贖罪祭, 하나님에게 지은 죄를 속죄하려고 드리는 제사)와 번제(燔祭, 구약 시대에 짐승을 통째로 태워 제물로 바친 제사. 안식일, 매달 초하루와 무교절, 속죄제에 지냈다)와 화제 드리는 과정을 보자.

"수송아지를 회막 앞으로 끌어오고, 아론과 그의 아들들은 그 송아지 머리에 안수할지며, 너는 회막 문 여호와 앞에서 그 송아지를 잡고, 그 피를 네 손가락으로 제단 뿔들에 바르고, 그 피 전부를 제단 밑에 쏟을 지며, 내장에 덮인 모든 기름과 간 위에 있는 꺼풀과 두 콩팥과 그 위의 기름을 가져다가 제단 위에 불사르고, 그 수소의 고기와 가죽과 똥을 진 밖에서 불사르라 이는 속죄제니라.

너는 또 숫양 한 마리를 끌어오고, 아론과 그의 아들들은 그 숫양의 머리 위에 안수할지며, 너는 그 숫양을 잡고, 그 피를 가져다가 제단 주위에 뿌리고, 그 숫양의 각을 뜨고, 그 장부와 다리는 씻어 각을 뜬 고기와 그 머리와 함께 두고, 그 숫양 전부를 제단 위에 불사르라. 이는 여호와께 드리는 번제요, 이는 향기로운 냄새니 여호와께 드리는 화제니라."(출 29:10~18)

유월절에 관한 하나님의 주문이다.

"여호와께서 애굽 땅에서 모세와 아론에게 일러 말씀하시되, 이 달을 너희에게 달의 시작 곧 해의 첫 달이 되게 하고, 너희는 이스라엘 온 회중에게 말하여 이르라. 이 달 열흘에 너희 각자가 어린 양을 잡을지니, 각 가족대로 그

식구를 위하여 어린 양을 취하되, 그 어린 양에 대하여 식구가 너무 적으면 그 집의 이웃과 함께 사람 수를 따라서 하나를 잡고, 각 사람이 먹을 수 있는 분량에 따라서 너희 어린 양을 계산할 것이며, 너희 어린 양은 흠 없고 일 년 된 수컷으로 하되 양이나 염소 중에서 취하고, 이 달 열나흗 날까지 간직하였다가 해 질 때에 이스라엘 회중이 그 양을 잡고, 그 피를 양을 먹을 집 좌우 문설주와 인방(引枋, 창 · 출입구 등 벽면 개구부 위에 보를 얹어 상부의 하중을 받는 경우의 보)에 바르고, 그 밤에 그 고기를 불에 구워 무교병과 쓴 나물과 아울러 먹되, 날것으로나 물에 삶아서 먹지 말고, 머리와 다리와 내장을 다 불에 구워 먹고, 아침까지 남겨두지 말며, 아침까지 남은 것은 곧 불사르라. 너희는 그것을 이렇게 먹을지니 허리에 띠를 띠고, 발에 신을 신고, 손에 지팡이를 잡고 급히 먹으라. 이것이 여호와의 유월절이니라."(출 12:1~12)

하나님을 인간으로 비유하면 교주요, 정치꾼이다. 하나님의 말 속에는 인간을 의존케 만들고, 허상 속에 살게 만드는 기운이 들어 있다. 인간은 하나님이 하라는 대로 살기가 어렵다. 인간의 삶을 전적으로 하나님에게 의존하고 살아야 하기 때문이다. 그렇다고 하나님이 삶을 책임져주는 것이 아니다. 하나님은 인간의 자존성을 용납하지 않는다. 이스라엘백성이 왜 그렇게 하나님의 손아귀에서 벗어나려고 몸부림쳤을까.

인간의 죄는 '다른 신 섬기는 것'

하나님은 인간이 다른 신을 섬기는 것을 죄로 여긴다. 노아 때 홍수심판을 하여 인간과 생물을 말살한 것도 인간이 하나님 앞에 부패하여 포악함이 땅에 가득했기 때문이다(창 6:1). 인간 지은 것을 한탄한 것도 사람의 죄악이 세상에 가득함과 그의 마음으로 생각하는 모든 계획이 항상 악할 뿐이었기 때문이다. 즉, 인간들이 하나님을 버리고 다른 신들을 섬겼다는 것이다.

인간이 하나님을 불신하고 다른 신을 섬기는 것은 하나님 앞에 죄가 되므로 하나님은 이스라엘민족이 다른 신을 섬기면 반드시 그에 따른 대가를 치르게 했다. 이스라엘 자손이 하나님의 목전에서 악을 행하여 바알들과 아스다롯과 아람의 신들과 시돈의 신들과 모압의 신들과 암몬 자손의 신들과 블레셋 사람들의 신들을 섬기고 하나님을 버리고 섬기지 않자, 이스라엘에게 진노하여 블레셋 사람들의 손과 암몬 자손의 손에 그들을 넘겨주어 열여덟 해 동안 억압당하게 하였다(삿 10:6~8).

또 자기들의 하나님 여호와를 잊어버리고 바알들과 아세라들을 섬겼다고 진노하고, 메소보다미아 왕 구산 리사다임의 손에 팔아서 이스라엘 자손이 구산 리사다임을 8년 동안 섬기게 하였다(삿 3:7~8). 이 뿐만이 아니다. 여호와의 목전에 악을 행했다며, 모압 왕 에글론을 강성하게 하여 암몬과 아말렉 자손들을 모아 이스라엘을 쳐서 모압 왕 에글론을 열여덟 해 동안 섬기게 하였으며(삿 3:12~14), 여호와의 목전에 악을 행하였다고 7년 동안 미디안의 손에 넘겨주었다(삿 6:1).

구약성경은 우상숭배를 놓고 하나님과 이스라엘민족 간의 실랑이의 연속이다. 그럼에도 불구하고 이스라엘민족은 하나님을 버리고 다른 신들을 섬겼다.

하나님의 인간관은 크게 잘못된 것이다. 자신에 대한 순종을 이끌어내기 위해 유혹하고, 저주하며, 징벌하고 죽이는 것은 어리석은 짓이다. 역효과만 낳을 뿐이다. 마음이 가지 않는데 어떻게 순종이 나오겠는가. 하나님이 자신에게서 마음이 떠난 인간을 붙잡아두려고 수단과 방법을 사용한다고 해서 돌아선 마음이 돌아올 리 만무하다. 이스라엘민족들은 하나님이 지겨웠던 것이다. 하나님이 이들에게 감동을 주는 행동을 했더라면, 하나님이 쫓아내도 하나님 곁을 떠나지 않겠다고 애걸복걸했을 것이다. 사랑은 없고, 이용만 하는 하나님을 좋아할 인간은 없는 것이다.

하나님의 목적은 단 하나다. 이스라엘민족이 자신만을 섬기게 하는 데에 있다. 하나님은 이 문제로 늘 고심했다. 자신의 생사가 달린 문제이기 때문이다. '암몬 자손이 또 요단을 건너서 유다와 베냐민과 에브라임 족속과 싸우므로 이스라엘의 곤고(困苦)가 심하였다. 이스라엘 자손이 하나님을 버리고 바알들을 섬김으로 주께 범죄 하였다고 회개하자, 하나님은 과거 이스라엘민족을 외적으로부터 구해준 것을 나열하며, 너희가 나를 버리고 다른 신들을 섬기니, 내가 다시는 너희를 구원하지 아니하리라. 가서 너희가 택한 신들에게 부르짖어 너희의 환난 때에 그들이 너희를 구원하게 하라고 질책한다. 다급해진 이스라엘민족들은 하나님의 말씀대로 할 것이니, 구해달라고 매달린다. 결국 이스라엘민족들이 이방 신들을 버리고 하나님을 섬겼으나 하나님은 이스라엘민족의 곤고로 근심한다.'(삿 10:9~16)

하나님은 이스라엘민족들의 자신에 대한 충성심을 이끌어내기 위해 당근과 채찍을 사용했다. 고집 센 당나귀를 움직이게 하려고 눈앞에는 당근을 매달고 뒤로는 채찍을 휘두르는 것처럼 하나님의 법도를 지키면 복을 준다고 유혹하고, 지키지 않으면 벌을 내린다고 위협했다. 하나님은 솔로몬에게 성전을 건축하라고 당부하며 이렇게 말한다.

"네가 네 아버지 다윗이 행함 같이 내가 네게 명령한 대로 온갖 일에 순종하여 내 법도와 율례를 지키면, 네 아버지 다윗에게 이스라엘의 왕위에 오를 사람이 네게서 끊어지지 아니하리라 한 대로 네 이스라엘의 왕위를 영원히 견고하게 하려니와, 만일 너희나 너희의 자손이 아주 돌아서서 나를 따르지 아니하며, 내가 너희 앞에 둔 나의 계명과 법도를 지키지 아니하고 가서 다른 신을 섬겨 그것을 경배하면, 내가 이스라엘에게 준 땅에서 끊어 버릴 것이

다.”(왕상 9:4~7)

이러한 하나님의 인간 길들이기 수법은 인간의 자존성을 말살하고, 하나님에게 의존케 하여 하나님의 수레만 끄는 당나귀로 만들겠다는 심보나 다름없다.

3) 나에게 순종하라

① 하나님의 인간 길들이기

인터넷에는 종종 반려동물을 어떻게 순종하게 만드느냐는 질문이 올라온다. 동물을 기르고는 싶은데, 자신의 말을 듣지 않아 고통스럽다는 것이다. 동물의 속성을 알지 못하기 때문이다. 이런 사람들을 위해 동물행동을 교정해 주는 사람도 생겨났다.

야생마는 강제적으로 길들인다. 몽골사람들은 야생마를 힘으로 제압하여 길들인다. 자유를 갈구하는 말과 이동수단으로 만들려는 사람과의 치열한 살바싸움이 벌어진다. 사람이 말의 목에 밧줄을 걸고 재갈을 물리려고 하면, 말은 크게 반항한다. 몹시 불편하고, 자유를 잃기 때문이다. 여러 사람이 달려들어 어렵게 재갈을 물리고 안장을 얹으려하면, 말은 땅바닥에 누워버린다. 말은 사람이 발로 머리를 차면 마지못해 일어나지만, 다시 시도하면 또 누워버린다. 죽어도 사람을 태우지 않겠다는 완강한 태도를 보인 말에게는 안장을 풀고 만다. 야생마를 길들이는 것은 이처럼 쉽지 않다.

그런데 사람 중에는 타인을 야생마처럼 길들여 자신에게 순종하게 만들려는 사람이 있다. 나에게 순종하라는 말은 곧 ‘나의 노예가 되라’는 말이나 다름없다. 사람은 누구나 남이 자기에게 이래라 저래라 간섭하는 것을 아주 싫어한다. 순종을 강요하면 강하게 반발한다. 그러나 다른 사람을 자기와 같은 인격체로 여기지 않는 자들은 힘이나 여러 수단을 동원하여 강제로 무릎을 꿇려서 자기 말을 듣게 만들려고 한다. 무릎을 꿇린 자는 승리감을 만끽하겠지만, 무릎을 꿇은 사람은 인격적으로 죽음의 고통을 맛본다. 이런 행동은 사람으로서 차마 할 행동이 아니다. 동물들도 자기 마음대로 살려고 하거늘, 하물며 자기와 같은 인격을 지닌 사람을 자기 마음대로 조종하려는 자는 그 마음 속에 악마가 들어가 있다고 보아야 한다.

그런데 성경속의 하나님도 이런 악인들처럼 인간에게 순종을 강요한다. 유혹하고, 회유하며, 협박하고, 저주와 독설을 퍼붓는다. 목숨까지 빼앗는 공포감을 유발하며 인간을 복종케 하려고 애를 쓴다. 인간은 하나님의 욕구충족의 도구에 불과하다. 성경에는 이런 사건이 셀 수 없이 나열되어 있다.

하나님이 왜 인간에게 절대적인 순종을 강요하는 것일까. 몸이 없는 하나님이 인간을 이용할 수 있는 유일한 수단이기 때문이다. 예를 들어보자. 자신이 몸을 움직일 수 없는 상태가 되어 방안에 갇혀 지낼 수밖에 없게 된다면, 몹시 답답할 것이다. 자력으로 창문을 열고 밖을 내다보고 싶어도 할 수가 없다. 이럴 경우 마음만 있고 몸이 없는 하나님과 같은 입장이 된다. 창문을 열고 싶은 열망은 강하지만, 실행할 수가 없으니 애가 탄다. 그러면 어떤 생각이 들까. 남의 힘을 이용하여 창문을 열고 싶을 것이다. 곧 내 마음대로 이용할 수 있는 사람이 필요하다. 하나님도 몸을 움직일 수 없는 사람과 같으니, 자신의 손과 발이 되어줄 도우미가 필요하다. 그래서 택한 사람이 성경의 중심인물인 메신저들이다.

'유혹과 위협' 병행하는 하나님

그러나 하나님의 바람처럼 하나님의 말을 잘 듣는 사람을 만드는 것은 그리 쉬운 일이 아니다. 하나님이 마음대로 부릴 수 있는 노예와 같은 메신저 한 사람을 길러내려면 하나님의 뼈를 깎고, 피를 쏟고, 마음의 진액을 짜고, 눈에서 피눈물을 흘려야 한다. 하나님의 메신저들은 몸이 없는 하나님과 다르다. 몸이 있으니 먹고, 자고, 입고 편안히, 즐겁게 살고자 한다. 또한 가족들도 보살펴야 한다. 하나님은 이들 메신저를 자기 몸처럼 사용하기 위해서는 이들의 인간적인 삶을 보장해 줘야 한다.

그러나 하나님이 가진 것이라고는 마음과 말뿐이다. 전지전능하다는 말은 유혹하기 위한 빈말이다. 그러니 어찌하겠는가. 유혹하고, 읍소하며, 징벌하고, 죽이면서 공포감을 심어주어 자신의 노예로 만드는 비정상적인 방법을 쓸 수밖에 없다. 그래서 하나님도 사기꾼, 조직폭력배, 살인자의 전형적인 수법을 쓰는 것이다. 성경의 하나님은 이런 방법으로 인간을 길들여 나오면서 자신의 존재감을 과시하였다.

구천을 떠도는 귀신 또한 하나님처럼 사람이 필요하다. 그래서 자신이 필요하게 쓸 수 있는 사람에게 접근해 신병을 앓게 하여 자신을 모실 사람으로 만든다. 또한 위대한 인물을 사칭하여 자신에게 순종하게 하고, 인간과 세상을 구하라는 등의 대의명분을 앞세워 유혹하고, 고통과 우환을 주어 말을 듣게 하고, 자식이나 부모를 죽이겠다는 등의 협박으로 사람을 지배하여 몸주 노릇을 한다.

하나님의 인간 길들이기 주요 수법은 유혹과 위협이다.

"보라. 내가 이날 복과 저주를 너희 앞에 두나니, 너희가 만일 내가 이날 너희에게 명령하는 주 너희 하나님의 명령들에 순종하면 복을 받을 것이요, 너희가 만일 내가 이날 너희에게 명령하는 길에서 돌이켜 떠나 주 너희 하나님의 명령들에 순종하지 아니하고, 너희가 알지 못하던 다른 신들을 따르면 저주를 받으리라."(신 11: 26~28)

“네가 네 하나님 여호와의 말씀을 삼가 듣고 내가 오늘 네게 명령하는 그의 모든 명령을 지켜 행하면 네 하나님 여호와께서 너를 세계 모든 민족 위에 뛰어나게 하실 것이라. 네가 네 하나님 여호와의 말씀을 청종하면 이 모든 복이 네게 임하며 네게 이르리니, 성읍에서도 복을 받고 들에서도 복을 받을 것이며, 네 몸의 자녀와 네 토지의 소산과 네 짐승의 새끼와 소와 양의 새끼가 복을 받을 것이며, 네 광주리와 떡 반죽 그릇이 복을 받을 것이며”(신 28:1~5)

하나님은 자신 외의 다른 신을 섬기면 징벌을 내려 그 본보기로 삼고 이를 공포(公布)한다.

“만군의 여호와 이스라엘의 하나님께서 이와 같이 말씀하시니라. 너희가 예루살렘과 유다 모든 성읍에 내린 나의 모든 재난을 보았느니라. 보라, 오늘 그것들이 황무지가 되었고, 사는 사람이 없나니, 이는 그들이 다른 신들에게 나아가 분향하여 섬겨서 나의 노여움을 일으킨 악행으로 말미암음이라.”(렘 44:2~3)

하나님은 인간들의 추종을 받고 그 세력을 키워나간다. 하나님은 어떻게 하면 인간들이 자신을 추종하게 만들 것인가만 연구한다. 하나님은 자신이 부리는 자와의 관계를 돈독히 하기 위해서, 자신에 대한 의존성을 높이게 하기 위해서 주변인들과의 관계를 소홀하게 만든다. 그래서 하나님의 메신저들의 삶은 비현실적이고, 비참하다. 귀신을 섬기는 자들의 삶과 비슷하다.

하나님은 마음과 말밖에 없는 허깨비와 같은 존재다. 인간을 행복하게 해줄 능력이 없다. 설혹 능력이 있다고 하더라도 행복하게 해주려고 하지 않는다. 왜냐. 인간이 편안하고 행복하면 하나님을 따를 이유가 없어지기 때문이다. 인간은 병이 들거나 어려움이 닥쳐야 하나님에게 매달린다. 하나님에게 복을 바라는 것은 어리석은 짓이다. 하나님에 대한 의존성을 버려야 한다.

② '인간의 죄'는 하나님 말 안 들은 것

하나님이 인간에게 순종을 강요하는 것은 하나님만을 받들고 모시라는 뜻이다. 하나님에 의하면, 하나님 외에는 모두 우상이다. 하나님은 자기 의지대로 하는 인간은 처단해야 할 마귀 편 인간으로 본다. 창조물은 창조주의 창조 목적대로 살아야 선이 되며, 창조주의 것이 된다는 생각이다. 그래서 자기 마음대로 하는 사람은 하나님과는 아무 관계가 없다고 으름장을 놓는다. 창조주하나님이 사람을 어떻게 쓰려고 창조 하였나를 알아야 하나님에게 죄를 짓지 않는다고 말한다. 하나님은 인간이 자기 마음대로 하는 것을 죄로 규정한다.

하나님의 지론은 이렇다. '하나님이 인간을 무엇 때문에 창조하였는가. 하나님의 영광을 위해 지었다. 그러므로 인간은 하나님이 자기를 창조한 목적이 무엇인가를 알아야 진리를 찾는다. 하나님의 뜻이 무엇인지 알려고 생각하지도 않고, 자기 멋대로 하는 것이 욕심이며, 타락이고, 죄다. 하나님의 뜻대로 하면 하나님의 뜻이 이루어지고, 인간의 뜻대로 하면 인간의 뜻이 이루어진다. 고로 인간의 뜻대로 하면 하나님과는 아무 관계가 없다. 그래서 나에게 순종하라고 하는 것이다.'

예수가 하나님의 이런 뜻을 알고 있었는지 모르겠다. 하지만, 예수도 하나님의 뜻대로 해야 천국에 들어간다고 말했다. "나더러 주여, 주여 하는 자마다 천국에 들어가는 것이 아니요. 다만 하늘에 계시는 내 아버지의 뜻대로 행하는 자라야 들어가리라. 주의 이름으로 우리가 귀신을 쫓아내며, 주의 이름으로 선지자 노릇을 하고, 주의 이름으로 많은 권능을 행하지 아니하였나이까 하리니, 그때에 내가 저희에게 밝히 말하되 내가 너희를 도무지 알지 못하노라. 불법을 행하는 자들아, 내게서 떠나가라 하리라."

하나님은 인간의 심리를 꿰뚫고 있다. 인간을 마음대로 조종하기 쉬운 때가 인간이 나약해지는 시점이다. 그래서 인간을 고통의 길로 내몰아 자신의 말을 듣게 만든다. 인간은 이러한 하나님의 계략을 모른다. 하나님이 자신을 구해 줄 것이라 믿고 충성을 다한다. 유대인들이 비참하게 산 것도 하나님을 믿은 대가다. 하나님은 복을 줄 능력이 없다. 복 준다는 말은 이용하기 위한 유혹일 뿐이다.

신과 귀신은 너나없이 자신과 통하는 사람이 필요하다. 무당이나 점쟁이, 영매(靈媒)에게 많은 귀신이 들러붙어 있는 이유가 이 때문이다. 성경의 하나님도 형체가 없으니, 여느 신이나 귀신들과 다를 바 없다. 하나님의 섭리에는 인간에 대한 존중이란 없다. 하나님의 근본이 그렇게 되어 있다. 그래서 인정사정없다. 인간을 독점하기 위해 모든 수단과 방법을 동원한다. 성경의 하나님은 악의 끝판이 무엇인가를 확실히 보여주고 있다.

세상에도 육체 쓴 인간이 성경의 하나님처럼 행동하는 이들이 있다. 자신을 하나님이다, 예수다, 구세주, 인류의 참부모다고 주장하는 자들이다. 이들은 자신을 따르는 자들에게 자신에게 절대 복종하고, 절대 사랑하고, 절대 순종할 것을 강요한다. 이들은 너희는 선택받은 자들이다, 복을 받게 해주겠다, 천국 보내준다고 유혹한다. 말로 다 한다. 하나님과 똑같다. 하나님이 이들의 배후인물이기 때문이다. 하나님은 살아 있고, 현실에서도 섭리하고 있다는 증좌다.

유대민족의 고난, 하나님 따른 결과

하나님이 유대민족에게 주겠다고 약속한 '젖과 꿀이 흐르는 땅'은 가나안이다. 유대민족은 하나님의 이 유혹에 이끌려 기약 없이 고통 받으며 광야를 헤맸다. 유대인들에게 행복한 순간은 그리 많지 않았다. 하나님은 유대민족이 불신한다는 이유로 수많은 저주를 퍼붓고, 고생시키며, 죽였다. 하나님의 저주는 상상 이상으로 끔찍했고, 그것은 현실화되었다. 그들은 아시리아, 바빌로니아, 페르시아, 헬라, 로마로 이어지는 제국에 의해 수백 년 동안 동시다발적으로 압제를 받았다.

유대인들은 경제적 터전을 잡고 살 만하면 추방령이 내려져서 모든 것을 빼앗겼다. 유대인은 2000년 동안 유랑하면서 부모와 자식이 격리당하고 선별되어 죽임당하는 일을 겪었다. 한 자료에 의하면, 2차 세계대전 중에는 독일의 히틀러에 의해 600만 명이 살해됐다. 이는 전체 유대인의 60%에 이른다. 기독교인들은 선민 이스라엘민족의 고난은 하나님을 대항하고, 예수를 배척함으로 받은 하나님의 형벌이라고 주장한다. 만약 이 말이 사실이라면, 하나님은 또 다른 악마다. 악마보다 더 악랄한 악마다.

말은 곧 말하는 사람의 인격의 척도다. 말은 그 사람의 됨됨이를 나타낸다. 하나님의 말은 신격의 척도다. 하나님의 됨됨이를 나타낸다. 하나님이 유대민족에게 내린 저주는 끔찍하다. 창조주로서 도저히 할 수 없는 악담을 늘어놓았다. 섬뜩하다.

"너희가 이같이 될찌라도 내게 청종치 아니하고 내게 대항할진대, 내가 진노로 너희에게 대항하되 너희 죄를 인하여 칠곱 배나 더 징책하리니, 너희가 아들의 살을 먹을 것이요, 딸의 살을 먹을 것이며"(레 26:27~29), "내가 너희를 열방 중에 흩을 것이요, 내가 칼을 빼어 너희를 따르게 하리니, 너희의 땅이 황무하며 너희의 성읍이 황폐하리라."(레 26:33)

"여호와께서 너를 땅 이 끝에서 저 끝까지 만민 중에 흩으시리니, 네가 그곳에서 너와 네 열조의 알지 못하던 목석 우상을 섬길 것이라. 그 열국 중에서 네가 평안함을 얻지 못하며, 네 발바닥을 쉴 곳도 얻지 못하고 오직 여호와께서 거기서 너의 마음으로 떨고, 눈으로 쇠하고, 정신으로 산란케 하시리니, 네 생명이 의심나는 곳에 달린 것 같아서 주야로 두려워하며, 네 생명을 확신할 수 없을 것이라. 네 마음의 두려움과 눈의 보는 것으로 인하여 아침에는 이르기를 아하 저녁이 되었으면 좋겠다 할 것이요, 저녁에는 이르기를 아하 아침이 되었으면 좋겠다 하리라."(신 28:64~67)

예수도 죽기 전 이스라엘민족에 대해 좋지 않은 말을 쏟아냈다. 하나님처럼 이스라엘민족에 대해 원한이 많았던 것이다.

"너희가 예루살렘이 군대들에게 에워싸이는 것을 보거든 그 멸망이 가까운 줄을 알라. 그 때에 유대에 있는 자들은 산으로 도망할지며, 성내에 있는 자들은 나갈지며, 촌에 있는 자들은 그리로 들어가지 말지어다. 이날들은 기록된 모든 것을 이루는 형벌의 날이니라. 그날에는 아이 밴 자들과 젖먹이는 자들에게 화가 있으리니, 이는 땅에 큰 환난과 이 백성에게 진노가 있겠음이로다. 저희가 칼날에 죽임을 당하며 모든 이방에 사로잡혀 가겠고, 예루살렘은 이방인의 때가 차기까지 이방인들에게 밟히리라."(눅 21:20~24)

기독교인들은 유대민족의 수난을 하나님과 예수에 대한 불신의 대가로 여긴다. 하나님과 예수의 예언이 정확히 들어맞았다고 찬탄하며, 유대민족을 비판하고 있다. 기독교 지도자들은 이를 중요한 설교주제로 삼고 신도들을 교육한다. "나를 사랑하고 내 계명을 지키는 자에게는 천대까지 은혜를 베푸느니라."(신 5:10)는 하나님의 빈말을 우려먹고 있다. 신도들에게 '이스라엘민족은 하나님을 사랑하지 않고, 계명을 지키지 않았기 때문에 천대까지 복을 받지 못하고, 화를 받아 세계에 흩어져 죽임을 당했으니, 이를 교훈삼아 여러분은 하나님께 순종해야 한다.'고 가르친다.

'진영논리'에 갇힌 기독교인들

하나님은 과거 자신에게 절대적인 믿음을 보인 아브라함에게 감동하여 이렇게 맹세하였다. "…여호와께서 이르시기를 내가 나를 가리켜 맹세하노니, 네가 이같이 행하여 네 아들 네 독자도 아끼지 아니하였은즉 내가 네게 큰 복을 주고 네 씨가 크게 번성하여 하늘의 별과 같고 바닷가의 모래와 같게 하리니, 네 씨가 그 대적의 성문을 차지하리라. 또 네 씨로 말미암아 천하 만민이 복을 받으리니, 이는 네가 나의 말을 준행하였음이니라 하셨다 하니라."(창 22: 15~18)

아브라함의 순종에 감격하여 맹세한 하나님의 이 말은 빈말이 되었다. 유대민족은 세상에서 가장 비참한 민족이다. 참은 변하지 않는다. 그러나 거짓은 상황에 따라 변한다. 말로 모든 것을 표현하는 하나님이니 빈말뿐인 축복이었다.

기독교인들은 지금도 자신의 스승 예수를 십자가의 죽음 길로 내몰았다고 생각하고, 유대인들을 원수처럼 대한다. '복을 줄 터이니 나를 따르라'고 유혹한 뒤, 이용하고 버린 하나님은 두둔하고, 하나님에게 희생당한 유대민족을 패륜아로 내몰고 있다. 적반하장이 따로 없다. 진영논리에 갇혀 있으니, 당연한 귀결이다.

도대체 유대민족의 잘못이 무엇이라는 것인가. 하나님은 인간에 대한 이해력도 없고, 현실도 직시하지 못했다. 세상물정도 모르면서 경거망동했다. 자신의 주장만 펴면서 인간이 믿을 수 없는 언행만 했다. 그런데 고통을 준 하나님은 찬양하고, 억울하게 피해를 당한 유대민족에게는 불신 죄를 뒤집어씌워 비난하고 있다. 이것이 과연 옳은 판단일까.

하나님은 말 뿐인 존재라는 사실을 모르는 사람들에게 무슨 말이 필요하겠는가. '십자가의 쓴 잔을 면케 해 달라'고 기도한 예수나, 들어줄 능력이 없어서 들어주지 못하는 하나님이나 피장파장이다. 인간은 하나님에 대한 환상에서 벗어나서 자존하며 인간답게 살아야 한다.

기독교인들의 말처럼 세계에 흩어져 살던 이스라엘민족이 하나님이 약속한 젖과 꿀이 흐르는 땅에 정착하였으므로 2000년간의 환난의 시대가 지나고 이스라엘이 회복되는 시대가 왔다면 하나님은 선신이 아니다. 자신이 선택한 민족이 이방민족에게 죽임을 당하고 세계 각지로 흩어져 유리방황하는 모습을 보고 하나님은 어떤 생각을 했을까. '그것 봐라. 내 말을 안 듣더니 꼴좋다!'고 조롱하고 있었을까. 아니면, 자신이 택한 민족이 자신이 원수 마귀처럼 여기던 이방민족에게 죽임을 당하고 고통당하는 모습을 애처로이 바라보고만 있었을까.

능력도 없고, 인간의 아픔도 모르는 하나님이 무슨 감정이 있었겠는가. 하나님이 사람에게 복을 줄 능력이 있었다면, 벌써 인류를 자기 우리 안에 가두고 자기 세상을 만들었을 것이다. 하나님을 믿는 유일신교인들도 하나님처럼 말뿐이지 않는가. 그 나무에 그 열매인 것이다.

이스라엘민족은 자력으로 조상이 그리던 땅을 되찾았고, 황무지를 피와 땀과 눈물로 젖과 꿀이 흐르는 땅으로 일구어내었다. 지금 이스라엘에는 하나님을 믿는 유대교인은 소수에 불과하다. 이스라엘은 한 뿌리의 세 종교 유대교 · 기독교 · 이슬람교의 성지다. 이 세 종교는 이스라엘에서 서로 질시하고 반목하며 싸우고 있다. 이스라엘민족이 하나님을 믿은 결과는 참담했다. 하나님에게 이용당하다 버림받고 고통 속에서 신음하다가 스스로 일어선 위대한 민족이다.

악은 자신에게 순종하는 것을 사랑으로 생각한다. 자신의 말을 거역하면 협박하고, 폭력으로 복종하게 만든다. 악은 애초부터 상대방을 위해 줄 생각은 눈곱만큼도 없다. 모든 것을 자신에게 맞추고 있기 때문이다. 악은 사랑이 없다.

③ 하나님의 참말과 거짓말

"여호와께서 구름 가운데에 강림하사 그와 함께 거기 서서 여호와의 이름을 선포하실새 여호와께서 그의 앞으로 지나시며 선포하시되 여호와라, 여호와라. 자비롭고, 은혜롭고, 노하기를 더디 하고, 인자와 진실이 많은 하나님이라. 인자를 천대까지 베풀며, 악과 과실과 죄를 용서하리라. 그러나 벌을 면제하지는 아니하고, 아버지의 악행을 자손 삼사 대까지 보응하리라."(출 34:5~7)

세상을 살다보면, 한 입으로는 진실을 말하지만, 다른 입으로는 거짓을 증언하게 된다. 많이 배우고 멀쩡한 사람도 이율배반적인 행동을 하고 있다. 사람이 거짓말을 하는 이유는 자신을 높이고 이익을 얻기 위함이다. 하나님이나 귀신도 마찬가지다. 속임수를 쓰면 상대방은 피해를 입기 마련이다. 영국 소설가 로버트 스티븐슨은 자신의 소설에서 인간은 지킬박사(선인)도, 하이드씨(악인)도 될 수 있다는 이중성을 실감나게 묘사한 바 있다.

하나님은 사람을 돕거나 자신이 뜻한 바를 이룰 수 없는 허깨비 신이다. 사람을 위해준다는 말은 다 거짓말이다. 이스라엘민족들이 금송아지를 만든 것도 하나님의 허상에 지쳤기 때문이다. 하나님의 참말은 거짓말로 포장하여 유인하기 위한 유혹의 말이고, 거짓말은 하나님의 근본이다.

선한 신은 오른손이 하는 것을 왼손이 모르게 하는 신이다. 선한 일을 하여도 절대 생색내지 않는다. 자신의 욕심을 채우기 위해 선한 척, 복을 주는 척하는 신은 독약에 꿀을 발라주면서 사탕이니 먹으라고 유혹하는 사기꾼 신이다. 이런 신은 선한 신이 아니다. 이용하려고 하는 것은 악의 시초다. 욕심이 오래가면 눈이 어두워져서 악이 된다. 하나님이 인간을 이용하는 방법은 자기 말에 순종하면 복을 주겠다고 유혹하는 것이다. 하나님은 이런 수법으로 많은 사람을 유혹했다. 그러나 그것은 립 서비스일 뿐이다. 이용하다가 이용가치가 없어지면 가차 없이 버렸다.

〈**성경에 있는 몇 가지 실례**(實例)〉

●하나님은 다윗에게 자신이 살 집 성전을 건축하면, 네 집과 네 나라가 내 앞에서 영원히 보전되고, 네 왕위가 영원히 견고하리라고 유혹한다.

▷"그 밤에 여호와의 말씀이 나단에게 임하여 이르시되 가서 내 종 다윗에게 말하기를 여호와께서 이와 같이 말씀하시되 네가 나를 위하여 내가 살 집을 건축하겠느냐. 내가 이스라엘 자손을 애굽에서 인도하여 내던 날부터 오늘까지 집에 살지 아니하고 장막과 성막 안에서 다녔나니, 그는 내 이름을 위하여 집을 건축할 것이요, 나는 그의 나라 왕위를 영원히 견고하게 하리라. 나는 그에게 아버지가 되고, 그는 내게 아들이 되리니, 그가 만일 죄를 범하면 내가 사람의 매와 인생의 채찍으로 징계하려니와 내가 네 앞에서 물러나게 한 사울에게서 내 은총을 빼앗은 것처럼 그에게서 빼앗지는 아니하리라. 네 집과 네 나라가 내 앞에서 영원히 보전되고, 네 왕위가 영원히 견고하리라 하셨다 하라."(삼하 7:4~16)

그러나 다윗의 뒤를 이은 그의 아들 솔로몬이 성전을 건축한 후 죽자 솔로몬의 집은 풍비박산이 되었고, 나라는 둘로 쪼개졌다. 솔로몬의 아들 르보호암에게는 2지파를, 느밧의 아들 여로보암에게는 10지파가 주어졌다. 이스라엘 최고의 황금기에 화려한 군주 생활을 했던 솔로몬의 죽음을 성경 열왕기는 짤막하게 보도하고 있다. 별다른 임종의 장면도, 솔로몬의 유언도 전혀 소개되지 않고 있다(열상 11장).

●아브라함에게는 자식 번제에 순종하였으므로 아브라함의 씨로 천하만민이 복을 받을 것이다고 말한다.

▷"…여호와께서 이르시기를 내가 나를 가리켜 맹세하노니, 네가 이같이 행하여 네 아들 네 독자도 아끼지 아니하였은즉 내가 네게 큰 복을 주고, 네 씨가 크게 번성하여 하늘의 별과 같고 바닷가의 모래와 같게 하리니, 네 씨가 그 대적의 성문을 차지하리라. 또 네 씨로 말미암아 천하 만민이 복을 받으리니, 이는 네가 나의 말을 준행하였음이니라 하셨다 하니라."(창 22:15~18)

그러나 세상은 지금도 아브라함의 씨로 말미암아 혼란하다. 아브라함의 씨인 유대교인 · 기독교인 · 이슬람교인들은 서로 원수가 되어 싸우고 있다. 특히 이슬람근본주의자들은 세계 방방곳곳에서 자살폭탄테러를 자행하고 있다. 지구촌은 이들 아브라함의 씨로 인해 한시도 평화로울 때가 없다. 천하만민이 복을 받는 것이 아니라 화(禍)를 받고 있다.

●아브라함의 아들 이삭에게는 하나님이 거부가 되게 했다고 자랑한다.

▷"이삭이 그 땅에서 농사하여 그 해에 백배나 얻었고, 여호와께서 복을 주시므로 그 사람이 창대하고 왕성하여 마침내 거부가 되어 양과 소가 떼를 이루고 종이 심히 많으므로"(창 26:12~14)

●이스라엘민족을 애굽 땅에서 탈출시킨 목적은 이스라엘민족을 위한 것이 아니다. 이스라엘의 하나님이 되고자 함이다.

▷"너희의 하나님이 되려고, 너희를 애굽 땅에서 인도하여 낸 자니, 나는 여호와이니라."(레 20:33)

●하나님은 자신의 규례와 법도를 행하면 안전할 것이라고 유혹한다.

"너희는 내 규례를 행하며 내 법도를 지켜 행하라. 그리하면 너희가 그 땅에 안전하게 거주할 것이라."(레 25:18)

자기만을 위하라는 것이 '惡'

사람이 욕심을 가지고 기도하면 악신이 선의 탈을 쓰고 나타나 도와주겠다면서 선과(善果)로 유혹하면, 마음을 빼앗기고 악신의 종이 된다. 처음에는 약을 주겠다고 유혹하니까 선신인 것 같다. 그러나 나중에는 병을 주어 꼼짝 못하게 하고, 종으로 부려먹으니 악신이다. 선과(善果)가 아니라 악과(惡果)다. 악신은 자기 마음대로 하는 것이 목적이기 때문에 자기 욕심을 채우기 위해 약을 주는 것처럼 유혹하고, 걸려들면 병을 준다. 주로 욕심쟁이가 사기꾼 악신에게 걸려든다.

목적이 어디에 있느냐에 따라 선과 악이 판결난다. 남을 위하는 것은 선이고, 자기만을 위하는 것은 악이다. 악은 욕심에서 온다. 악은 권력과 명예, 물질, 쾌락 등 자극적인 것으로 유혹한다. 악의 유혹에 넘어가면 죽는다.

〈성경에서의 사례〉

●성경 '욥기'는 하나님이 인간을 유혹하는 대표적인 광고다. 주인공 욥은 죽음의 자리에서도 하나님을 경외하여 하나님이 많은 복을 주었다는 것이 줄거리다. 사람들에게 욥처럼 절대적인 믿음으로 하나님을 경외하라는 이야기다.

▷"우스 땅에 사는 욥은 온전하고 정직하여 하나님을 경외하며 악에서 떠난 자다. 아들 일곱과 딸 셋이고, 많은 가축을 소유한 부자였다. 하나님이 욥

을 칭찬하자, 사탄은 하나님이 축복해주니까 그렇지, 만약 화를 내리면 욕할 것이라고 참소한다. 하나님은 그의 소유물을 네 손에 맡길 테니 몸은 손대지 말라고 한다. 사탄은 욥의 재산과 가족, 친구와 건강을 잃게 했으나 욥은 하나님을 찬송한다. '내가 모태에서 알몸으로 나왔사온즉 또한 알몸이 그리로 돌아가올지라. 주신 이도 여호와시오, 거두신 이도 여호와시오니, 여호와의 이름이 찬송을 받으실지니이다.' 여호와는 욥의 곤경을 돌이키고 욥에게 이전 모든 소유보다 갑절이나 주었다."(욥 1:1~42:10)

●구약성경 소 예언서의 하나인 '요나서'는 인간은 하나님의 손을 벗어날 수 없으니, 하나님에게 순종해야 한다는 동화 같은 줄거리다. 하나님은 이렇게 능력 있으니, 하나님의 말을 잘 들어야 한다고 유혹하는 것이다.

▷"요나가 니느웨로 가서 그곳 사람들에게 여호와의 진노가 크니 회개하고 야훼를 믿고 따르라는 전도를 여호와로부터 명령 받는다. 하지만, 요나는 니느웨 사람들이 대단히 사납고 두려운 존재여서 여호와의 명령을 거역하고, 멀리 다르싯이라는 곳으로 도망가려 배를 탔다가 폭풍을 만나 바다에 버려진다. 그런데 커다란 물고기가 요나를 사흘 동안 삼켰다가 뱉은 후 야훼에 의해 요나는 목숨을 건지고 니느웨로 가서 여호와의 명령을 전달한다. 그런데 의외로 니느웨 사람들은 왕으로부터 시작해서 모든 사람이 그 명에 따라 회개함으로써 멸망의 길을 피한다."(욘 1:1~4:11)

●하나님은 하나님의 명령을 따르는 자의 하나님이다.

▷"이 언약은 내가 너희 조상들을 쇠풀무 애굽 땅에서 이끌어내던 날에 그들에게 명령한 것이라. 곧 내가 이르기를 너희는 내 목소리를 순종하고, 나의 모든 명령을 따라 행하라. 그리하면 너희는 내 백성이 되겠고, 나는 너희의 하

나님이 되리라."(렘 11:4)

●세상 끝 날에 교만한 자와 악을 행하는 자는 용광로에 살라 없애지만, 하나님을 경외하는 자는 구해준다.

▷"만군의 여호와가 이르노라. 보라, 용광로 불같은 날이 이르리니, 교만한 자와 악을 행하는 자는 다 지푸라기 같을 것이라. 그 이르는 날에 그들을 살라 그 뿌리와 가지를 남기지 아니할 것이로되 내 이름을 경외하는 너희에게는 공의로운 해가 떠올라서 치료하는 광선을 비추리니. 너희가 나가서 외양간에서 나온 송아지 같이 뛰리라."(말 4:1~2)

●하나님이 보낸 메신저의 말을 잘 듣고 순종하면 하나님이 원수를 갚아 주겠다.

▷"너희는 그(하나님이 보낸 천사)에게 주의하여 그의 목소리에 순종하고 그를 노엽게 하지 말라. 이는 내 이름이 그 안에 있으므로 그가 너희 범죄를 용서하지 아니할 것임이라. 그러나 네가 참으로 그의 목소리에 순종하고 내가 말하는 바를 다 행하면, 내가 네 원수들에게 원수가 되고, 네 대적들에게 대적이 되리라."(출 23:21~22)

창조물에 애정 없는 창조주

인간은 자기가 낳은 자식을 위해 자기의 모든 것을 바친다. 자식의 종이 되고자 한다. 작가는 자신이 만든 작품이나 물건을 함부로 대하지 않는다. 자기 목숨처럼 소중히 여긴다. 자기의 노력이 들어갔기 때문이다. 만약 하나님이 인간과 자연을 창조하였다면, 인간과 자연을 사랑하지 않을 수 없다. 하지만,

하나님은 인간을 사랑하지도 않고, 배려하지도 않는다. 오직 인간 위에 군림하고 추앙받으며 인간의 왕 노릇만 하고자 한다. 사람이나 동물보다 저급한 신이다. 하나님의 목적은 오직 인간의 왕이 되는 것이다. 그래서 인간에게 순종을 강요한다. 하나님에게 창조주로서의 애정을 기대하는 것은 토끼가 뿔이 나고, 거북이가 털이 나기를 기대하는 것과 같다고 하겠다. 때로는 인간을 위하는 것처럼 말은 하지만, 그것은 다만 유혹일 뿐이다. 환상만 심어 줄 뿐 현실이 없다. 신뢰할 수가 없다.

하나님은 인간을 행복하게 해 줄 생각도 없고, 그럴 능력도 없다. 이용하는 것이 목적이다. 인간에게 해로운 존재다. 가까이 가지 않는 것이 최선이다. 자존하는 사람은 사기꾼에게 걸려들지 않는다.

하나님은 인간에게 자신의 분신이 되어 주기를 바란다. 하나님이 마음대로 쓸 수 있는 사람이 되려면, 하나님에게 순종해야 한다. 자기 인생이 없어야 한다. 자신의 모든 것을 뒤로 하고 하나님의 뜻대로 살아야 한다. 하나님이 타고 다닐 수 있는 말이 되어야 한다. 노아나 아브라함 같은 사람이 되어야 한다.

하나님은 여러 번 '나는 아브라함과 이삭과 야곱의 하나님이다'(출 3:15)고 선언했다. 하나님의 인간에 대한 바람은 아브라함과 이삭과 야곱처럼 자신의 목숨도 버리고, 자기 가족도 버리고 오직 하나님의 말씀에 순종하는 사람이 되는 것이다. 할 수 있는 일을 하는 것은 당연한 것이지만, 할 수 없는 일을 하는 것은 귀한 것이라는 것이다. 하나님은 사람을 하나님과 통할 수 있는 사람으로 가르쳐서 하나님이 필요한 대로 쓰고자 한다. 사람은 그저 순종만 하면 된다. 아브라함이 하나님의 말도 안 되는 말에 순종하여 이삭을 죽이려고 할 때에 하나님이 죽이지 못하게 한 뜻은, 하나님에게 절대적으로 순종하면 마귀가 떨어져 나간다는 것을 보여주고자 함이라고 역설한다.

하나님은 자존성 있는 사람을 가장 싫어한다. 이런 사람은 누구에게도 의존하지 않고 자신의 정당한 노력의 대가를 받아서 분수에 맞게 살려고 한다. 그래서 떳떳하고, 당당하다. 조물주가 준 자연성을 잃지 않고 자연처럼 살아간다. 무엇이 거짓이고, 무엇이 진실인지를 안다. 하나님은 사람들을 자신에게 의존하게 만들어 노예로 부리고자 하는데, 이런 사람은 하나님의 머리 꼭대기까지 올라가서 하나님이 무엇을 시켜도 듣지 않는다. 그래서 하나님은 현자보다는 무식하고, 약하더라도 자신의 말을 잘 듣고, 자신과 통할 수 있는 우직한 사람을 메신저로 사용하여 인간을 유혹한다.

하나님에게 참된 사람은 하나님이 시키는 대로만 하는 사람이다. 하나님은 이런 사람을 찾는다. 그러나 하나님은 말로 유혹하여 이용만 할 뿐이다. 인간은 하나님에 대한 환상에서 깨어나야 한다. 자존(自存)하는 자는 살고, 의존하는 자는 죽는다. 자존하는 자는 조물주의 자녀가 되고, 의존하는 자는 하나님의 노예가 된다.

4) 나를 기념하라

북한의 세습정권이 북한 전역에 김일성과 김정일의 동상을 세우고, 그들과 관계있는 것들을 성역화 하는 것처럼 하나님도 이스라엘민족에게 자신을 잊지 않게 하기 위해 전력을 쏟았다. 자신과 관계된 모든 것들을 기념하라고 지시했다. 이는 복을 주기 위함이라고 하지만, 속뜻은 자신을 잊지 말고 영원히 기억하라는 데에 있다. 자신의 흔적을 남겨 사람으로 하여금 자신의 손아귀에서 벗어나지 못하도록 하기 위함이다.

〈성경에서의 사례〉

●하나님의 이름을 기념하라.

▷"내게 토단을 쌓고 그 위에 네 양과 소로 네 번제와 화목제를 드리라. 내가 내 이름을 기념하게 하는 모든 곳에서 네게 임하여 복을 주리라."(출 20:24)

●유월절(逾越節)을 지키라.

▷"내가 애굽 땅을 칠 때에 그 피가 너희가 사는 집에서 너희를 위하여 표적이 될지라. 내가 피를 볼 때에 너희를 넘어가리니, 재앙이 너희에게 내려 멸하지 아니하리라. 너희는 이날을 기념하여 여호와의 절기를 삼아 영원한 규례로 대대로 지킬지니라. 너희는 이레 동안 무교병(누룩을 넣지 않고 구운 빵)을 먹을지니, 그 첫날에 누룩을 너희 집에서 제하라. 무릇 첫날부터 일곱째 날까지 유교병(누룩을 넣은 빵)을 먹는 자는 이스라엘에서 끊어지리라. 너희에게 첫날에도 성회요, 일곱째 날에도 성회가 되리니, 너희는 이 두 날에는 아무 일도 하지 말고, 각자의 먹을 것만 갖출 것이니라."(출 12:13~16)

●무교절(無酵節)을 지키라.

▷"너희는 무교절(유대인 달력으로 유월절 다음 날인 1월 15일부터 21일까지의 한 주일. 이 기간 동안 무교병을 먹으며 출애굽의 수난과 하나님의 은혜를 기념한다)을 지키라. 이날에 내가 너희 군대를 애굽 땅에서 인도하여 내었음이니라. 그러므로 너희가 영원한 규례로 삼아 대대로 이날을 지킬지니라. 첫째 달 열나흘 날 저녁부터 이십일일 저녁까지 너희는 무교병을 먹을 것이요, 이레 동안은 누룩이 너희 집에서 발견되지 아니하도록 하라. 무릇 유교물을 먹는 자는 타국인이든지 본국에서 난 자든지를 막론하고 이스라엘 회중에

서 끊어지리니, 너희는 아무 유교물이든지 먹지 말고, 너희 모든 유하는 곳에서 무교병을 먹을지니라."(출 12:17~20)

●여호수아가 칼날로 아말렉과 그 백성을 쳐서 무찌른 날을 기념하라.

▷"여호와께서 모세에게 이르시되 이것을 책에 기록하여 기념하게 하고, 여호수아의 귀에 외워 들리라. 내가 아말렉을 없이하여 천하에서 기억도 못하게 하리라. 모세가 제단을 쌓고 그 이름을 여호와 닛시라 하고, 이르되 여호와께서 맹세하시기를 여호와가 아말렉과 더불어 대대로 싸우리라 하셨다 하였더라."(출 17:14~16)

3. 모든 것은 내 것이다

하나님은 모든 것을 하나님의 것으로 만들려고 한다. 인간과 자연에게 기쁨과 행복을 주려는 하나님이 아니다. 하나님은 주려고 하는 이가 아니라 받으려고 하는 이다. 하나님은 오른손이 하는 일을 왼손이 모르게 하지 않는다. 선한 사람의 하나님, 사람과 자연을 사랑하는 하나님이 아니다. 자신에게 순종하는 사람의 하나님이다. 하나님은 자신에게 순종하는 사람에게는 자신의 간과 쓸개도 빼줄 듯이 말하고, 불순종하는 자에게는 저주하고 징벌로 다스린다. 하나님은 마귀가 모두 제 것을 만들려고 한다고 비난하지만, 하나님 또한 모든 것을 자신의 것으로 만들어 자신만 기뻐하고자 한다. 인간을 자신의 노예로 창조했다는 하나님이다.

〈성경에서의 사례〉

●처음 태어난 사람과 가축은 하나님의 것이다.

▷"여호와께서 모세에게 일러 이르시되 이스라엘 자손 중에서 사람이나 짐승을 막론하고 태에서 처음 난 모든 것은 다 거룩히 구별하여 내게 돌리라. 이는 내 것이니라."(출 13:1~2)

▷"보라. 내가 이스라엘 자손 중에서 레위인을 택하여 이스라엘 자손 중에

태를 열어 태어난 모든 자를 대신하게 하였은즉 레위인은 내 것이라. 처음 태어난 자는 다 내 것임은 내가 애굽 땅에서 그 처음 태어난 자를 다 죽이던 날에 이스라엘의 처음 태어난 자는 사람이나 짐승을 다 거룩하게 구별하였음이니, 그들은 내 것이 될 것임이니라. 나는 여호와이니라."(민 3:12~13)

▷"나는 여호와라. 이스라엘 자손 중 모든 처음 태어난 자 대신에 레위인을 내게 돌리고, 또 이스라엘 자손의 가축 중 모든 처음 태어난 것 대신에 레위인의 가축을 내게 돌리라."(민 3:41)

▷"너는 태에서 처음 난 모든 것과 네게 있는 가축의 태에서 처음 난 것을 다 구별하여 여호와께 돌리라. 수컷은 여호와의 것이니라."(민 13:12)

●은도, 금도 하나님 것이다.

▷"은도 내 것이요, 금도 내 것이니라. 만군의 여호와의 말이니라."(학 2:8)

●이스라엘민족에게 자기 소유 중에서 하나님 자기에게 드릴 것의 품목을 정해주다.

▷"너희의 소유 중에서 너희는 여호와께 드릴 것을 택하되 마음에 원하는 자는 누구든지 그것을 가져다가 여호와께 드릴지니, 곧 금과 은과 놋과 청색, 자색, 홍색 실과 가는 베 실과 염소 털과 붉은 물들인 숫양의 가죽과 해달의 가죽과 조각목과 등유와 관유에 드는 향품과 분향할 향을 만드는 향품과 호마노며, 에봇과 흉패에 물릴 보석이다."(출 35:5~9)

●가축을 잡으면 반드시 하나님에게 예물을 드려야 한다. 그렇지 않으면 백성 중에서 끊어진다.

▷"아론과 그의 아들들과 이스라엘의 모든 자손에게 말하여 그들에게 이

르기를 여호와의 명령이 이러하시다 하라. 이스라엘 집의 모든 사람이 소나 어린 양이나 염소를 진영 안에서 잡든지, 진영 밖에서 잡든지, 먼저 회막 문으로 끌고 가서 여호와의 성막 앞에서 여호와께 예물로 드리지 아니하는 자는 피 흘린 자로 여길 것이라. 그가 피를 흘렸은즉 자기 백성 중에서 끊어지리라. 그런즉 이스라엘 자손이 들에서 잡던 그들의 제물을 회막 문 여호와께로 끌고 가서 제사장에게 주어 화목제로 여호와께 드려야 할 것이요. 제사장은 그 피를 회막 문 여호와의 제단에 뿌리고 그 기름을 불살라 여호와께 향기로운 냄새가 되게 할 것이라"(레 17:1~6).

●지휘관(민 7:11)과 이스라엘 자손은 하나님 자기에게 헌물을 바치라고 지시하다.

▷"내 헌물, 내 음식인 화제물 내 향기로운 것은 너희가 그 정한 시기에 삼가 내게 바칠지니라. 또 그들에게 이르라. 너희가 여호와께 드릴 화제는 이러하니, 1년 되고 흠 없는 숫양을 매일 두 마리씩 상번제로 드리되."(민 28:1~3)

4. 하나님의 속성

1) 하나님의 이중성

① 하나님의 사고는 이분법적

"신은 없다"(스티븐 호킹), "신은 죽었다"(니체), "신은 만들어졌다"(니처드 도킨스) 신(神)의 존재를 부인하고, 신을 부정적으로 생각하는 사람이 많다. 신은 존재하는가. 신은 어떤 존재인가. 인류 역사가 시작된 이후 끊임없이 지속돼온 질문이다. 신은 형체도 없고, 소리도 없다. 사람의 오감으로는 도저히 느낄 수 없는 존재이기에 쉽게 답이 나오지 않는다. 종교(기독교)와 과학은 신의 실존문제를 놓고 유사 이래 끊임없는 논쟁을 벌여왔다. '과학은 사실을 묻고, 종교는 의미를 묻는다.'는 것을 보아도 종교와 과학의 간극은 넓다.

지구상의 사람 절반은 신의 존재를 믿지 않고 있다고 해도 틀린 말은 아닐 것이다. 설령 신을 믿는 사람들조차도 확신이 서지 않는 게 신의 실존문제다. 우리가 신이 있다고 확신하지 못하는 더 큰 이유가 있다. 그것은 아무리 사람들이 필요한 것을 요구해도 신은 말이 없기 때문이다. 역사상 대재앙을 당할 때에도 신으로부터 응답은 없었다. 신이 사람의 절규를 듣기나 하는 것일까. 아니면, 들어도 해 줄 수 있는 능력이 없기 때문에 잠잠한 것일까. 신은 왜, 성경에서처럼 인간구원섭리를 진행하지 않는가. 신이 할 수 있는 일이 도대체 무엇일까.

유일신교의 신 하나님은 어떤 존재일까. 하나님을 알 수 있는 유일한 방법은 하나님의 언행이 담겨져 있는 성경을 통해서다. 성경은 하나님이 태초에 스스로 존재하는 자로서 인간과 천지만물을 창조했다고 기록함으로써 하나님의 실존을 분명히 밝히고 있다. 그와 함께 하나님의 건재함도 생생히 전한다. 구약성경의 하나님은 성경의 중심인물들과 직접 대화도 나누고 자신을 드러냈다. 성경을 보면 하나님은 멀리 있는 것 같지만, 사람들 가까이에 있는 존재임을 실감할 수 있다. 현실에서도 더러 하나님과 통하는 사람이 있다. 하나님과 대화하고, 하나님의 말을 받아 적는 사람이 그들이다.

긍휼히 여길 자만 긍휼히 여기는 하나님

스스로 창조주라고 주장하는 유일신교의 신 하나님은 어떤 존재일까. 하나님의 사고는 이분법적이다. '긍휼히 여길 자와 증오할 자'가 명확하다. 판단의 기준은 하나님의 마음이다. 하나님이 곧 법이다(수 8:1~29). 하나님은 빛도 짓고 어둠도 창조하며, 평안도 짓고 환난도 창조하는 자다(사 45:7). 성경에 자신의 뜻을 분명히 밝혔다. "긍휼히 여길 자를 긍휼히 여기고 불쌍히 여길 자를 불쌍히 여긴다. 그것은 원하는 자로 말미암음도 아니고, 달음박질하는 자로 말미암음도 아니다. 오직 긍휼히 여기시는 하나님으로 말미암음이다."(롬 9: 15~16)

하나님의 말처럼 하나님은 자신을 믿고 자신의 말에 순종하는 자에게는 한량없는 사랑을 베풀었지만, 불신하는 자는 모조리 도륙했다. 홍수심판 때에는 노아와 그의 식구만 남기고 사람과 생물을 말살했다. 출애굽 직전에는 애굽의 모든 가축과 식물과 애굽인의 장자만 골라 죽였다. 성경에는 이런 사건이 비일비재하다. 그러나 하나님의 이러한 행위는 죄가 아니다. 모두 선한 것이다.

성경은 모든 죄는 마귀(천사장)에게 있다고 말한다. 하나님이 사람을 죽이면서도 사람들에게는 살인하지 말라, 도둑질하지 말라, 음란하지 말라고 한 것도 모두 이 때문이라는 것이다. 또한 하나님 외에는 다른 신을 섬기지 말라고 독선을 행한 것도 모두 마귀를 처단하기 위함이라고 설명한다(삼하 12:14). 그러나 자신의 불합리한 행위를 모두 마귀 탓으로 돌리며 마귀도 할 수 없을 악행을 거리낌 없이 자행하는 하나님의 행태를 보면, 쉽게 납득이 가지 않는다. 오히려 하나님도 마귀와 같은 부류가 아닌가 하는 의구심이 든다. 아닌 게 아니라, 하나님은 자신이 세운 사울 왕이 자신의 말을 듣지 않는다는 이유로 자신이 부리는 악령을 시켜 사울 왕을 번뇌하게 만들었고(삼상 15:14), 종내에는 사울을 내치고 죽음으로 내몰았다.

도대체 하나님은 어떤 존재인가. 자신에게 순종하지 않는다는 이유로 자신이 창조했다는 인간들을 가차 없이 살육하는 하나님을 어떻게 이해해야 하는가. 성경에서 악의 화신체로 묘사되는 마귀가 하나님처럼 사람을 죽였다는 대목은 찾아보지 못했다. 성경에서 보이는 하나님의 행태는 사람에 비유하면 사이코패스요, 강박신경증환자 같다. 하나님이 앙심을 품으면 유대민족이 두려움에 부들부들 떨 정도다(삿 10:15).

하나님은 유대민족이 자신을 버리고 다른 신을 섬겼다며 저주한 후 재앙을 내리겠다고 독설을 퍼붓는다. "네 가지로 벌하리니 곧 죽이는 칼과 찢는 개와 삼켜 멸하는 공중의 새와 땅의 짐승으로 할 것이며, 세계 여러 민족 가운데에 흩으리라."(렘 15:3~4), "기뻐하는 소리와 즐거워하는 소리와 신랑의 소리와 신부의 소리를 내가 네 목전, 네 시대에 이곳에서 끊어지게 하리라."(렘

16:8~13)

섬뜩하다. 악마의 저주가 연상된다. 사랑의 하나님, 창조주라는 하나님의 입에서 이런 말이 나오다니, 도무지 믿겨지지 않는다. 유대민족이 히틀러에게 600만 명이 학살당하고, 세계 각지에 흩어져서 유리방황한 고난의 역정은 하나님의 저주에 의한 징벌과 무관치 않아 보인다.

② 마귀는 수수방관, 인간에겐 화풀이

전지전능한 하나님은 과연 자신의 원수 마귀를 처단할 능력이 있는 것일까. 왜 하나님은 악의 근원이라는 원수 마귀는 가만히 놔두고, 자신을 불신한다며 인간들만 질책하고, 죽이는 것일까. 마귀에 의한 노이로제 때문이 아닐까. 성경에는 하나님이 마귀에게 인간을 빼앗길까 봐 전전긍긍하는 모습이 역력히 보인다. 예레미야를 통해 하나님의 심중에 있는 말을 토해냈다.

"배역한 자식들아 돌아오라. 나는 너희 남편임이라."(렘 3:14), "이스라엘의 집과 유다의 집이 내게 심히 반역하였다."(렘 5:11), "내가 술법으로도 제어할 수 없는 뱀과 독사를 너희 가운데 보내리니, 그것들이 너희를 물리라. 슬프다. 나의 근심이여. 어떻게 위로를 받을 수 있을까. 내 마음이 병들었도다."(렘 8:17~18)

아이러니하게도 하나님은 자신의 피조물이라는 마귀를 라이벌로 여기고 질투한다. 하나님은 자신의 메신저 모세를 통해 다른 신을 멀리하라고 회유한다. 하나님은 좋은 신이고, 다른 신들은 나쁜 신들이니, 그 신들을 따르지 말라는 것이다. 이사야에게 임했을 때에는 자신만을 믿으라고 설득한다.

"나는 여호와라. 나 외에 다른 이가 없나니, 나 밖에 신이 없느니라. 해 뜨는 곳에서든지 지는 곳에서든지 나 밖에 다른 이가 없는 줄을 알게 하리라. 나

는 여호와라. 다른 이가 없느니라."(사 45:5~6)

성경에는 하나님을 대적하며, 섭리를 방해하고, 사람을 악으로 내몬다는 마귀에 관한 것도 잘 나타나 있다. 대체 마귀는 어떻게 생겨났으며, 무엇을 하는 존재일까. 성경에는 두 부류의 천사가 나온다. 선하고 거룩한 빛의 천사들은(딤전 5:21, 막 8:38, 고후 11:14) 하나님의 명령을 충실히 수행하고 있지만(창 3:24, 민 20:16), '범죄 한 천사'들은 지옥의 구렁텅이에 던져져 있다(벧후 2:4). 범죄 한 천사가 바로 하나님을 대적하는 마귀가 되었다고 한다.

마귀로 인한 스트레스 인간에게 풀어

마귀는 온갖 감언이설로 인류를 악의 수렁으로 몰아넣는 장본인이다. 성경에는 뱀으로 묘사되며, 인류의 원죄 유발에까지 가담했다. 계시록(12장 9절)에는 "큰 용이 내어 쫓기니 옛 뱀 곧 마귀라고도 하고 사단이라고도 하는 온 천하를 꾀는 자라. 땅으로 내어 쫓기니 그의 사자들도 저와 함께 내어 쫓겼다."며 뱀 곧, 마귀 · 사단의 정체가 구체적으로 언급돼 있다.

하나님은 타락한 천사의 죄를 '자기 지위를 지키지 않은 것'으로 규정하고 질타한다. "…너(천사) 열국을 엎은 자여, 어찌 그리 땅에 찍혔는고. 네가 네 마음에 이르기를 내가 하늘에 올라 하나님의 뭇별 위에 나의 보좌를 높이리라. 내가 북극 집회의 산 위에 좌정하리라. 가장 높은 구름에 올라 지극히 높은 자와 비기리라 하도다."(사 14:12~14절)라며 불편한 심기를 드러냈다. 즉, 타락한 천사는 열국을 뒤엎고, 창조주 하나님보다 더 높은 자리에 올라가려 하고, 하나님과 비기려고 했다는 것이다. 그렇다면, 피조물인 천사가 마귀가 되어 창조주 하나님을 대적하는 것은 있을 수 없는 배은망덕한 행위가 된다. 성경은 마귀는 하나님의 자녀인 인간을 유혹해 타락시키고, 자기가 하나님

대신 사람과 자연의 주인 행세하며, '세상의 임금'과 '세상의 신 노릇'을 하고 있다고 전한다.

성경의 하나님은 이러한 마귀 때문에 스트레스가 극에 달해 있다. 심기가 몹시 불편하여 신경이 매우 날카롭다. 성격이 다혈질이다. 유대민족과 이방민족만 죽어난다. 때로는 호소하고, 때로는 자애로운 얼굴을 내보이기도 한다. 하지만, 질책하다가 분노가 폭발하면 그만 이성을 잃고 만다. 하나님이 유대민족이 금송아지를 만들어 섬겼다며 진멸(殄滅, 무찔러 모조리 죽여 없앰)하겠다고 분노하자, 모세가 만류한다.

"어찌하여 그 큰 권능과 강한 손으로 애굽 땅에서 인도하여 내신 주의 백성에게 진노 하시나이까. 어찌하여 애굽 사람들이 이르기를 여호와가 자기의 백성을 산에서 죽이고, 지면에서 진멸하려는 악한 의도로 인도해 내었다고 말하게 하시려 하나이까. 주의 맹렬한 노를 그치시고 뜻을 돌이키사 주의 백성에게 이 화를 내리지 마옵소서."(출 32:7~13) 모세의 말이 옳았던지 하나님은 뜻을 돌이키고 화를 거둔다. 하지만, 이런 예는 드물다.

구약성경에는 사람은 물론 동물들까지 도륙하는 하나님의 광기가 수없이 펼쳐진다(수 6:21). 목불인견이다. 자신의 영광을 나타내고, 자신을 알리기 위해 애굽 인들의 마음을 완악하게 하여 홍해에 수장시키기도 한다(출 14:17). '하나님은 사랑'이라는 이미지와는 전혀 다른 모습이다. 하나님의 이중성이 극명하게 드러난다. 인정머리가 없는 하나님이다. 예수가 왜 율법을 배척하고, 사랑을 부르짖었는지 이해가 된다.

하나님의 상반된 두 얼굴

자신에게 불신하는 자에게는 무자비하고, 자신을 믿고 따르는 자에게는 한량없이 자비로운 하나님의 이중성은 하나님의 존재수단이다(사 45:7). 하나님은 유혹과 위협, 회유와 저주, 증오와 사랑, 복과 화, 살인과 후회 등 상반된 두 얼굴을 번갈아 내밀며 유대민족의 마음을 사로잡기 위해 광분하였다. 유대민족의 왕이 되고(삼상 8:7), 신이 되어 그들에게 추앙받고(삼하 22:1~32), 군림하기 위해 몸부림쳤다(렘 11:4). 인간 없는 하나님을 생각해 보자. 하나님은 인간에게 버림받으면 생존력을 잃고 고사(枯死)하고 만다.

하나님의 바람대로 인간의 왕이 되고, 인간의 신이 되게 해 줄 권력은 인간의 지지에서 나온다. 하나님이 인간에게 목을 매지 않을 수 없는 이유다. 그러나 하나님은 인간을 사랑하지 않는다. 유대민족의 왕(삼상 12:6~12)으로, 신으로 군림하며(레 22:33), 추앙받는 것이 목적일 뿐이다. 인간은 하나님이 쓰는 도구이고, 하나님의 노예다.

"여호와의 말씀이니라. 이스라엘 족속아, 이 토기장이가 하는 것 같이 내가 능히 너희에게 행하지 못하겠느냐. 이스라엘 족속아, 진흙이 토기장이의 손에 있음 같이 너희가 내 손에 있느니라."(렘 18:6)

기독교인들은 이러한 하나님을 아버지라 부르며, 그의 은총을 갈구하고 있다. 하나님에게 있어서 인간은 다만 부리는 종(렘 30:10)이고, 하나님을 섬겨야 할 백성(렘 31:1)일 뿐이다. 하나님 외의 다른 신을 섬기면 하나님에게 징벌을 받는다.

"만군의 여호와 이스라엘의 하나님께서 이와 같이 말씀하시니라. 너희가 예루살렘과 유다 모든 성읍에 내린 나의 모든 재난을 보았느니라. 보라, 오늘 그것들이 황무지가 되었고, 사는 사람이 없나니, 이는 그들이 다른 신들에게 나아가 분향하여 섬겨서 나의 노여움을 일으킨 악행으로 말미암음이라."(렘 44:2~3)

하나님은 유대민족의 신이 되고자 몸부림친다. "나는 네 조상 아브라함의 하나님, 이삭의 하나님, 야곱의 하나님이다"(출 3:6)며 유대민족의 하나님임을 천명했다. 아브라함에게는 '너와 네 후손의 하나님이 되리라'고 말했고, '너를 복의 근원이 되게 하고, 큰 민족을 이루게 하겠으며, 너를 축복하는 자에게는 복을 내리고 저주하는 자에게는 저주 하겠다'며 지극한 애정을 표출했다.

유대교 정통주의자들은 지금도 자신들은 하나님의 백성이라는 선민의식이 확고하다. 하나님은 거룩한 분이기에 하나님으로부터 택함 받은 백성인 자신들은 일반백성과 달라야 한다고 생각하며, 유대교의 전통을 고수하고 있다. 유대교인은 예수의 행적을 담은 신약성서를 인정하지 않고, 구약성서만을 읽는다.

③ 하나님의 이중 잣대

성경은 '하나님은 사랑이다'(요일 4:8)고 말한다. 그러나 하나님의 사랑은 자신에게 순종하는 자에게만 국한되어 있다. 그것도 말뿐이다. 하나님은 자신 외에는 아무 것도 없다(사 45~5). 오직 자신뿐이다. 남을 인정하지 않았다. 자신에게 순종하는 자에게는 자애롭지만, 불신하는 자는 신이든 인간이든 모두 적으로 간주해 도륙한다(민 25:5). 심지어 소아와 젖 먹는 아이와 우양과 낙타와 나귀까지도 살육하라고 지시한다(삼상 15:3). 이것이 하나님의 속성(屬性)이다.

오늘날 기독교인들도 우상 숭배하는 사람과 기독교를 핍박하는 자들을 '사단'으로 규정, 필멸의 적으로 간주한다. 기독교인들의 이런 의식은 어디에서 연유된 것일까. 유대교인들이 하나님의 익애(溺愛)에 빠져 하나님의 백성이라는 민족적 우월의식(선민의식)을 가진 것처럼, 기독교인들 역시 하나님(예수)으로부터 택함을 받고, 구원받았다는 종교적 우월의식을 가지고 있다.

하나님의 독생자라는 예수의 사고도 이러한 하나님의 이중적사고와 다르지 않다. 예수의 가르침과 행적을 담은 4대 복음서는 예수의 유대교인들에 대한 적개심이 상당부분 차지한다. 유대교인에 대한 증오와 비하, 차별성 발언이 곳곳에서 발견된다. 예수의 언행은 다분히 이율배반적이다. 이를테면, 사랑을 강조하면서도 자신을 반대하는 유대교인들에 대해서는 증오하였다.

예수의 인류사랑은 실로 측량하기 어렵다. 그는 '원수를 사랑하며 핍박자를 위해 기도해야 하나님의 아들이 된다.'고 말했고, '하나님이 그 해를 악인과 선인에게 비취게 하시며, 비를 의로운 자와 불의한 자에게 내리심 같이 너희도 만인을 사랑하라'고 당부했다. 또한 '비판하지 말고, 형제와 화목하고, 죄 진 자를 일흔 번씩 일곱 번이라도 용서하며, 이웃을 네 몸과 같이 사랑하라'고 권면했다. 이것은 아무나 할 수 있는 말이 아니다.

그러나 이러한 예수의 사랑은 하나님처럼 자신을 따르는 자에게만 한정되어 있다. 자신을 불신하는 유대교인에 대해서는 증오와 차별로 일관했다. 그들을 악하고, 음란한 세대로 규정했다. 대제사장과 장로들을 양의 옷을 입고 노략질하는 이리로, 불법을 행하는 자로 표현하면서 "세리와 창기가 그들보다 먼저 하나님의 나라에 들어간다."고 독설을 퍼부었다. 서기관들과 바리새인들에 대해서도 "저들의 행위를 본받지 말라. 천국에 들어가지 못하게 하는 자요, 겉은 깨끗하나 속은 탐욕과 방탕으로 가득하고, 외식과 불법이 가득한 자"라고 지탄했다. 또한 "독사의 자식들로 지옥의 판결을 피할 수 없으며, 땅 위에 흘린 의로운 피가 다 그들에게 돌아간다."고 저주했다. 예수는 유대교인들을 마귀의 자식으로 규정하였다. "너희는 너희 아비 마귀에게서 났으니, 너희 아비의 욕심을 너희도 행하고자 하느니라."(요 8:44), "나는 내 아버지께서 본 것을 말하고, 너희는 너희 아비에게서 들은 것을 말하느니라."(요 8:38)

반면, 제자사랑은 지대했다. '너희는 택함을 받았다, 천국의 비밀을 아는 것이 너희에게 허락되었으나 저희에게는 아니 되었다. 많은 의인과 선지자가 너희 보는 것들을 보고자 하여도 보지 못하였고, 너희 듣는 것들을 듣고자 하여도 듣지 못하였다. 저희는 영벌(永罰)에 들어가나 너희는 영생(永生)에 들어간다. 너희는 열두 보좌에 앉아 이스라엘 열두 지파를 심판하리라'며 격려했다.

자식은 부모를 닮고, 제자는 스승을 닮는다고 했던가. 예수 제자들 역시 사랑에 대해 이중성을 갖게 되었다. 오늘의 기독교인들도 예외일 수 없으니, 참으로 어처구니없는 악순환의 반복이다.

기독교는 하나님과 예수처럼 태생적으로 극단적인 사랑과 증오의 이중성을 지니고 있다. 때문에 양날의 칼처럼 한편에서는 사랑을 실천하고, 한편에서는 반대자들을 저주하고 숨통을 끊으려고 한다. 이것은 하나님과 예수에게서 기인한 것임을 부인할 수 없다. 오늘의 기독교는 구약의 하나님과 2000년 전 예수의 전철을 그대로 밟고 있다. 기독교는 '오직 예수'와 '오직 기독교'만을 외치며, 다른 종교를 인정하지 않고 독불장군이 되고자 한다.

하나님의 판박이 두 종교

인간을 불행에 빠뜨리는 가장 큰 요인 중의 하나가 전쟁이다. 수많은 인명이 살상되고, 재산이 파괴되며, 인류에게 지울 수 없는 큰 상처를 남긴다. 사랑과 자비를 부르짖는 종교가 세계 도처에서 서로 원수가 되어 싸우고 있다. 하나님의 명에 의해 벌인 이방신을 믿는 가나안 7족과의 전쟁, 십자군전쟁, 이슬람교의 정복전쟁, 가톨릭과 개신교의 종교전쟁, 폭력적인 이슬람 지하드, 힌두교도와 무슬림 간의 폭력사태, 보스니아에서 벌어진 이종교 간의 학살에 이르기까지 종교가 개입한 분쟁의 사례는 수없이 많다. 9.11사태와 아프간 전과 이라크 전 모두 기독교를 표방하는 서방세계와 중동 이슬람세계의 갈등관계에서 촉발된 사건들이다. 종교 간의 분쟁은 타협점이 없다. 각기 자기 종교의 교주와 교리에 절대가치를 두고 있기 때문이다.

유대교 · 기독교 · 이슬람교는 유일신이라는 하나님을 믿는 한 뿌리에서 나온 형제종교다. 유대교의 신 야훼(여호와)는 기독교의 신 하나님이고, 이슬람교의 신 알라도 하나님이다. 3종교 모두 아브라함의 자손이다. 유대교인들은 아브라함과 사라가 낳은 이삭의 후손이고, 이슬람교인들은 아브라함과 사라의 여종 하갈이 낳은 이스마엘의 자손들로 모두 이스라엘의 신 여호와 하나님을 믿고 있다. 그러나 기독교와 이슬람교는 물과 기름처럼 하나가 될 수 없다.

성경에는 예수가 수없이 자신을 하나님의 아들이라고 주장하였다. 하나님도 예수를 아들이라고 불렀다. 하지만, 기독교인들은 예수는 곧 하나님이라는 삼위일체를 주장한다. 그러나 이슬람교에서는 예수는 단지 마리아의 아들이며, 선지자일 뿐(꾸란 19:29~30)이라며, 예수의 신성을 부정한다. 이슬람교인들은 '예수가 하나님이라고 하는 자는 불신자'라 하고, 기독교인들은 '예수는 하나님을 믿지 않는 자는 불신자'라고 한다.

최종계시도 상반된다. 기독교는 예수를 통해 최종적인 계시가 이루어졌다고 믿고 있지만, 이슬람교는 마호메트에게 최종적인 계시가 임했다고 믿고 있다. 종말신앙도 상반된다. 기독교는 예수가 재림한 후 최후심판관이 되지만, 이슬람교에서는 알라가 최후의 심판관이다. 기독교와 이슬람교는 접점을 찾지 못한 채 영원히 평행선을 달릴 수밖에 없다.

유일신이라는 하나님이 나오기 전까지 세상에는 종교전쟁이 없었다. 그러나 유일신 하나님을 믿는 유대교와 기독교, 이슬람교가 득세하면서부터 종교

전쟁이 시작되었다. 종교가 결부된 전쟁은 극단적이고, 맹목적이며, 잔인하다. 신을 위해 싸우다 죽으면 사후세계에서 영광을 보장받는다고 믿기 때문에 죽음을 두려워하지 않는다. 세계의 여러 종교 중 유일신이라는 하나님을 믿는 기독교와 이슬람교는 세계분쟁의 한복판에 서 있다. 이 두 종교는 세계 곳곳에서 분쟁의 원인을 제공하고 있으며, 각기 여러 종파로 갈라져 싸우고 있다. 종교적 주도권을 잡고, 하나님을 독차지하기 위함이다. 하나님이 그러했고, 하나님의 하수인 예수가 그렇게 하다가 갔으니, 그 제자들인들 어찌하겠는가. 그 나무를 보면 그 열매를 아는 것이다.

2) 하나님의 폭력성

① 하나님은 사디스트

인류의 역사는 전쟁의 역사, 피의 역사라고 말한다. 성경의 역사 또한 전쟁의 역사요, 피의 역사다. 창조주라는 하나님에 의해 수없는 전쟁과 살상이 이루어졌다. 잔혹하기 이를 데 없다. 어쩌면 인류의 폭력성은 악마가 아닌 하나님에게서 물려받았는지도 모른다.

하나님의 절대수호자 기독교에서는 성경에서의 '살인'을 어떻게 볼까. 교회용어사전은 이렇게 정의한다.

"성경은 살인이 단순히 사람을 죽이는 부도덕하며 비윤리적 범죄 행위 차원을 넘어 하나님의 형상대로 지음 받은 인간(인격)을 파괴하는 행위로서 곧 하나님의 거룩한 인격과 존엄성을 훼손하는 심각한 신성 모독적 행위로 간주하였다(창 9:6). 성경에서는, 고의로 살인한 자(민 35:19~21)와 실수로 살인한 자는 구별하여 다루고 있다(민 35:22~25). 또 살인범을 재판할 때에는 적어도 두 사람의 일치된 증언이 있어야 유죄로 판결할 수 있었다."(민 35:30, 신

17:6)

기독교인들은 인간에 의한 살인만 규정할 뿐 하나님에 의한 조직적인 살인은 언급을 회피하고 있다. 하나님의 영역은 신성불가침권이라 생각하기 때문이다. 설혹 언급한다고 하더라도 진영논리로 답할 것이므로 속 시원한 대답을 기대할 수 없다.

맹수들은 다른 동물을 잡아먹으면서도 죄의식이 없다. 다른 동물의 아픔도 느끼지 못한다. TV '동물의 왕국'에서 맹수들의 사냥 장면을 보면 몸서리가 쳐진다. 맹수들이 약한 동물이 고통의 비명을 지르는데도 달려들어 뜯어먹는다. 잔인하기 이를 데 없다. 잡아먹히는 동물의 눈은 핏빛으로 물들고, 공포와 고통으로 일그러져 있다.

그런데 아니러니 하게도 인간의 창조주라는 하나님이 이러한 맹수도 하지 않는 만행을 무수히 자행하였다. 맹수들은 생존을 위해서 힘이 약한 동물을 잡아먹지만, 하나님은 인간을 잡아먹지 않으면서도 살인을 일삼았다. 하나님은 맹수처럼 인간의 아픔을 느끼지도 못하고, 살인을 죄라고도 여기지 않는다. 마치 지옥에서 죄인들을 잡아먹는다는 나찰이 세상에 뛰쳐나와 설쳐대는 것 같다.

하나님은 자신에게 순종하지 않으면 이방민족이나 이스라엘민족 가릴 것 없이 죽이고, 고통 받게 하며, 굽실거리게 하고는 그것을 보고 즐겼다. 그렇지 않다면야 어떻게 그런 금수도 하지 않는 악행을 밥 먹듯이 할 수 있겠는가. 하나님의 윤리를 초월한 속성이 아니고서야 어찌 그런 만행을 저지를 수 있겠는가. 하나님을 사디스트라고 비판할 수밖에 없다. 하나님에게 죽임당한 사람들이 무슨 죄를 지었는가. 단지 하나님을 믿지 않은 것밖에 없다. 그런데 이것이 하나님에게는 죽임을 당할 대역죄가 된다. 어처구니가 없다.

하나님은 인간의 지침서로 내려준 십계명에 '살인하지 말라'고 교시했다.

그러나 그것은 인간에게만 해당되는 말이지, 하나님에게 해당되는 말이 아니다. 인간에게는 살인하지 말라고 해놓고 하나님은 수백만 명을 죽였다. 하나님은 또 "다른 사람의 피를 흘리면 그 사람의 피도 흘릴 것이니, 이는 하나님이 자기 형상대로 사람을 지었음이니라"(창 9:6)고 말했다. 하지만, 이 말 역시 하나님에게는 해당되지 않는 말이다. 하나님의 이중성이 여실히 드러난다. 하나님의 잣대는 이중성이다. 악마에게 악마라는 이름을 붙이기가 민망할 정도다. 악마를 천사라 하고, 하나님을 악마라고 불러야 할 지경이다. 하나님은 악마가 아니라면, 정신이상자이다.

하나님은 토기장이의 비유를 들어 자신이 창조했다는 인간과 모든 생명체에게 무소불위의 권력을 휘둘렀다. "땅 위에 사람 지으셨음을 한탄하사 사람과 가축과 기는 것과 공중의 새까지 지면에서 쓸어버리리라"(창 6:6~7)고 분노하고는 40일간의 홍수로 자신을 믿는 노아와 그 가족과 방주에 들어온 동물만을 살리고 생명 있는 모든 것을 멸했다. 하나님의 만행은 여기서 그치지 않는다. 이스라엘백성에게 가나안 7족의 노약자와 어린아이는 물론 동물들까지 멸하라는 천인공노할 학살을 지시하였다.

"아이들 가운데서도 사내 녀석들은 당장 죽여라. 남자를 안 일이 있는 여자도 다 죽여라. 다만 남자를 안 일이 없는 처녀들은 너희를 위하여 살려두어라."(민 31:18), "…이 민족들의 성읍들에서는 숨 쉬는 것을 하나도 살려두지 마라. …너희 하느님 야훼께서 명령하신 대로 전멸시켜야 한다."(신 20:16~17), "…아말렉을 치고 그 재산을 사정 보지 말고 모조리 없애라. 남자와 여자 아이와 젖먹이 소떼와 양떼와 낙타와 나귀 할 것 없이 모조리 죽여야 한다."(삼상 15:1~3)

이스라엘민족들은 하나님의 지시대로 여리고 성벽이 무너져 내리자, 남녀노소 가리지 않고 소건 양이건 나귀건 모조리 칼로 멸하였다(수 6:20~21).

② 하나님은 살인마

하나님의 가장 두드러진 이미지는 분노와 살인이다. 하나님은 창조주라고 하지만 실제로는 인간을 자신의 피와 살과 뼈로 창조한 자신의 열매로 여기지 않았다. 그러기에 함부로 대하고, 함부로 죽인 것이다. 사람 중에는 남의 자식을 자신의 몸처럼 사랑하는 사람도 있고, 풀 한포기도 함부로 밟지 않으려고 몸을 사리는 사람도 있다. 마음이 선한 사람은, 타인이나 동식물의 고통이 마음의 귀에 들리지만, 마음이 악한 사람은 듣지 못한다. 인간성이 죽어 있어서 들을 수가 없다. 이런 사람은 맹수나 다름없다. 창조주이고, 사랑의 하나님도 인간의 음성을 듣지 못한다. 인간과는 통할 수 없는 이질적인 존재다.

자기 외에는 아무 것도 없고, 자기만을 경외하라고 다그치며, 자기가 세운 법도와 규례만을 지키라고 강요하고, 모든 것을 자기 것으로 만들려고 한다. 자신에게만 순종하라고 강조하며, 사람을 서슴없이 죽이는 하나님을 선신이라고 할 수 있을까. 악은 욕심에서 생겼기 때문에 무력으로 하려고 한다. 자신의 마음에 들지 않으면 가차 없이 죽인다. 하나님은 수많은 사람을 죽였다. 살인의 이유도 다양하다. 성경에서 그 사례를 보자.

〈불신하고, 불순종했다고 살인〉

●하나님의 말을 잘 듣는 노아와 그 가족과 방주에 들어온 동물만 살리고, 그 이외의 모든 생명체를 홍수로 죽이다.

▷"그 때에 온 땅이 하나님 앞에 부패하여 포악함이 땅에 가득한지라. 하나님이 보신즉 땅이 부패하였으니, 이는 땅에서 모든 혈육 있는 자의 행위가 부패함이었더라. 하나님이 노아에게 이르시되 모든 혈육 있는 자의 포악함이 땅에 가득하므로 그 끝 날이 내 앞에 이르렀으니, 내가 그들을 땅과 함께 멸하

리라."(창 6: 11~13)

●하나님이 보기에 악하다고 유다의 두 아들을 죽이고, 유다를 며느리와 동침케 하여 임신시키다.

▷유다의 장자 엘을 하나님이 보기에 악하다고 죽인 후 그 동생 오난에게 엘의 아내와 동침하게 한다. 오난이 자기 씨가 자기 씨가 되지 않을 줄을 알고 자기 씨를 땅에 설정(泄精, 정액을 내보냄)하자, 하나님이 보기에 악하다고 그도 죽이고, 유다를 며느리와 동침케 하여 임신하게 하다(창 38:7~18).

●애굽 땅의 처음 난 것은 모두 죽이고, 이스라엘의 것은 살리다.

▷애굽 땅에 있는 모든 처음 난 것은 왕위에 앉아 있는 바로의 장자로부터 맷돌 뒤에 있는 몸종의 장자와 모든 가축의 처음 난 것까지 죽였으나 이스라엘 자손에게는 사람에게나 짐승에게나 개 한 마리도 죽이지 않고, 애굽 사람과 이스라엘 사람을 구별하였다(출 11:5~7).

〈하나님 자신을 나타내기 위한 살인〉

●사람들에게 하나님 자신을 알리고 영광을 얻으려고 애굽 사람들의 마음을 완악(頑惡, 성질이 억세게 고집스럽고 사납다)하게 하여 모두 홍해에 수장시키다.

▷"내가 애굽 사람들의 마음을 완악하게 할 것인즉 그들이 그 뒤를 따라 들어갈 것이라. 내가 바로와 그의 모든 군대와 그의 병거와 마병으로 말미암아 영광을 얻으리니, 내가 바로와 그의 병거와 마병으로 말미암아 영광을 얻을 때에야 애급사람들이 나를 여호와인 줄 알리라. …물이 병거들과 기병들을 덮되 그들의 뒤를 따라 바다에 들어간 바로의 군대를 다 덮어 하나도 남지 않

았지만, 이스라엘 자손은 바다 가운데를 육지로 행하였고, 물이 좌우에 벽이 되었다. 이에 이스라엘 자손이 여호와가 애굽사람들에게 행한 큰 능력을 보고 여호와를 경외하며, 여호와와 그의 종 모세를 믿었다."(출 14:1~15:18)

●여호와의 향과 같은 향을 만들면 죽임을 당한다.

▷"네가 여호와를 위하여 만들 향은 거룩한 것이니, 너희를 위하여는 그 방법대로 만들지 말라. 냄새를 맡으려고 이 같은 것을 만드는 모든 자는 그 백성 중에서 끊어지리라."(출 30:37~38)

●안식일을 지키지 않는 자는 모두 죽이라. 여호와께 거룩한 날이고, 창조를 마친 날이기 때문이다.

▷"너희는 안식일을 지킬지니, 이는 너희에게 거룩한 날이 됨이니라. 그 날을 더럽히는 자는 모두 죽일지며, 그 날에 일하는 자는 모두 그 백성 중에서 그 생명이 끊어지리라. 엿새 동안은 일할 것이나 일곱째 날은 큰 안식일이니, 여호와께 거룩한 것이라. 안식일에 일하는 자는 누구든지 반드시 죽일지니라. 이같이 이스라엘 자손이 안식일을 지켜서 그것으로 대대로 영원한 언약을 삼을 것이니, 이는 나와 이스라엘 자손 사이에 영원한 표징이며, 나 여호와가 엿새 동안에 천지를 창조하고 일곱째 날에 일을 마치고 쉬었음이니라 하라."(출 30:14~17)

●이스라엘 백성들이 방자하게 금송아지를 만들어 하나님을 원수에게 조롱거리가 되게 하였다며, 서로 형제와 이웃을 죽이라고 명령하여 3천 명가량 죽임 당하다.

▷"모세가 진 문에 서서 이르되 누구든지 여호와의 편에 있는 자는 내게로

나아오라 하매 레위 자손이 다 모여 그에게로 가는지라. 모세가 그들에게 이르되, 이스라엘의 하나님 여호와께서 이렇게 말씀하시기를 너희는 각각 허리에 칼을 차고, 진 이 문에서 저 문까지 왕래하며 각 사람이 그 형제를, 각 사람이 자기의 친구를, 각 사람이 자기의 이웃을 죽이라 하셨느니라.

레위 자손이 모세의 말대로 행하매 이 날에 백성 중에 삼천 명 가량이 죽임을 당하니라. 모세가 이르되 각 사람이 자기의 아들과 자기의 형제를 쳤으니, 오늘 여호와께 헌신하게 되었느니라. 그가 오늘 너희에게 복을 내리시리라." (출 32:24~32).

●향로에 명령하지 않은 다른 불을 가져왔다고 죽이다.

▷"아론의 아들 나답과 아비후가 각기 향로를 가져다가 여호와께서 명령하시지 아니하신 다른 불을 담아 여호와 앞에 분향하였더니, 불이 여호와 앞에서 나와 그들을 삼키매 그들이 여호와 앞에서 죽은지라."(레 10:1~2)

〈분노에 의한 살인〉

●여호와의 이름을 모독하면 온 회중이 돌로 쳐 죽이라고 지시하다.

▷"여호와의 이름을 모독하면 그를 반드시 죽일지니, 온 회중이 돌로 그를 칠 것이니라. 거류민이든지 본토인이든지 여호와의 이름을 모독하면 그를 죽일지니라."(레 24:16)

●아론 자손이 아닌 사람들은 여호와의 향로에 분향하지 못하게 하는 모세와 아론을 원망하자, 하나님이 진노하며 염병으로 1만 4700명을 죽이다.

▷"여호와께서 모세에게 말씀하여 이르시되 너희는 이 회중에게서 떠나라. 내가 순식간에 그들을 멸하려 하노라 하시매, 그 두 사람이 엎드리니라.

아론이 모세의 명령을 따라 향로를 가지고 회중에게로 달려간즉 백성 중에 염병이 시작되었는지라. 이에 백성을 위하여 속죄하고, 죽은 자와 산 자 사이에 섰을 때에 염병이 그치니라. 고라의 일로 죽은 자 외에 염병에 죽은 자가 만 사천칠백 명이었더라."(민 16:44~49)

●물과 먹을 것이 없다고 원망하는 자를 불뱀에게 물려 죽게 하다.

▷"백성이 하나님과 모세를 향하여 원망하되 어찌하여 우리를 애굽에서 인도해 내어 이 광야에서 죽게 하는가. 이곳에는 먹을 것도 없고, 물도 없도다. 우리 마음이 이 하찮은 음식을 싫어하노라 하매, 여호와께서 불뱀들을 백성 중에 보내어 백성을 물게 하시므로 이스라엘 백성 중에 죽은 자가 많은지라.

백성이 모세에게 이르러 말하되 우리가 여호와와 당신을 향하여 원망함으로 범죄 하였사오니, 여호와께 기도하여 이 뱀들을 우리에게서 떠나게 하소서. 모세가 백성을 위하여 기도하매 여호와께서 모세에게 이르시되 불뱀을 만들어 장대 위에 매달아라. 물린 자마다 그것을 보면 살리라. 모세가 놋뱀을 만들어 장대 위에 다니 뱀에게 물린 자가 놋뱀을 쳐다본즉 모두 살더라."(민 21:5~9)

●모압의 신 바알브올에게 절했다고 진노하고, 이스라엘 남자와 모압 여인의 배를 꿰뚫어 죽이고, 염병으로 2만 4천 명을 죽이다.

▷"이스라엘이 싯딤에 머물러 있더니, 그 백성이 모압 여자들과 음행하기를 시작 하니라. 그 여자들이 자기 신들에게 제사할 때에 이스라엘 백성을 청하매 백성이 먹고 그들의 신들에게 절하므로 이스라엘이 바알브올에게 가담한지라. 여호와께서 이스라엘에게 진노하시니라. 여호와께서 모세에게 이르

시되 백성의 수령들을 잡아 태양을 향하여 여호와 앞에 목매어 달라. 그리하면 여호와의 진노가 이스라엘에게서 떠나리라.

모세가 이스라엘 재판관들에게 이르되 너희는 각각 바알브올에게 가담한 사람들을 죽이라 하니라. 이스라엘 자손의 온 회중이 회막 문에서 울 때에 이스라엘 자손 한 사람이 모세와 온 회중의 눈앞에 미디안의 한 여인을 데리고 그의 형제에게로 온지라. 제사장 아론의 손자 엘르아살의 아들 비느하스가 보고 회중 가운데에서 일어나 손에 창을 들고 그 이스라엘 남자를 따라 그의 막사에 들어가 이스라엘 남자와 그 여인의 배를 꿰뚫어서 두 사람을 죽이니, 염병이 이스라엘 자손에게서 그쳤더라. 그 염병으로 죽은 자가 이만 사천 명이었더라."(민 25:1~9)

●미디안족속을 쳐서 다섯 왕과 남자를 모두 죽이고, 부녀와 아이들은 사로잡고, 가축과 양 떼와 재물을 탈취하고, 성읍과 거처를 불사르다.

▷"모세와 제사장 엘르아살이 여호와께서 모세에게 명령하신 대로 하니라. 그 탈취물 곧 군인들의 다른 탈취물 외에 양이 육십칠만 오천 마리요, 소가 칠만 이천 마리요, 나귀가 육만 천 마리요, 남자와 동침하지 아니하여서 사내를 알지 못하는 여자가 도합 삼만 이천 명이니, 그 절반 곧 전쟁에 나갔던 자들의 소유가 양이 삼십삼만 칠천오백 마리라.

여호와께 공물로 드린 양이 육백칠십오요, 소가 삼만 육천 마리라. 그 중에서 여호와께 공물로 드린 것이 칠십이 마리요, 나귀가 삼만 오백 마리라. 그 중에서 여호와께 공물로 드린 것이 육십일 마리요, 사람이 만 육천 명이라. 그 중에서 여호와께 공물로 드린 자가 삼십이 명이니, …모세가 전쟁에 나갔던 자에게서 나누어 이스라엘 자손에게 준 절반 곧 회중이 받은 절반은 양이 삼십삼만 칠천오백 마리요, 소가 삼만 육천 마리요, 나귀가 삼만 오백 마리요,

사람이 만 육천 명이라. …여호와께서 모세에게 명령하심과 같았더라."(민 31:1~47)

〈원수 편 사람과 동물 살육〉

●여리고 성을 함락한 후 남녀노소는 물론 모든 가축을 몰살하다.

▷"이에 백성은 외치고 제사장들은 나팔을 불매 백성이 나팔 소리를 들을 때에 크게 소리 질러 외치니, 여리고 성벽이 무너져 내린지라. 백성이 각기 앞으로 나아가 그 성에 들어가서 그 성을 점령하고, 그 성 안에 있는 모든 것을 온전히 바치되 남녀노소와 소와 양과 나귀를 칼날로 멸하니라."(수 6:20~21)

●하나님에게 온전히 바친 물건(노략질한 물건)을 감추었다는 죄로 온 회중이 돌로 쳐 죽이고, 물건을 불사르게 하다.

▷"…너희가 그 온전히 바친 물건을 너희 가운데에서 제하기까지는 네 원수들 앞에 능히 맞서지 못하리라. …온전히 바친 물건을 가진 자로 뽑힌 자를 불사르되 그와 그의 모든 소유를 그리하라. …삽디의 가족 각 남자를 가까이 나아오게 하였더니 유다 지파 세라의 증손이요 삽디의 손자요 갈미의 아들인 아간이 뽑혔더라. …내가 노략한 물건 중에 시날 산의 아름다운 외투 한 벌과 은 이백 세겔과 그 무게가 오십 세겔 되는 금덩이 하나를 보고 탐내어 가졌나이다. …온 이스라엘이 그를 돌로 치고 물건들도 돌로 치고 불사르고, 그 위에 돌무더기를 크게 쌓았더니, 오늘까지 있더라. 여호와께서 그의 맹렬한 진노를 그치시니, 그러므로 그 곳 이름을 오늘까지 아골 골짜기라 부르더라."(수 7:13~26)

●"네 군대에게 떡을 주지 않겠다."고 말했다는 이유로 들가시와 찔레로

징벌하고, 망대를 헐고 모두 죽이다.

▷"…그가 숙곳 사람들에게 이르되 나를 따르는 백성이 피곤하니 청하건대 그들에게 떡덩이를 주라 나는 미디안의 왕들인 세바와 살문나의 뒤를 추격하고 있노라 하니, 숙곳의 방백들이 이르되 세바와 살문나의 손이 지금 네 손 안에 있다는 거냐. 어찌 우리가 네 군대에게 떡을 주겠느냐 하는지라. 기드온이 이르되 그러면 여호와께서 세바와 살문나를 내 손에 넘겨주신 후에 내가 들가시와 찔레로 너희 살을 찢으리라 하고, …브누엘 사람들의 대답도 숙곳 사람들의 대답과 같은지라. 기드온이 또 브누엘 사람들에게 말하여 이르되 내가 평안히 돌아올 때에 이 망대를 헐리라 하니라.

이 때에 세바와 살문나가 갈골에 있는데 동방 사람의 모든 군대 중에 칼 든 자 십이만 명이 죽였다. …그 성읍의 장로들을 붙잡아 들가시와 찔레로 숙곳 사람들을 징벌하고, 브누엘 망대를 헐며 그 성읍 사람들을 죽이니라."(삿 8:1~17)

●베냐민 사람 2만 5천 명을 죽이고, 온 성읍과 가축과 만나는 자를 다 칼날로 치고, 성읍은 모두 불사르다.

▷"여호와께서 이스라엘 앞에서 베냐민을 치시매 당일에 이스라엘 자손이 베냐민 사람 이만 오천백 명을 죽였으니 다 칼을 빼는 자였더라. …베냐민 중에서 엎드러진 자가 만 팔천 명이니 다 용사더라. …또 오천 명을 이삭 줍듯 하고 또 급히 그 뒤를 따라 기돔에 이르러 또 이천 명을 죽였으니 이 날에 베냐민 사람으로서 칼을 빼는 자가 엎드러진 것이 모두 이만 오천 명이니, 다 용사였더라. 이스라엘 사람이 베냐민 자손에게로 돌아와서 온 성읍과 가축과 만나는 자를 다 칼날로 치고 닥치는 성읍은 모두 다 불살랐더라."(삿 20:35~48)

●하나님의 궤를 붙들었다고 진노하고 죽이다.

▷"그들이 나곤의 타작마당에 이르러서는 소들이 뛰므로 웃사가 손을 들어 하나님의 궤를 붙들었더니, 여호와 하나님이 웃사가 잘못함으로 말미암아 진노하사 그를 그 곳에서 치시니, 그가 거기 하나님의 궤 곁에서 죽으니라."(삼하 6:6~7)

3) 하나님의 사랑관

사랑은 세상의 윤활유다. 성장을 촉진시키는 발전기이며, 가장 바람직한 인간관계이다. 사랑은 '어떤 사람이나 존재를 몹시 아끼고 귀중히 여기는 마음, 또는 그런 일'이다. 사람은 누구나 다른 사람에게 자신을 아낌 받고, 귀중히 여김을 받으려고 한다. 그래야 기쁘고 행복하다. 그러기에 자신이 사랑하는 사람과 자신을 사랑해 주는 사람과 늘 같이 하려고 한다. 내 몸을 희생하여서라도 사랑하는 사람을 편안하게, 기쁘게, 행복하게 해주려고 한다.

우리가 하나님을 믿는 것도 하나님에게서 이런 사랑을 받고 싶기 때문이다. 인간의 사랑보다 더 숭고한 신의 사랑을 원하기 때문이다. 그러나 하나님의 사랑은 인간들이 생각하는 이런 사랑이 아니다. 성경에는 하나님이 스스로 자신을 사랑이라고 말하지 않았다. 인간에게 자신을 사랑하라는 말은 하였지만, 자신이 인간을 사랑한다는 말은 하지 않았다. 자기 외에는 아무것도 없다고 주장하는 하나님이 어찌 인간을 사랑해 줄 수 있겠는가.

기독교인들은 '하나님은 사랑이시다'(요일 4:8)고 말한 사도 요한의 신앙 고백을 인용하여 '하나님은 사랑'이라 규정하고, 하나님을 '사랑의 근원'으로 믿고 있다. 하나님은 왜 자신을 '사랑'이라고 말하지 않은 것일까. 하나님의 사랑은 인간에게 주는 것이 아니라 인간에게서 받는 것이기 때문이다. 하나님은 인간을 노예로 지었다. 따라서 인간은 하나님에게 순종해야 한다. 하나님은 이타주의적인 신이 아니다. 이기적인 신이다.

하나님은 예수 탄생 후 헤롯이 예수를 죽일 것을 알고 예수만 살리고, 이스라엘의 다른 아기들은 죽게 내버려두었다.

"동방박사가 떠난 후에 주의 사자가 요셉에게 현몽하여 이르되 헤롯이 아기를 찾아 죽이려 하니, 일어나 아기와 그의 어머니를 데리고 애굽으로 피하여 내가 네게 이르기까지 거기 있으라 하시니(마 2:13), 이에 헤롯이 박사들에게 속은 줄 알고 심히 노하여 사람을 보내어 베들레헴과 그 모든 지경 안에 있는 사내아이를 박사들에게 자세히 알아본 그 때를 기준하여 두 살부터 그 아래로 다 죽이니"(마 2:16)

사랑은 상대방을 위해 주는 것이다. 그러나 하나님에게 있어서 사랑은 인간이 '하나님의 뜻대로, 하나님이 시키는 대로 하나님에게 순종하는 것'이다. 하나님은 '자신을 사랑하고 자신의 계명을 지키는 자에게는 천 대까지 은혜를 베푼다.'(출 20:6)고 알려준다. '하나님의 메신저 목소리를 잘 청종하고, 하나님의 모든 말대로 행하면 그 사람의 원수는 하나님의 원수가 되고, 그 사람의 대적은 곧 하나님의 대적이 된다.'(출 23:22)고도 일러준다. 하나님의 이런 표현은 자신에게 순종하는 사람만을 사랑한다는 뜻이다. 그러나 이런 말은 빈 약속, 곧 공약(空約)이다.

이렇듯 하나님은 사랑이 무엇인지를 모르는 신이다. 그래서 사랑을 잘못 알고, 잘못 써먹는다. 하나님의 사랑은 유혹하여 이용하기 위한 미끼로 사용되었다. 이스라엘민족이 하나님 곁에서 도망치려고 한 이유가 바로 이 때문이다. 하나님은 인간을 사랑하는 신이 아니다. 인간을 유혹하여 자기 종으로 삼고 인간의 왕이 되려는 신이다.

사랑은 자기를 희생하여 상대방을 기쁘게 해주는 것이다. 사랑의 의미를 바로 알아야 한다. '나는 당신을 사랑합니다.'라는 말은 '나는 당신을 좋아합니다.'라는 말이 아니다. '나는 당신을 편안하게, 기쁘게, 행복하게 해 주겠습니다.'라는 뜻이다. 사랑이라는 말은 함부로 쓰는 말이 아니다. 어려운 말이다. 상대방을 편하게, 기쁘게, 행복하게 해줄 자신이 있는 사람만이 할 수 있는 말이다. 사랑한다고 말해 놓고, 책임 있는 행동을 하지 못하면 사기꾼이 된다.

하나님사랑은 '받는 것'

욕심이 강해지면 악이 되고, 죄를 짓는다. 악은 사랑이 없다. 이용하는 것이 목적이다. 사랑 받고자 하는 것은 상대방을 자기 좋도록 이용하고자 하는 것이므로 악의 시초다. 거짓사랑은 상대방을 자기 유리한 대로 써먹는 것을 사랑이라고 생각한다. 참된 사랑은 자기를 희생하면서 상대방을 기쁘게, 행복하게 해주는 것이다.

하나님은 좋아하는 것을 사랑이라고 생각한다. 하나님이 좋아하는 사람은 그 사람이 자기 마음에 든다는 말이고, 싫다는 사람은 자기 마음에 들지 않는다는 말이다. 하나님이 순종하는 사람을 좋아하는 것은 그 사람을 이용하기 위함이다. 그러나 자신에게 순종하는 사람이 자기 마음에 들어 좋아했는데, 자기 마음에 들지 않은 불순종한 언행을 하면 싫어져서 저주하고, 징벌을 하고, 버리거나 죽인다. 사람을 이용하려고 좋아했는데, 불신하므로 이용할 것이 없어졌기 때문이다.

이기적인 하나님의 사랑은 깨지기 쉽다. 주고자 하는 마음보다 받고자 하는 마음이 더 강하니까, 인간을 이용하려고 하니까 그렇다. 인간을 기쁘게 해주려는 마음이 있는 신이 선한 신이다.

사랑은 남을 나와 같이 위해 주는 것이다. 그냥 좋아하는 것과 필요해서 좋아하는 것은 자기 좋기 위해 이용하려는 것이다. 이용하려는 것은 이용가치가 없으면 버린다. 인간은 하나님이 인간을 사랑하려는 것인가, 이용하려는 것인가를 알고 분별하여 행동해야 한다. 하나님이 나를 사랑해 줄 것이라고 믿고 따랐다가 잘못하면 이스라엘민족처럼 원수가 된다.

악은 자기 이익을 위해 산다. 악은 상대방이 자기를 위해 사는 것을 사랑이라고 생각한다. 선과 사랑은 상대방을 위하는 것이다. 사랑이 무엇인지도 모르고 사랑, 사랑하다가 거짓말쟁이가 된다. '사랑한다.'고 하면서도 싸운다. 말로는 사랑한다고 하지만, 자기가 사랑 받으려고 하기 때문에 싸움이 벌어진다.

자기가 상대방에게 사랑 받고 싶으면서 상대방을 사랑한다고 말하면 사기 치는 것이다. 상대방을 속이는 것이니까 사기 치는 것이다. 사랑한다고 하면서도 사랑은 주지 않고, 사랑을 받으려고 하면 마귀가 된다. 하나님이 사람에게 순종하라고 강요하는 것은 자신의 모든 것을 버리고 하나님을 사랑하라는 것이다. 그러면 복을 준다는 것이다. 마귀가 에덴동산에서 사람의 마음을 빼앗아 자기 종으로 삼으려는 엉큼한 마음을 감추고, 위해주는 것같이 말했다. "선악과를 따먹으면 눈이 밝아 하나님과 같이 된다."고 유혹하여 타락시켰다. 누구든지 마귀 같은 행동을 하면 마귀가 된다.

부모의 입장에 서야 사랑할 수 있다. 부모는 자식을 자기 몸보다 더 사랑한다. 참된 신은 사람을 자기 자식 사랑하듯 사랑하는 신이고, 자연의 부모는 자연을 자기 자식 사랑하듯 사랑하는 신이다. 하나님은 삼라만상 중에서 자신이 최고라고 생각한다. 하나님 외에는 아무 것도 없다고 말한다. 그래서 인간과 자연을 자신의 마음대로 할 수 있다고 생각한다. 그러나 자연이 있고, 사람이 있기 때문에 하나님이 있다. 사랑의 하나님이 되어야 최고라는 소리를 들을 수 있다. 사랑이 최고라야 최고가 된다. 하나님이 스스로 말하듯 창조주이기 때문에, 유일신이기 때문에, 전지전능하기 때문이 아니다. 사람과 자연을 내 몸과 같이 사랑하는 하나님이 되어야 창조주이고, 유일신이고, 전지전능한 하나님이 된다.

하나님은 자신 위주로 자신만 좋도록 살려고 사람과 자연을 창조했다(사 43:21). 하나님은 자신만이 기쁘려고 한다. 그래서 사람과 자연을 자신의 소유물로 취급하고, 짐승만도 못한 행동을 하는 것이다.

하나님은 사랑이 아니라, 질투의 하나님이다. 하나님 자기가 세운 법도와 규례를 지키라고 강요하는 것은 사람을 자기의 우리 안에서 벗어나지 못하기 위해서다. 하나님이 다른 신을 섬기지 말고, 자기만을 섬기라고 하는 것은 자기 혼자 사람 위에서 군림하고, 추앙받기 위해서다. 하나님은 사랑이 아니다. 욕심이다. 자기밖에 모르는 신이다.

5. 하나님의 자기애

1) 하나님은 자기애성 인격장애자

① 자기 아픔만 느끼는 하나님

흔히 기독교를 '사랑의 종교'라고 말한다. 예수는 '원수를 사랑하라'고 가르쳤고, '왼쪽 뺨을 때리면 오른쪽 뺨도 갖다 대라'고 훈화했다. 그는 원수들에 의해 십자가에 매달려 죽는 순간에도 하나님에게 '저들을 용서하라'며 가없는 사랑을 펼치다 갔다. 성경은 이러한 예수의 사랑은 모두 하나님으로부터 온 것이다(레 19:18, 마 19:17)고 말한다. 그런데 구약성경에는 이러한 사랑의 하나님이 수많은 살상을 일으킨 장본인이라는 쇼킹한 기록이 많다. 이 때문에 비 기독교인들은 기독교의 하나님은 무자비한 하나님이라 비난하며, 일부 기독교인들조차 성경에서 구약을 폐기처분해야 한다고 주장하고 있다.

그렇다. 하나님에게 자비란 없다. 자신에게 불순종하는 자는 무자비하게 보복하고 죽인다. 구약성경은 피로 얼룩진 이스라엘민족의 한 맺힌 역사서다. 하나님은 이방민족은 물론 이스라엘민족도 도륙했다. 자신을 불신하고, 불순종한다는 것이 그 이유다. 하나님의 궤를 붙들었다고 죽이고(삼하 6:6~7), 하나님에게 온전히 바친 물건(노략질한 물건)을 감추었다는 죄로 온 회중에게 돌로 쳐 죽이게 하고(수 7:13~26), 여리고 성을 함락한 후에는 남녀 노소와 모든 가축을 죽이게(수 6:20~21) 하는 등 그 잔인함은 말로 표현할 수가 없다. 하나님은 성경에서 마귀, 악마, 사탄보다 더한 악랄한 행태를 보여주었다.

인간의 창조주라는 하나님은 인간의 아픔은 전혀 느끼지 못하고 대신 자기 아픔만을 느끼는 신이다. 괴상(怪常)한 창조주다. 구약성경 민수기는 하나님에 대해 이렇게 말한다. "하나님은 인생이 아니시니 식언(食言)치 않으시고, 인자가 아니시니 후회가 없으시도다."(민 23:19)

그러나 하나님은 인간을 유혹하기 위한 식언을 많이 했다. 그 한 예를 보자. 하나님은 아브라함이 자신의 자식 이삭의 번제에 순종하였다며 감격한 후 "네게 큰 복을 주고, 네 씨가 크게 번성하여 하늘의 별과 같고 바닷가의 모래와 같게 하리니, 네 씨가 그 대적의 성문을 차지하리라. 또 네 씨로 말미암아 천하 만민이 복을 받으리니…"(창 22:15~18)라고 축복했다.

하나님의 말처럼 정말 이렇게 되었을까. 이스라엘민족(아브라함의 씨)의 역사를 보자. 아브라함의 씨는 '번성'하지 못했고, '대적의 성문을 차지'하기는커녕 대적자들에게 핍박받고 무수히 죽임을 당했다. 히틀러에게 600만 명이 학살당하고, 애굽 · 로마 등 세계인들에게 핍박받고 죽임을 당하며 세계 각처를 유리방황하는 비참한 민족이 되었다.

또한 '아브라함의 씨로 천하 만민이 복'을 받은 것이 아니라 천하 만민이 아브라함의 씨로 화를 받고 있다. 유대교 · 기독교 · 이슬람교는 서로 원수가 되어 싸우고 있다. 종교전쟁을 일으키고, 세계인들 간의 위화감을 조성하고, 자신의 몸에 폭탄을 두르고 자폭하여 세계인을 공포의 도가니로 몰아넣고 있다. 아브라함의 씨가 인류의 골칫거리다.

하나님은 자신의 행동을 후회하고 다시 반복하고 한탄하는 행동을 되풀이

하였다. 스스로 세운 사울 왕이 순종하지 않자 사울을 왕으로 삼은 것을 후회하였고(삼상 15:35), 사람이 악하다(자기 말을 듣지 않는 것)고 땅위에 사람 지었음을 한탄하며 마음에 근심하고, 자신이 창조했다는 사람과 모든 생명을 지면에서 쓸어버렸다(창 6:6~7).

이렇듯 성경에는 하나님이 자신의 행동을 후회하고 한탄하는 장면이 여러 번 나온다. 왜 그런 것일까. 자신의 행동으로 인해 고통당한 사람이 불쌍해서일까. 아니다. 자신의 뜻(사람들의 순종) 대로 되지 않은 화풀이에 대한 후회이고, 이러한 자기 처지가 한심해서 한탄한 것이다. 그러면서도 인간의 고통에 대해서는 한마디도 없다. 성경 예레미야 9장에서 하나님은 자신의 신세를 이렇게 한탄한다. "슬프다. 어떻게 위로 받을 수 있을까. 내 마음이 병들었다."(렘 8:8), "슬프다, 내 상처여. 내가 중상을 당하였도다. 그러나 내가 말하노라. 이는 참으로 고난이라. 내가 참아야 하리로다."(렘 10:19)

도대체 무엇 때문에 슬프고, 무엇 때문에 마음이 병들어 중상을 당했으며, 무엇이 고난이라는 것일까. 인간들이 자기 말을 듣지 않는다는 하소연이다. 자기만 좋으려고 인간을 괴롭히면서 오히려 인간이 자신을 슬프게 하고, 병들게 했다며 인간을 원망하고 있다. 한심한 신이다. 적반하장도 이런 적반하장이 없다. 하나님은 자기밖에 모르는 욕심쟁이 신이다. 인간 위에 올라앉아 인간에게 대접받으려만 하는 철부지 신이다. 자신의 고통만 느낄 뿐 인간의 고통은 느끼지 못하는 철면피 신이다. 인간이 자신을 위해주기만을 바라는 이기적인 신이다.

하나님은 자기 말을 듣지 않으면 이방민족이나 이스라엘민족 가릴 것 없이 죽이고, 고통 받게 하고, 굽실거리게 하였다. 조직폭력배와 살인마와 같은 짓을 스스럼없이 자행했다. 하나님은 사람을 자기의 이용물로 생각한다. 그래서 악이다. 있어서는 안 될 존재다.

② 자기과시의 하나님

"이스라엘 자손에게 말하기를 나는 여호와라. 내가 애굽 사람의 무거운 짐 밑에서 너희를 빼내며, 그들의 노역에서 너희를 건지며, 편 팔과 여러 큰 심판들로써 너희를 속량하여 너희를 내 백성으로 삼고 나는 너희의 하나님이 되리니, 나는 애굽 사람의 무거운 짐 밑에서 너희를 빼낸 너희의 하나님 여호와인 줄 너희가 알지라. 내가 아브라함과 이삭과 야곱에게 주기로 맹세한 땅으로 너희를 인도하고, 그 땅을 너희에게 주어 기업을 삼게 하리라. 나는 여호와라 하셨다 하라."(출 6:6~8)

하나님은 유대인들에게 자신을 어필하려고 무진 애를 썼다. 하나님은 요즘말로 하면, 자기광고의 귀재다. 자신이 유대민족을 구해줬다며 생색을 내며 순종을 이끌어내려고 부단히 노력했다. 그런데 유대민족의 애굽 종살이는 특별한 사건이 아니다. 그 시대는 전쟁을 밥 먹듯 하던 시대였다. 사람을 죽이고, 나라를 빼앗고, 식민지로 삼는 게 보편화된, 인간의 힘으로는 어찌할 수 없는 야만의 시대였다. 인류역사는 억압과 해방의 소용돌이 속에서 발전되어 나왔다. 오늘의 민주주의를 탄생시켰다. 유대민족의 애굽 종살이는 그 시대의 산물이다.

기독교인들은 유대인들을 비난한다. 하나님이 애굽의 종살이에서 해방시켜 주었는데, 어려움이 있을 때마다 '애굽 사람들을 섬길 때가 더 나았다.'며 하나님을 원망했다고 손가락질 하고 있다. 하나님은 광야에서도 만나와 메추라기를 주었고, 불기둥과 구름기둥으로 인도해 줬는데, 하나님의 은혜를 모르는 배은망덕한 민족이라고 질타한다. 그러나 그것은 진영논리에 불과하다. 세상에 영원한 것이란 없다. 유대민족의 애굽 종살이는 영원할 수 없다. 시대는 바뀌고, 환경은 순환한다. 유대민족이 하나님을 따르면서 당한 고난과 고통은 애굽에서 종살이할 때의 고통과 고난과는 비교할 바가 아니다. 유대민족은 하나님을 만나 신세망친 민족이다.

성경에는 하나님이 초자연적인 이적과 기사를 일으켜 인간들을 두려움에 떨게 만드는 장면이 자주 등장한다. 하나님이 자신의 전능함(창 18:14)을 보여 주는 것은 자기를 과시하여 인간의 순종을 이끌어내기 위함이다. 하지만, 하나님의 이러한 유혹은 이스라엘민족에게 아무런 실속이 없었다. 말 뿐인 유혹은 한계가 있게 마련이다. 한 번 속지 두 번 속지 않는다. 하나님에 대한 불신만 가중시켰다. 유대민족이 하나님의 굴레에서 벗어나려고 발버둥친 이유가 여기에 있다. 하나님의 자업자득이다.

하나님의 인간에 대한 섭리는 여러 부작용을 낳았다. 하나님이 인간의 삶에 간섭하면서 자연의 법칙에 반하는 이적과 기사를 행하는 것은 곧 인간을 무가치한 존재로 만드는 것이 된다. 하나님만 믿으면 그만이다. 하나님이 다 해주는 데 무엇 때문에 고생하려 하겠는가. 자연의 법칙을 어그러뜨리는 이적과 기사는 결국 인간을 망친다.

유대인의 속담에 '자식에게 고기를 잡아주기보다 고기 잡는 법을 가르치라'는 말이 있다. 자식에게 물고기 한 마리를 잡아줘서 하루를 살도록 하기 보다는, 고기 잡는 법을 알려줘서 자신의 힘으로 평생을 살아갈 수 있게 하는 것이 올바른 방법이다. 자연의 모든 존재는 자립하고, 자존(自存)하고 있다.

하나님이 성경에서 진짜로 이적과 기사를 행했다면, 하나님은 창조주라고 보기 어렵다. 자신이 세운 자연의 법칙을 자기 마음 내키는 대로 망가뜨리는 하나님을 진리의 신이라고 할 수는 없는 것이다. 하나님의 법은 원칙도 없다. 자연법과 다르다. 자연법을 어그러뜨리는 것이다. 온전한 법이 아니다. 자연의 질서를 무너뜨리는 하나님을 어떻게 창조주라고 할 수 있겠는가.

자연법칙은 예나 지금이나 변함이 없고, 심은 대로 거두고 있다. 또한 공평하다. 누구에게나 똑같이 적용된다. 성경에서의 하나님의 섭리는 팩트가 아니다. 픽션이다. 하나님을 믿는 작가들이 하나님을 높이기 위해 자연스런 현상을 실감 있고, 감동을 주기 위해 과장되게 표현했거나 조작한 것이다. 그들의 배후인물은 물론 하나님이다.

하나님의 언행에는 분명한 의도가 숨어있다. 하나님의 섭리는 이스라엘민족을 자신의 말에 순종하게 만들기 위한 작전이다. 출애굽 직전에 하나님이 모세를 통해 행한 이적은 마치 마법사가 마술을 부리는 것과 같아 보인다. 지팡이를 던지니 뱀이 되고, 손을 품에 넣으니 나병이 생겼다. 하나님은 이런 능력을 가지고 있으니, 하나님을 믿으라는 뜻이다.

하나님이 이스라엘민족을 출애굽 시킨 것도 이스라엘민족을 사랑해서가 아니다. 자기과시와 자기목적을 이루기 위한 것이다. 자기존재를 각인시켜 순종하게 만들어 자신의 왕국을 건설하고, 세상을 자기 세상으로 만들려는 첫걸음이었다.

자기를 나타내거나 생색을 내면 사람들은 대부분 짜증을 낸다. 역겹기 때문이다. 하나님의 순종을 이끌어내기 위한 자기과시와 생색에 대한 이스라엘민족의 반응도 마찬가지였다. 선한 사람과 사랑의 사람은 선행을 하고 긍휼을 베풀어도 자기를 과시하지도 않고, 생색을 내지도 않는다. 항상 겸손하다. 이것이 자연의 법칙이요, 인간의 본심이다. 자연의 법칙대로, 본심대로 행하는 것은 당연한 것이다. 예수는 산상수훈에서 이렇게 말했다. "너는 구제할 때에 오른손이 하는 것을 왼손이 모르게 하여 네 구제함을 은밀하게 하라. 은밀한 중에 보시는 너의 아버지께서 갚으시리라"(마태복음 6:3~4). 예수는 이처럼 선과 사랑의 모델로 하나님을 제시했다. 예수는 남에게서 좋은 평판을 얻기 위한 선행이나 긍휼을 행하는 자를 위선자로 비판했다. 그러나 하나님은 은밀하게 구제(?)하지 않았다.

하나님이 자신을 알리는 여러 수법

하나님은 자신을 불신하는 이스라엘민족에게 여러 수법으로 자신이 여호와인줄을 알게 하려고 애를 썼다. 마치 '과시병 환자' 같다. 성경에서 그 사례를 살펴본다.

첫째, 재앙을 주고 심판하는 수법

●하나님이 애굽 사람들에게 10가지 재앙을 내린 것은 자신의 이름을 천하에 알리기 위함이다.

▷"내가 이번에는 모든 재앙을 너와 네 신하와 네 백성에게 내려 온 천하에 나와 같은 자가 없음을 네가 알게 하리라. 내가 손을 펴서 돌림병으로 너와 네 백성을 쳤더라면 네가 세상에서 끊어졌을 것이나, 내가 너를 세웠음은 나의 능력을 네게 보이고 내 이름이 온 천하에 전파되게 하려 하였음이니라."(출 9:14~16)

●애굽 사람의 장자와 가축 만 것을 죽인 이유는 애굽의 신을 심판하고, 하나님을 드러내기 위함이다.

▷"내가 그 밤에 애굽 땅에 두루 다니며 사람이나 짐승을 막론하고 애굽 땅에 있는 모든 처음 난 것을 다 치고 애굽의 모든 신을 내가 심판하리라. 나는 여호와라."(출 12:12)

●이스라엘민족의 자유로운 삶을 훼방하고 죽임을 당하게 하여 여호와를 알게 하겠다.

▷"내가 너희가 거주하는 모든 성읍이 사막이 되게 하며, 산당을 황폐하게

하리니, 이는 너희 제단이 깨어지고 황폐하며, 너희 우상들이 깨어져 없어지며, 너희 분향제단들이 찍히며, 너희가 만든 것이 폐하여지며, 또 너희가 죽임을 당하여 엎드러지게 하여 내가 여호와인 줄을 너희가 알게 하려 함이라." (겔 6:6~8)

둘째, 병 주고 약주는 수법

●이스라엘민족을 광야로 몰고 와서 만나와 메추라기를 준 것도 하나님을 알리려는 것이다.

▷"내가 이스라엘 자손의 원망함을 들었노라. 그들에게 말하여 이르기를 너희가 해 질 때에는 고기를 먹고 아침에는 떡으로 배부르리니, 내가 여호와 너희의 하나님인 줄 알리라 하라 하시니라."(출 16:12)

●나는 너희를 애굽 땅에서 인도해 낸 하나님이다.

▷"나는 너희의 하나님이 되며, 또 가나안 땅을 너희에게 주려고 애굽 땅에서 너희를 인도하여 낸 너희의 하나님 여호와이니라(레 25:38)."

셋째, 위협하는 수법

●불로 겁을 주어 두려움에 떨게 만든다.

▷"아론이 백성을 향하여 손을 들어 축복함으로 속죄제와 번제와 화목제를 마치고 내려오니라. 모세와 아론이 회막에 들어갔다가 나와서 백성에게 축복하매 여호와의 영광이 온 백성에게 나타나며, 불이 여호와 앞에서 나와 제단 위의 번제물과 기름을 사른지라. 온 백성이 이를 보고 소리 지르며 엎드렸더라."(레 9:22~24)

●'칼을 두려워하니, 칼에 엎드러지게 하겠다'고 위협하다. 이는 여호와인 줄 알게 하기 위함이다.

▷"나 주 여호와가 말하노라. 너희가 칼을 두려워하니, 내가 칼로 너희에게 이르게 하고, 너희를 그 성읍 가운데에서 끌어내어 타국인의 손에 넘겨 너희에게 벌을 내리리니, 너희가 칼에 엎드러질 것이라. 내가 이스라엘 변경에서 너희를 심판하리니 너희는 내가 여호와인 줄을 알리라."(겔 11:8~10)

●전염병을 퍼뜨리고, 칼로 죽이고, 황폐화시켜 여호와인줄 알게 하겠다.

▷"여호와의 말씀이 또 내게 임하여 이르시되 …시돈아, 내가 너를 대적하나니, 네 가운데에서 내 영광이 나타나리라 하셨다 하라. 내가 그 가운데에서 심판을 행하여 내 거룩함을 나타낼 때에 무리가 나를 여호와인 줄을 알지라. 내가 그에게 전염병을 보내며, 그의 거리에 피가 흐르게 하리니, 사방에서 오는 칼에 상한 자가 그 가운데에 엎드러질 것인즉 무리가 나를 여호와인 줄을 알겠고, …내가 애굽 땅이 황폐하여 사막이 되게 하여 거기에 풍성한 것이 없게 할 것임이며, 그 가운데의 모든 주민을 치리니, 내가 여호와인 줄을 그들이 알리라."(겔 28:20~32:15)

●지진과 전쟁과 전염병과 폭우와 우박과 불과 유황으로 여호와 자신의 위대함과 거룩함을 나타내어 여호와인 줄 알게 하겠다.

▷"내가 질투와 맹렬한 노여움으로 말하였거니와 그 날에 큰 지진이 이스라엘 땅에 일어나서 바다의 고기들과 공중의 새들과 들의 짐승들과 땅에 기는 모든 벌레와 지면에 있는 모든 사람이 내 앞에서 떨 것이며, 모든 산이 무너지며, 절벽이 떨어지며, 모든 성벽이 땅에 무너지리라. …내가 내 모든 산 중에서 그를 칠 칼을 부르리니, 각 사람이 칼로 그 형제를 칠 것이며, 내가 또

전염병과 피로 그를 심판하며, 쏟아지는 폭우와 큰 우박덩이와 불, 유황으로 그와 그 모든 무리와 그와 함께 있는 많은 백성에게 비를 내리듯 하리라. 이같이 내가 여러 나라의 눈에 내 위대함과 내 거룩함을 나타내어 나를 알게 하리니, 내가 여호와인 줄을 그들이 알리라."(겔 38:19~23)

넷째, 능력을 보여주는 수법

●애굽 사람들을 홍해에 수장시킨 이적과 기사를 본 이스라엘민족들은 하나님의 의도대로 하나님에게 기쁨과 영광을 돌리다.

▷"이스라엘이 여호와께서 애굽 사람들에게 행하신 그 큰 능력을 보았으므로 백성이 여호와를 경외하며 여호와와 그의 종 모세를 믿었더라. 이때에 모세와 이스라엘 자손이 이 노래로 여호와께 노래하니 일렀으되 내가 여호와를 찬송하리니, 그는 높고 영화로우심이요. 말과 그 탄 자를 바다에 던지셨음이로다. 여호와는 나의 힘이요, 노래시며 나의 구원이시로다. 그는 나의 하나님이시니, 내가 그를 찬송할 것이요. 내 아버지의 하나님이시니, 내가 그를 높이리로다."(출 14:31~15:1~18)

●너희를 요단강과 홍해를 말려 건너게 한 여호와다.

▷"여호와의 종 모세가 죽은 후에 여호와께서 모세의 수종자 눈의 아들 여호수아에게 말씀하여 이르시되, 너희의 하나님 여호와께서 요단 물을 너희 앞에서 마르게 하사 너희를 건너게 하신 것이 너희의 하나님 여호와께서 우리 앞에 홍해를 말리시고 우리를 건너게 하심과 같았나니."(수 1:1~4:23)

●이적으로 여호와 말이 진실인줄 알게 하겠다.

▷"…여호와의 말씀이 엘리야에게 임하여 이르시되… 그 시냇물을 마시라.

내가 까마귀들에게 명령하여 거기서 너를 먹이게 하리라. …여호와께서 엘리야를 통하여 하신 말씀 같이 통의 가루가 떨어지지 아니하고 병의 기름이 없어지지 아니하니라. …여호와께서 엘리야의 소리를 들으시므로 그 아이의 혼이 몸으로 돌아오고 살아난지라. …여인이 엘리야에게 이르되 내가 이제야 당신은 하나님의 사람이시오, 당신의 입에 있는 여호와의 말씀이 진실한 줄 아노라 하니라."(왕상 17:1~24)

③ 계략의 하나님

자신을 따르지 않는 인간의 마음까지 완악하게 하여 죽이고, 자신의 영광을 나타내는 하나님을 인간으로서는 당해낼 재간이 없다. 하나님은 계략의 달인이다. 하나님의 계략은 탁월하다. 계략이 하나님의 본질이다. 하나님이 살아남기 위한 수단이다.

●애굽 왕 바로의 마음을 완악하게 한 것은 하나님 자신을 드러내기 위한 계략이다.

▷"내가 바로의 마음을 완악하게 하고, 내 표징과 내 이적을 애굽 땅에서 많이 행할 것이나 바로가 너희의 말을 듣지 아니할 터인즉 내가 내 손을 애굽에 뻗쳐 여러 큰 심판을 내리고 내 군대, 내 백성 이스라엘 자손을 그 땅에서 인도하여 낼지라. 내가 내 손을 애굽 위에 펴서 이스라엘 자손을 그 땅에서 인도하여 낼 때에야 애굽 사람이 나를 여호와인 줄 알리라 하시매."(출 7:3~5)

●애굽 인들의 마음을 완강하게 한 것은 하나님 자신의 표징을 보이고, 이스라엘자손에게 전하기 위한 계략이다.

▷"…바로에게로 들어가라. 내가 그의 마음과 그의 신하들의 마음을 완강하게 함은 나의 표징을 그들 중에 보이기 위함이며, 네게 내가 애굽에서 행한 일들 곧 내가 그들 가운데에서 행한 표징을 네 아들과 네 자손의 귀에 전하기 위함이라. 너희는 내가 여호와인 줄을 알리라."(출 10:1~2)

●애굽 인들을 수장시켜 자신의 영광을 얻기 위해 애굽 인들의 마음을 조종하는 계략을 꾸미다.

▷"…내가 애굽 사람들의 마음을 완악하게 할 것인즉 그들이 그 뒤를 따라 들어갈 것이라. 내가 바로와 그의 모든 군대와 그의 병거와 마병으로 말미암아 영광을 얻으리니, 내가 바로와 그의 병거와 마병으로 말미암아 영광을 얻을 때에야 애굽 사람들이 나를 여호와인 줄 알리라 하시더니, 물이 다시 흘러 병거들과 기병들을 덮되 그들의 뒤를 따라 바다에 들어간 바로의 군대를 다 덮으니, 하나도 남지 아니하였더라."(출 10장~14장)

●이방민족의 왕들이 이스라엘과 싸우러 온 것은 하나님이 그렇게 조종한 것이다.

▷"…여호수아가 그 모든 왕들과 싸운 지가 오랫동안이라. …그들의 마음이 완악하여 이스라엘을 대적하여 싸우러 온 것은 여호와께서 그리하게 하신 것이라. …아낙 사람들을 멸절하고, 그가 또 그들의 성읍들을 진멸하여 바쳤으므로 …멸한 그 땅의 왕들은 …모두 서른한 왕이었더라."(수 11:16~12:20)

●자신을 드러내기 위한 하나님의 음흉한 전략

▷"…너를 따르는 백성이 너무 많은즉 내가 그들의 손에 미디안 사람을 넘겨주지 아니하리니, 이는 이스라엘이 나를 거슬러 스스로 자랑하기를 내 손

이 나를 구원하였다 할까 함이니라. …물을 핥아 먹은 삼백 명으로 너희를 구원하며 미디안을 네 손에 넘겨주리니 …여호와께서 기드온에게 이르시되 일어나 진영으로 내려가라. 내가 그것을 네 손에 넘겨주었느니라. …삼백 명이 나팔을 불 때에 여호와께서 그 온 진영에서 친구끼리 칼로 치게 하시므로…" (삿 7:1~27)

●바벨론을 잡으려고 올무를 놓았다는 하나님

▷"바벨론아, 내가 너를 잡으려고 올무를 놓았더니, 네가 깨닫지 못하여 걸렸고, 네가 여호와와 싸웠으므로 발각되어 잡혔도다."(렘 50:24)

하나님은 마귀보다 더 마귀 같고, 악마보다 더 악마 같으며, 사단보다 더 사단 같다.

④ 저주의 하나님

'남을 저주하려면 구멍 2개부터 마련하라'는 일본어 속담이 있다. 여기서 구멍은 저주의 대상과 저주하는 자신이 들어갈 묘 자리를 말한다. 남을 해코지 하려면 같이 죽을 생각을 하라는 뜻이다. 저주란 무엇인가. '남에게 재앙이나 불행이 일어나도록 빌고, 바라고, 그렇게 하여서 일어난 재앙이나 불행이다.' 저주는 저주의 대상이 쓰러뜨리기 전에 저주하는 자신을 먼저 쓰러뜨린다. 자신이 쏜 화살이 자신에게 회귀하여 자신의 심장을 맞춘다. 자신이 먼저 해를 받는다. 질병의 70~80퍼센트가 마음의 병이라고 한다. 저주를 일으키는 증오심은 상대방을 붕괴시키기 전에 저주하는 당사자를 먼저 파괴하는 속성을 지니고 있다.

이스라엘민족을 하나님으로부터 선택받은 민족이라고 한다. 그러나 그것은 악담이다. 이스라엘민족은 하나님으로부터 저주받은 민족이다. 하나님은 이스라엘민족에게 끊임없이 섬뜩한 독설과 저주를 퍼부었고, 그 저주는 현실이 되었다. 하나님은 인간에게 복을 줄 능력은 없다. 그러나 불행하게 하는 능력은 있다는 것을 이스라엘민족을 통해 보여주었다. 세상의 많은 민족 가운데 이스라엘민족만큼 불행한 민족은 없다. 구약성경은 이스라엘민족에 대한 하나님의 저주로 도배된 듯하다. 하나님을 저주의 화신이라고 규정해도 무방할 정도다. 사랑과 선이라는 창조주의 입에서 어찌 그리도 악독한 말들이 쏟아져 나올 수 있을까. 그 정체가 심히 의심스럽다. 머리가 저절로 좌우로 흔들린다.

하나님은 인간과 아무 관계도 없는 존재이고, 인간에게 해로운 존재라고밖에 생각되지 않는다. 인간에게 저주한 이유가 아이러니하다. 자신에게 순종하지 않았다는 것이다. 하나님이 사람에게 이롭게 했다면, 순종하지 않을 리가 없다. 애완동물도 기르는 사람의 행동에 따라 반응한다. 하나님이 복을 주겠다는 말은 실현되지 않고, 저주만 실현됐다. 하나님은 악의 화신체요, 저주의 마술사다. 성경에서 하나님에게 저주받은 인간의 죄목과 하나님이 저주한 내용을 살펴본다.

죄목① 하나님 원망

●저주 : 시체가 광야에 엎드러지고, 자녀들도 40년 동안 광야에서 방황하리라.

▷"나를 원망하는 이 악한 회중에게 내가 어느 때까지 참으랴. …너희 시체가 이 광야에 엎드러질 것이라. 너희 중에서 이십 세 이상으로서 계수된 자 곧 나를 원망한 자 전부가… 너희의 자녀들은 너희 반역한 죄를 지고 너희의 시

체가 광야에서 소멸되기까지 사십 년을 광야에서 방황하는 자가 되리라. … 나 여호와가 말하였거니와 모여 나를 거역하는 이 악한 온 회중에게 내가 반드시 이같이 행하리니, 그들이 이 광야에서 소멸되어 거기서 죽으리라."(민 14:26~35)

죄목② 하나님을 분노케 함

●저주 : 성읍에서 죽은즉 개가 먹고, 들에서 죽은즉 새가 먹으리라.

▷"내가 너를 티끌에서 들어 내 백성 이스라엘 위에 주권자가 되게 하였거늘 네가 여로보암의 길로 행하며, 내 백성 이스라엘에게 범죄 하게 하여 그들의 죄로 나를 노엽게 하였은즉 내가 너 바아사와 네 집을 쓸어버려 네 집이 느밧의 아들 여로보암의 집 같이 되게 하리니, 바아사에게 속한 자가 성읍에서 죽은즉 개가 먹고, 그에게 속한 자가 들에서 죽은즉 공중의 새가 먹으리라 하셨더라."(왕상 16:1~4)

죄목③ 하나님에게 불순종

●저주 : 불쌍히 여기지 않고 멸하리라.

▷"…내가 이스라엘 온 집과 유다 온 집으로 내게 속하게 하여 그들로 내 백성이 되게 하며, 내 이름과 명예와 영광이 되게 하려 하였으나 그들이 듣지 아니하였느니라. …그들로 피차 충돌하여 상하게 하되 부자 사이에도 그러하게 할 것이라. 내가 그들을 불쌍히 여기지 아니하며, 사랑하지 아니하며, 아끼지 아니하고 멸하리라 하셨다 하라. 여호와의 말씀이니라. …너희 하나님 여호와께 영광을 돌리라."(렘 13:1~10)

●저주 : 칼과 개와 새와 짐승으로 벌하고, 세계 여러 민족 가운데에 흩

으리라.

▷"내가 그들을 네 가지로 벌하리니, 곧 죽이는 칼과 찢는 개와 삼켜 멸하는 공중의 새와 땅의 짐승으로 할 것이며, …유다 왕 히스기야의 아들 므낫세가 예루살렘에 행한 것으로 말미암아 내가 그들을 세계 여러 민족 가운데에 흩으리라."(렘 15:3~4)

●저주 : 사람이나 짐승이나 다 치리니, 전염병에 죽으리라.

▷"…보라, 너희가 성 밖에서 바벨론의 왕과 또 너희를 에워싼 갈대아인과 싸우는 데 쓰는 너희 손의 무기를 내가 뒤로 돌릴 것이요. 그것들을 이 성 가운데 모아들이리라. 내가 든 손과 강한 팔 곧 진노와 분노와 대노로 친히 너희를 칠 것이며, 내가 또 사람이나 짐승이나 이 성에 있는 것을 다 치리니, 그들이 큰 전염병에 죽으리라 하셨다 하라."(렘 21:3~6)

●저주 : 칼과 기근과 전염병에 죽으리라.

▷"…이 성읍에 사는 자는 칼과 기근과 전염병에 죽으려니와 너희를 에워싼 갈대아인에게 나가서 항복하는 자는 살 것이나 그의 목숨은 전리품 같이 되리라. 여호와의 말씀이니라. 내가 나의 얼굴을 이 성읍으로 향함은 복을 내리기 위함이 아니요, 화를 내리기 위함이라. 이 성읍이 바벨론 왕의 손에 넘김이 될 것이요, 그는 그것을 불사르리라."(렘 21:8~10)

●저주 : 여호와에게 죽임당한 자가 나라에서 나라에 미칠 것이며, 거두는 자가 없어 지면에서 분토가 되리라.

▷"…보라. 재앙이 나서 나라에서 나라에 미칠 것이며, 큰 바람이 땅 끝에서 일어날 것이라. 그 날에 여호와에게 죽임을 당한 자가 땅 이 끝에서 땅 저

끝에 미칠 것이나 그들을 위하여 애곡하는 자도 없고, 시신을 거두어 주는 자도 없고, 매장하여 주는 자도 없으리니, 그들은 지면에서 분토가 되리로다." (렘 25:32~33)

●저주 : 세계 여러 나라에 흩어 학대받게 하며, 저주와 경악과 조소와 수모의 대상이 되게 하리라.

▷"…보라. 내가 칼과 기근과 전염병을 그들에게 보내어 그들에게 상하여 먹을 수 없는 몹쓸 무화과 같게 하겠고, 내가 칼과 기근과 전염병으로 그들을 뒤따르게 하며, 그들을 세계 여러 나라 가운데에 흩어 학대를 당하게 할 것이며, 내가 그들을 쫓아낸 나라들 가운데에서 저주와 경악과 조소와 수모의 대상이 되게 하리라."(렘 29:17~18)

●저주 : 칼과 전염병과 기근을 주고, 여러 나라에 흩어지게 할 것이다.

▷"…너희가 나에게 순종하지 아니하고 각기 형제와 이웃에게 자유를 선포한 것을 실행하지 아니하였은즉 내가 너희를 대적하여 칼과 전염병과 기근에게 자유를 주리라. 여호와의 말씀이니라. 내가 너희를 세계 여러 나라 가운데에 흩어지게 할 것이며."(렘 34:17)

●저주 : 머물려고 하는 곳에서 칼과 기근과 전염병에 죽을 줄 알라.

▷"너희 하나님 여호와께서 나를 보내사 너희에게 명하신 말씀을 내가 오늘 너희에게 전하였어도 너희가 너희 하나님 여호와의 목소리를 도무지 순종하지 아니하였은즉 너희가 가서 머물려고 하는 곳에서 칼과 기근과 전염병에 죽을 줄 분명히 알지니라."(렘 42:21~22)

●저주 : 내가 한 말이 이루어지리라.

▷"나는 여호와라. 내가 말하리니, 내가 하는 말이 다시는 더디지 아니하고 응하리라. 반역하는 족속이여, 내가 너희 생전에 말하고 이루리라. …주 여호와의 말씀에 나의 말이 하나도 다시 더디지 아니할지니 내가 한 말이 이루어지리라. 나 주 여호와의 말이니라 하셨다 하라."(겔 12:25~28)

●저주 : 아버지가 아들을 잡아먹고, 아들이 그 아버지를 잡아먹으리라.

▷"…내 율례를 행하지 아니하며, 내 규례를 지키지 아니하고, 너희를 둘러 있는 이방인들의 규례대로도 행하지 아니하였느니라. 그러므로 나 주 여호와가 말하노라. 나 곧 내가 너를 치며, 이방인의 목전에서 너에게 벌을 내리되 네 모든 가증한 일로 말미암아 내가 전무후무하게 네게 내릴지라. …네 가운데에서 아버지가 아들을 잡아먹고, 아들이 그 아버지를 잡아먹으리라. 내가 벌을 네게 내리고, 너희 중에 남은 자를 다 사방에 흩으리라."(겔 1:7~10)

죄목④ 거짓 예언

●저주 : 바벨론의 포로 되어 원수들의 칼에 죽으리라.

▷"…보라, 내가 너로 너와 네 모든 친구에게 두려움이 되게 하리니, 그들이 그들의 원수들의 칼에 엎드러질 것이요. 네 눈은 그것을 볼 것이며, 내가 온 유다를 바벨론 왕의 손에 넘기리니 그가 그들을 사로잡아 바벨론으로 옮겨 칼로 죽이리라. …바스훌아, 너와 네 집에 사는 모든 사람이 포로 되어 옮겨지리니, 네가 바벨론에 이르러 거기서 죽어 거기 묻힐 것이라. 너와 너의 거짓 예언을 들은 네 모든 친구도 그와 같으리라 하셨느니라."(렘 20:4~6)

2) 하나님은 반사회적 인격장애자

① 차별 · 무시의 하나님

하나님은 어떤 신인가. 불공평한 신이다. 이분법적 사고의 소유자다. 하나님은 이중 잣대를 가지고 있다. 하나님은 긍휼히 여길 자를 긍휼히 여기고, 불쌍히 여길 자를 불쌍히 여기는 신이다. 그 기준은 자신의 생각이다. 하나님은 자신과 자신을 따르는 사람은 귀히 여기고, 자신을 따르지 않는 사람은 차별하고 무시한다. 하나님이 창조주라면 인간은 모두 하나님의 피조물이니, 인간을 자신의 분신처럼 존엄히 대해야 하며, 자기를 따르는 자나 따르지 않은 자 모두를 동등하게 대해야 옳다. 하물며 인간도 그러하다.

공평한 신은 자신과 남을 가르지 않으며, 누구 편에도 서지도 않는다. 자신은 물론 내 가족 내 형제 내 친구라고, 돈이 많다고, 권력이 많다고 그 사람의 편이 되고 그렇지 않은 사람을 무시하고 차별하는 신은 저열하고, 편협한 신이다. 차별하지 않는 신이 위대한 신이고, 선한 신이다.

하나님은 인간을 자기의 노예로 여기고 있기 때문에 인간이 자신에게 순종하지 않으면 증오하고 원수로 대한다. 예수도 '이웃을 네 몸같이 사랑하라'고 하였다. 그런데 창조주라는 하나님은 자신은 존엄히 여기면서 인간은 노예로 여기고, 자신을 따르는 자는 우대하고, 따르지 않는 자는 천대한다. 하나님이 인간을 귀하게 대해야 인간에게 존경받는 신이 된다. 동물은 자기 새끼만 사랑한다. 하지만, 인간은 자기 자식과 자기 부모형제는 물론 뭇사람과 만물까지 사랑하라고 가르친다. 세상에도 차별금지법이 있다. 그래야 만물의 영장이고, 고등동물이며, 이성을 가진 인간이 된다. 그렇다면, 창조주라는 하나님은 어찌해야 하는가. 창조주라고 하면서 자신과 자기편 사람만 귀하게 여기고, 자기편이 아닌 사람을 무시하고, 차별하고, 죽이면 짐승보다 나을 것이 없다.

하나님은 애굽 사람의 장자와 가축의 처음 난 것까지 죽였으나 이스라엘 사람과 가축은 손 하나 대지 않았다.

"밤중에 여호와께서 애굽 땅에서 모든 처음 난 것 곧 왕위에 앉은 바로의 장자로부터 옥에 갇힌 사람의 장자까지와 가축의 처음 난 것을 다 치시매 그 밤에 바로와 그 모든 신하와 모든 애굽 사람이 일어나고, 애굽에 큰 부르짖음이 있었으니, 이는 그 나라에 죽임을 당하지 아니한 집이 하나도 없었음이었더라."(출 11:29~30)

하나님이 존중해 주면 인간은 순종 한다

높아지고자 하는 자는 낮아지고, 낮아지고자 하는 자는 높아지는 것이 진리다. 하나님은 인간에게 높임 받으려고만 해서는 안 된다. 하나님이 인간을 높여주면 인간은 하나님이 높여달라고 하지 않아도 높여드린다. 순종하라고 말하지 않아도 자발적으로 순종한다. 하나님은 높고 인간은 낮은 것이 아니다. 하나님 생명만 귀중한 것이 아니다. 생명이 있는 존재는 모두 귀중하다. 하나님은 창조주 대접을 받으려 하고, 왕 되고, 대장 되려고 안달한다. 그런 자리는 낮아지지 못하고, 참되지 못하고, 겸손하지 못하면 마귀가 되는 자리이다. 그런데도 이를 깨닫지 못하고, 인간 위에 군림하려고 눈에 불을 켜고 덤빈다. 한심하다 아니 할 수 없다.

사랑은 상대방에게 마음을 주고, 상대방을 존중하고, 상대방을 내 몸같이 위해 주는 것이다. 상대방을 존중해 주면 상대방은 잘 된다. 그러면 그게 누구의 공인가. 도와준 자의 공이다. 이것이 사랑이요, 도리이다.

하나님과 인간은 모두 동등한 가치를 지닌 생명체다. 인간을 자신보다 귀하게 여기는 신이 창조주요, 참된 신이다. 인간을 업신여기는 마음이 마귀의 마음이다. 인간을 무시하고 자신을 높이고자 하는 신은 낮아지고, 인간의 밑에 들어가 인간을 높여주려는 신은 자연히 존귀해진다. 그러니까 하나님 스스로 인간 위에 올라가려고 안달하지 말고, 인간을 먼저 올려줘야 한다. 그러면 저절로 높여진다. 그렇게 되어야 자연히 존귀한 신이 된다. 자기만 귀하게 생각하는 신은 선도 없고, 사랑도 없고, 생명도 없다. 선신이라고 말할 수 없다. 자기 마음에 들지 않는 인간은 무시하고, 차별하는 신의 마음에는 마귀가 살고 있나니, 이런 신을 경계해야 한다. 성경에서 그 사례를 살펴본다.

●하나님은 방주에 들어간 노아와 그 가족과 짐승들은 정결(창 7:8)하다고 살렸고, 들어가지 않은 사람들과 짐승들은 부정하다고 모두 죽였다.

▷"그러나 너와는 내가 내 언약을 세우리니, 너는 네 아들들과 네 아내와 네 며느리들과 함께 그 방주로 들어가고, 혈육 있는 모든 생물을 너는 각기 암수 한 쌍씩 방주로 이끌어 들여 너와 함께 생명을 보존하게 하되 새가 그 종류대로, 가축이 그 종류대로, 땅에 기는 모든 것이 그 종류대로 각기 둘씩 네게로 나아오리니, 그 생명을 보존하게 하라."(창 6:18~20)

●하나님은 육체에 장애가 있는 자는 자기에게 음식을 드리지 못하게 했다.

▷"…너의 자손 중 대대로 육체에 흠이 있는 자는 그 하나님의 음식을 드리려고 가까이 오지 못할 것이니라. 누구든지 흠이 있는 자는 가까이 하지 못할지니, 곧 맹인이나 다리 저는 자나 코가 불완전한 자나 지체가 더한 자나 발 부러진 자나 손 부러진 자나 등 굽은 자나 키 못 자란 자나 눈에 백막이 있는 자나 습진이나 버짐이 있는 자나 고환 상한 자나"(레 21:16~20)

●예수도 유대교인들을 마귀의 자식으로, 자신은 하나님의 아들로 규정하였다.

▷"너희는 너희 아비 마귀에게서 났으니, 너희 아비의 욕심을 너희도 행하고자 하느냐."(요 8:44)

▷"나는 내 아버지께서 본 것을 말하고, 너희는 너희 아비에게서 들은 것을 말하느니라."(요 8:38)

② 분노의 하나님

하나님은 인간 위에 군림하고, 인간에게 추앙받고 싶어 한다. 인간과 같은 욕망을 가지고 인간행세를 하려고 한다. 그것도 평범한 인간이 아니다. 인간의 왕이 되려고 한다. 그래서 인간 주변을 맴돌면서 어떻게든지 인간을 노예로 부려서 자신의 뜻을 이루려고 몸부림친다. 그러나 자존(自存)하는 인간은 그리 녹록한 존재가 아니다. 하나님의 노예 되기를 거부한다. 자기 마음대로 살고 싶어 한다. 야생동물도 마찬가지다. 인간의 손에 길들여지는 애완동물이 되기를 원치 않는다.

인간은 영특하다. 자신을 이롭게 해주지 않는 존재에게는 다가가려 하지 않는다. 그래서 하나님은 잔뜩 화가 나 있다. 자신의 사랑(?)을 받아주지 않는 인간에게 분노하고, 저주하며, 해코지한다. 성경에서의 이야기다.

하나님의 마음속에는 스트레스가 가득 차 있다. 인간을 이용하여 인간의 왕 노릇하려는 욕망을 이루지 못하고 있기 때문이다. 그래서 쉽게 격분한다. 하나님의 마음속은 원수 마귀와 불순종하는 자로 인한 분노가 활활 타고 있다. 증오와 저주와 폭력의 마그마가 펄펄 끓고 있다. 하나님은 언제 폭발할지 모르는 시한폭탄과 같은 존재다. 분노조절이 안 돼 쉽게 폭발하고, 일을 저지르고 난 후에는 후회한다. 감정의 기복이 심하다. 다혈질이다. 하나님에게 있어서 인간의 목숨은 파리 목숨과 같다. 하나님은 어느 곳으로 튈지 모르는 공과 같이 예측불허의 신이다. 분노조절장애자다. 성경에서 하나님의 감정을 살펴보자.

〈하나님의 분노 사례〉

●하나님은 인간이 악하다(자신에 대한 불신)는 이유로 홍수로 멸한 후 후회하다.

▷"여호와께서 그 향기를 받으시고 그 중심에 이르시되 내가 다시는 사람으로 말미암아 땅을 저주하지 아니하리니, 이는 사람의 마음이 계획하는 바가 어려서부터 악함이라. 내가 전에 행한 것 같이 모든 생물을 다시 멸하지 아니하리니."(창 8:21)

▷"내가 너희와 언약을 세우리니, 다시는 모든 생물을 홍수로 멸하지 아니할 것이라. 땅을 멸할 홍수가 다시 있지 아니하리라."(창 9:11)

●홍수로 모든 생명을 멸하고 난 후 다시는 그리 하지 않겠다고 맹세했건만, 다시 땅 위에 있는 모든 것을 진멸하겠다고 분노하다.

▷"여호와께서 이르시되 내가 땅 위에서 모든 것을 진멸하리라. 내가 사람과 짐승을 진멸하고, 공중의 새와 바다의 고기와 거치게 하는 것과 악인들을 아울러 진멸할 것이라. 내가 사람을 땅 위에서 멸절하리라. 나 여호와의 말이니라."(습 1:2~3)

●이스라엘민족이 자신을 멸시했다며, 전염병으로 멸하겠다고 격분한다. 모세가 '노하기를 더디 하라'고 권면하자, 죄를 사하겠다며 수그러들다.

▷"…여호와께서 모세에게 이르시되 이 백성이 어느 때까지 나를 멸시하겠느냐. 내가 그들 중에 많은 이적을 행하였으나 어느 때까지 나를 믿지 않겠느냐. 내가 전염병으로 그들을 쳐서 멸하고, 네게 그들보다 크고 강한 나라를 이루게 하리라. …모세가 여호와께 여짜오되 …이제 주께서 이 백성을 하나같이 죽이시면, 주의 명성을 들은 여러 나라가 말하여 이르기를 여호와가 이 백성에게 주기로 맹세한 땅에 인도할 능력이 없었으므로 광야에서 죽였다 하리이다. …여호와는 노하기를 더디하시고 …애굽에서부터 지금까지 이 백성을 사하신 것 같이 사하시옵소서. 여호와께서 이르시되 내가 네 말대로 사하노라."(민 14:6~20)

●이스라엘민족이 바알들을 섬겼다며 대적에게 넘겨주고는 이스라엘민족이 슬피 부르짖자 뜻을 돌이키다.

▷"이스라엘 자손이 여호와의 목전에 악을 행하여 바알들을 섬기며, …여호와를 진노하시게 하였으되 …모든 대적의 손에 팔아 넘기시매 …그들이 어디로 가든지 여호와의 손이 그들에게 재앙을 내리시니… 곧 여호와께서 말씀하신 것과 같고, 여호와께서 그들에게 맹세하신 것과 같아서 그들의 괴로움이 심하였더라. …그들이 대적에게 압박과 괴롭게 함을 받아 슬피 부르짖으므로 여호와께서 뜻을 돌이키셨음이거늘."(삿 2:11~18)

●이스라엘민족이 금송아지를 만들어 예배하고, 다른 신을 섬겼다며 진멸하겠다고 격분한다. 모세가 또 '맹렬한 노를 그치시라'고 간원하자, 화를 거두다.

▷"…그들이 내가 그들에게 명령한 길을 속히 떠나 자기를 위하여 송아지를 부어 만들고 그것을 예배하며, 그것에게 제물을 드리며 말하기를 이스라

엘아, 이는 너희를 애굽 땅에서 인도하여 낸 너희 신이라 하였도다. 내가 이 백성을 보니 목이 뻣뻣한 백성이로다. …내가 그들에게 진노하여 그들을 진멸하고, 너를 큰 나라가 되게 하리라.

…어찌하여 애굽 사람들이 이르기를 여호와가 자기의 백성을 산에서 죽이고, 지면에서 진멸하려는 악한 의도로 인도해 내었다고 말하게 하시려 하나이까. 주의 맹렬한 노를 그치시고 뜻을 돌이키사 주의 백성에게 이 화를 내리지 마옵소서. …여호와께서 뜻을 돌이키사 말씀하신 화를 그 백성에게 내리지 아니하시니라."(출 32:7~14)

●이스라엘민족이 원망하자 진노하여 불로 위협하다.

▷"여호와께서 들으시기에 백성이 악한 말로 원망하매 여호와께서 들으시고 진노하사 여호와의 불을 그들 중에 붙여서 진영 끝을 사르게 하시매 백성이 모세에게 부르짖으므로 모세가 여호와께 기도하니, 불이 꺼졌더라."(민 11:1~2)

●자신을 따르지 않았다는 이유로 진노하고, 20세 이상은 가나안 땅에 들어가지 못한다고 저주하다.

▷"그 때에 여호와께서 진노하사 맹세하여 이르시되 애굽에서 나온 자들이 이십 세 이상으로는 한 사람도 내가 아브라함과 이삭과 야곱에게 맹세한 땅을 결코 보지 못하리니, 이는 그들이 나를 온전히 따르지 아니하였음이니라."(민 32:10~11)

넷째, 창조주로 둔갑한 하나님

"하나님은 인간의 혼을 창조하고 난 후에 나온 부산물, 찌꺼기이다. 몸은 없으나 인간과 흡사한 속성을 지니고 있다. 그래서 인간에게 의존하여 군림하고 추앙받으며 인간의 왕 노릇하려고 몸부림치는 것이다."

1. 하나님의 야심

1) 인간의 왕

① 독존의 하나님

하나님을 믿는 유일신 교인들은 이 글을 읽어보면 충격 받을 것이다. 하나님에 대한 자신들의 환상이 깨어지기 때문이다. 하나님이 불쌍하기 때문이 아니다. 하나님을 창조주 · 유일신 · 전능신으로 만들어 이룩해 놓은 '성당과 교회가 무너지면 우리는 어떻게 살아야 하나?' 하는 근심 때문이다.

진리는 누구만 좋게 하는 것이 아니다. 하나님도 하나님만 기쁨과 영광을 누리고자 한다면 선의 하나님도 아니고, 진리의 하나님도 아니다. 진리는 보편타당해야 한다. 편견 없이 잘-잘못을 밝히는 것이 진리다. 잘못을 온전히 밝히지 않으면 진리가 나올 수 없으며, 진리가 될 수도 없다. 주어진 것, 있는 것을 검증 없이 그대로 받아들일 경우 잘못된 것을 옳은 것으로 받아들일 수도 있다. 새로운 시각으로 성경 밖에서 하나님을 조명해 본다.

성경은 태초에 하나님이 천지만물과 인간을 지었음을 선포한다(창 1:1). 이 성구를 토대로 유일신 교인들은 하나님과 인간은 창조주와 피조물 관계로 믿고 있다. 하나님이 인간과 세상의 유일한 주인이라는 성구는 성경 여러 군데에 기록되어 있다(사 45:5). 그렇다면, 하나님이 인간과 자연을 지은 목적은 무엇이었을까. 자신의 영광을 위해서다. 하나님 스스로 밝혔다. 인간에게 알리고자 함이다. 인간의 존재목적을 알라는 뜻이다. "이 백성은 내가 나를 위하여 지었나니 나의 찬송을 부르게 하려 함이니라."(사 43:21) 하나님은 6일 동안의 창조를 마친 후에 자신의 피조물들을 보면서 '보시기에 심히 좋았더라'(창 1:31)고 기뻐하였다.

이렇듯 하나님에 의하면 하나님이 인간을 지은 목적은 인간을 위한 것이 아니다. 하나님 자신을 위한 것이다. 인간의 입장에서는 꺼림칙하다. 설혹 그것이 사실이라고 하더라도 인간에게 이렇게 말하는 것은 옳지 않다. 이는 '인간에게는 인권이 없다'는 것을 의미하는 말이기 때문이다. 인간의 부모도 자식에게 이런 말은 하지 않는다. 패륜의 부모도 자신을 위하겠다는 속셈에서 자식을 낳지는 않으며, 자신에게 찬송을 부르게 하려고도 하지 않는다. 동물도 마찬가지다. 그런데 유독 인간과 자연의 창조주라는 하나님만이 자신을 위하라고 강요한다. 하나님의 정체가 의심되는 대목이다.

하나님은 인간을 자신의 백성(출 8:1)으로, 노예(왕하 19:34)로 지었다고 밝혔다. 성경에서의 하나님의 행태를 보면, '인간은 나를 위해 지었다'는 하나님의 이 말이 사실임을 알 수 있다. 하나님은 추호도 인간을 위해 살려는 생각이 없는 창조주다.

인간 위하는 마음 없는 창조주

하나님의 말처럼 인간을 지은 목적은 인간을 통해 기쁨과 영광을 받기 위함이다. 하나님은 이러한 자신의 창조목적을 잃지 않겠다고 굳게 다짐한다. "…나는 내 영광을 다른 자에게, 내 찬송을 우상에게 주지 아니하리라."(사

42:8), "내가 나를 위하여 이를 이룰 것이라. 어찌 내 이름을 욕되게 하리요. 내 영광을 다른 자에게 주지 아니하리라."(사 48:11)

하나님의 이 말은 자신의 창조목적을 어그러뜨리려는 적이 있음을 시사한다. 하나님이 원수로 규정한 마귀가 그다. 하나님은 이 마귀에 대한 경계를 늦추지 않는다(출 20:5~6). 때문에 하나님의 인간에 대한 지배욕은 갈수록 커져만 갔다. 심지어 아브라함이 100세에 낳은 독자 이삭을 번제로 드리라는 시험도 한다(창 22:2).

하나님은 애초부터 인간과 함께 기쁨을 나누려는 생각은 없는 신이었다. 인간을 통해 하나님 홀로 기쁨을 누리고자 했다. 그래서 인간의 왕이 되고자 한 것이다. 하나님에 의하면, 인간과 자연은 하나님을 위해 존재해야 한다. '하나님'이 왜 하나님이냐. 존재하는 모든 것의 첫째이므로, 모든 존재의 시작이므로 스스로 '하나(1)'에 '님' 자를 붙여 하나님이라고 이름 지은 것이다. 하나(1)는 숫자 중에서 제일 첫째(처음) 숫자다. 모든 숫자는 1에서부터 시작된다. 하나님은 존재물 중에서 제일 먼저다. 인간과 자연의 왕이다. 하나님이 어떻게 인간의 왕 노릇 하느냐. 인간에게 오직 자신만이 유일신 · 전능자 · 창조주로 추앙 받는 것이다.

하나님은 인간에게 군림하고 추앙받으며 영광 받으려는 신이다. 그래서 "이스라엘 온 집과 유다 온 집을 자신에게 속하게 하여 그들을 자신의 백성이 되게 하며, 자신의 이름과 명예와 영광이 되게 하려 하였으나 그들이 듣지 아니하였다"(렘 13:11)며 안타까워한 것이다.

하나님은 혼자 영광을 누리기 위해 인간과 자연을 창조하였다. 인간의 부모는 자녀를 위해 존재하지만, 인간의 창조주라는 하나님은 인간에게 자신을 위해 존재(순종)하라고 강요한다. 하나님은 인간의 삶에는 관심이 없다. 자신만 좋으면 그만이다. 하나님은 인간을 사랑하지 않는다. 오직 자신만 사랑할 뿐이다. 하나님은 인간의 왕이고, 인간의 주인이라고 생각하기 때문이다. 패륜의 신이다.

하나님은 인간들이 서로 화목하며 행복하게 사는 것을 바라지 않는다. 인간이 하나님만 경외하고 살면 하나님은 그 이상의 행복과 영광은 없다. 하나님은 인간이 하나님이 하라는 대로 순종하는 모습을 보고 기뻐한다. 무력과 독재를 써서라도 하나님 혼자 기뻐하고자 한다. 하나님이 인간을 혼란케 하고, 곤고케 하는 것은 인간을 자신에게 순종케 하기 위함이다. 하나님이 인간을 해코지한다고 해도 인간으로서는 어찌할 수 없다. 하나님은 인간의 주인이기 때문이다. 하나님은 봉건시대에나 있을 영주(領主)요, 인간은 노예와 같다.

하나님은 제일 높은 자리에 혼자 올라앉아 권세 부리며 좋은 것은 독차지하려고 하려는 신이다. 하나님이 유대민족에게 성전을 건축하게 한 것도 하나님이 기뻐하고 영광을 얻기 위함이다(학 1:8). 유대민족의 마음을 한데 모을 구심점으로 삼아서 유대민족의 마음을 틀어쥐려고 성전을 건축하라고 한 것이다.

자기가 영광 받고, 자기 좋으려고 남을 괴롭히며 사는 것이 악이다. 남을 고통스럽게 하고 호의호식하며 살면 흡혈귀와 다름없다. 이런 인간은 자신의 영을 악령으로 만들 뿐 아니라, 자신이 지은 죄의 대가를 자기 당대에 갚지 못하면 후손에게 넘겨주어 후손이 이자까지 갚아야 한다. 죄를 지으면 그 죄가 자기에게로 되돌아오는 것이 천리법도다. 선한 일을 하면 복을 받고, 악한 일을 하면 벌을 받는 것이 진리다. 창조주라는 하나님도 예외가 아니다.

② 인간의 '몸주' 되려는 하나님

하나님의 뜻인 기쁨과 영광은 어떻게 얻어지는 것일까. 인간이 하나님의 뜻대로 행(순종)하여야만 가능하다. 그러므로 하나님의 입장에서는 인간이 제멋대로 살도록 내버려 둘 수가 없다. 인간이 자기 마음대로 살면 인간의 뜻대로 사는 것이 되고, 인간이 마귀(다른 신)의 마음대로 살면 마귀의 뜻대로 사는 것이 된다. 하나님이 자신의 뜻을 이루려면 필연코 인간으로 하여금 하나님의 뜻대로 행하도록 만들어야 한다. 하나님의 지시대로 행해야 하나님의 뜻이 이루어진다. 인간의 이름으로 하면 인간의 뜻이지, 하나님의 뜻이 아니다. 인간이 하나님의 마음대로, 하나님의 뜻대로 행하여 하나님의 뜻이 이루어져야 하나님의 뜻이 이루어졌다고 할 수 있다.

그러나 인간들은 이러한 하나님의 뜻을 알지 못한다. 설혹 알았다고 하더라도 자신의 뜻을 더 중요히 여긴다. 하나님이 인간에게 순종을 강조하는 이유가 바로 여기에 있다. 하나님은 유대민족에게 하나님이 좋아하는 일만 하고, 하나님이 싫어하는 일은 하지 말라고 가르쳤다. 하나님이 자신의 뜻을 버리지 않는 한 어떻게든지 유대민족을 자신에게 순종하게 만들어야 한다. 하나님은 인간을 떠나 존재할 수 없는 인간의 기생 신(寄生神)이기 때문이다.

형체가 없는 하나님이 최초에 어떻게 인간을 다스리려고 했을까. 구약에서 하나님은 인간과 멀리 떨어져 있었다. 이사야의 표현을 빌리자면, '숨어있는 하나님'(사 45:15)이었다. 그러다가 자신의 메신저를 만든 후 순종자들을 통해 하나님의 처소로서 성막을 만들었고, 다시 성전을 건축하게 했다. 그러나 목적은 인간의 몸을 자신의 성전으로 삼는 것이었다. 그것은 오랜 시간이 지나 신약시대 사도 바울을 통해 발표되었다.

"인간은 하나님의 성전이고, 하나님의 성령이 인간 안에 거한다."(고전

3:16) 이 말은 곧 '인간의 몸은 하나님의 집'이라는 말이다. 무척 당혹스럽다. 하나님은 인간을 필요할 때 사용하는 하나의 도구로 보고 있는 것이다. 인간이 하나님의 집이라니…. 인간을 물건으로 취급하는 것도 그렇고, 말도 사리에 맞지 않는다. 이것은 집주인인 인간을 내쫓고 하나님이 집주인 노릇(인간의 몸주)을 하겠다는 뜻이다. 하나님이 잡신과 같은 짓을 하려는 것이다. 인간을 마소처럼 부려먹겠다는 것이다. 이는 악신이나 하는 짓이다.

'인권' 용납 않는 하나님

하나님은 육체가 없으므로 인간의 몸을 자기 몸처럼 사용하여 자신의 욕망을 이루고자 한다. 이것은 하나님의 억지다. 신이 인간의 왕이 되겠다는 것도 억지고, 인간의 몸을 자기 몸처럼 이용하겠다는 것도 억지다. 창조주로서 인간을 자신의 영광을 위해 지었다는 것부터 모순이다. 발상 자체가 엉뚱하다. 신화에서나 나올 법한 얘기를 사실이라고 우기고 있다. 하나님은 그 정체가 의심스런 신이다. 신과 인간은 격이 다르고, 사는 세계가 다르다. 신은 신의 세상에서 신의 삶을 살고, 인간은 이 세상에서 인간으로서의 삶을 살아야 옳다.

잡신이나 귀신, 마귀들은 인간의 마음을 점령하여 자기에게 순종하도록 만들기 위해 여러 방법을 사용한다. 인간의 몸을 자기 몸처럼 이용하기 위해 별의별 술수를 쓴다. 자신을 위대한 인물이라 속이거나 대의명분을 내세우고, 혹은 집안에 우환이 생기게 하거나 병을 주어 자기 말을 듣게 한다. 강압적으로 굴복시키는 방법도 쓴다. 힘으로 누르면서 위협을 가하여 순종하게 만들기도 한다. 성경에서 하나님도 잡신과 귀신, 마귀들처럼 사기 치고, 위협하며, 유혹하는 등의 수단과 방법을 사용하였다.

하나님이 인간의 몸을 자기 몸처럼 부리겠다는 발상은 인간의 의지를 꺾어 버리는 악행이다. 잡귀신들을 모시고 사는 무당 · 점쟁이들은 자신의 삶이 없다. 하나님에게 쓰였던 메신저들도 마찬가지다. 인간으로서의 자기 삶을 살지 못하였다. 그들은 하나같이 하나님의 꼭두각시 노릇만 하다가 죽었다. 애굽의 파라오와 사생결투 끝에 이스라엘민족들을 해방시키고, 40년 동안 광야를 방랑하면서 약속의 땅 가나안까지 이끌었던 모세는 느보 산 정상에서 약속의 땅을 바라보았지만, 입성하지 못한 채 그 곳에서 죽고 말았다(신 34:7). 모세는 여호와를 통해 유대민족의 한을 풀고자 했으나 허상인줄 깨닫고 한탄하며 죽었다.

하나님이 인간의 자존성을 무너뜨리고 자신에게 의존하여 살게 하려는 것은 자연법칙을 거스르는 행위다. 이 세상에 형체 없는 신, 하나님이 나타나 인간의 삶에 간섭하는 것도 모순된 것이고, 인간을 통해 자신의 왕국을 건설하려는 것 또한 잘못된 것이다. 이것은 해서는 안 될 일이고, 하더라도 되지 않을 일이다. 사상누각을 지으려는 것과 다름없다. 그러나 하나님은 욕심에 눈이 어두워 그릇된 욕망을 버리지 못하고 지금도 인간의 주변을 맴돌고 있다. 어리석기 이를 데 없는 신이다.

하나님의 뜻이 이루어지려면 인간이 하나님의 분신노릇을 해야 한다. 과연 하나님의 꿈은 이루어질 것인가. 불가하다. 하나님은 성경 역사상 6천 년 동안 섭리했다. 그러나 결과는 어떤가. 과연 이 세상이 하나님의 왕국이 되었는가, 혹은 되어가고 있기나 한 것인가. 중세시대 한때는 기독교인들을 통해 세상을 하나님의 세상으로 만들어 가는 듯했다. 그러나 지금 유일신교들은 시들어가고 있으며, 인류로부터 외면 받고 있다. 유일신 교인들은 하나님을 사랑하는 것이 아니다. 그들은 하나님을 통해 복을 받는 것이 목적이다. 그들은 과거의 유대교인들처럼 하나님을 통해 복을 받고 천국에 가려고 믿는다.

하나님을 믿지 않은 사람들은 하나님이라는 말만 들어도 염증을 느낀다. 하나님은 머지않아 인간의 뇌리에서 사라질 수밖에 없다. 거짓 신 하나님의 운명도 얼마 남지 않았다.

③ 하나님이 왕정을 허락한 이유

성경의 하나님은 자신이 세운 메신저들을 통해 직접 유대인들을 다스렸다(출 10:1~3). 하나님이 직접 신정(神政)을 폈다. 하나님은 인간 세상에 자신의 왕국을 건설하고자 하였다.

하나님은 유대민족을 하나님 편, 이방민족은 마귀 편으로 갈랐다. 그리고 이방민족은 차별하고 유대민족은 우대한 것은 유대민족의 자긍심을 높여주어 자신에 대한 의존성을 강화하기 위함이다. 그러나 유대민족은 하나님의 신정을 거부하고 인간의 왕정(王政)을 원했다. 인간을 자신들의 왕으로 세워달라고 한 것이다. 하나님의 주관으로부터 벗어나고 싶었기 때문이다. 몹시 실망한 하나님은 인간이 자기를 버려 인간의 왕이 되지 못하게 했다며 탄식한다(삼상 8:1-9).

유대민족이 하나님의 다스림을 거절하고 왕을 세워달라고 한 이유는 무엇이었을까. 하나님을 믿을 수 없었기 때문이다. 말뿐이고, 되는 것이 없기에 인간의 왕을 요구한 것이다. 하나님은 탄식하면서도 이를 허락했다. 그렇다고 하나님이 인간의 왕이 되겠다는 자신의 뜻을 접은 것은 아니다. 첫째는 자신에게 멀어져가는 민심을 잡아서 유대민족을 자신의 '우리'에서 벗어나지 못하게 하기 위해서였다. 둘째는 자신의 말에 절대순종, 절대복종하는 인물을 왕으로 세워서 자신의 뜻대로 움직이게 하려는 속셈이었다. 이른바 하나님이 섭정(攝政)을 하려고 했던 것이다.

하나님은 적합한 인물이라 여긴 사울을 유대민족의 왕으로 세우고 자신의 뜻대로 움직이려 하였다. 그러나 사울은 하나님의 명령에 순종하지 않았다. 하나님은 '순종이 제사보다 낫다'고 질책하였고, 사울을 왕 삼은 것을 후회하였다(삼상 15:11). 그렇다고 해서 하나님이 권력욕을 버린 것이 아니다. 왕을 바꿀 계책을 꾸몄다. 하나님은 마침내 다윗을 세운 후 자신이 부리는 악신을 보내 사울을 괴롭혔다(삼상 16:14). 결국 사울은 자결로써 생을 마감했다. 그의 사랑하는 세 아들도 사울과 함께 죽었다(삼상 31장). 하나님이 세운 중심 인물이라 하더라도 하나님의 말을 듣지 않으면 이 같은 최후를 맞는다. 하나님은 자신의 말처럼 자신이 긍휼히 여길 자만 긍휼히 여겼다.

사울의 불순종 사건 이후 초조해진 하나님은 자신이 유대민족의 왕임을 각인시키려고 애썼다. 메신저를 통해 나타날 때마다 '나는 만군의 여호와 하나님'이다, '나는 너희의 여호와 하나님이다', '너희를 애굽에서 구해낸 하나님이다'고 강조했다. 그리고는 '나를 경외하라', '나의 규례와 법도를 지키라'고 지시했다. 특별한 사건이 있을 때에는 '단을 쌓으라'(출 20:24), '이 날을 기념하라'(출 12:13)는 주문도 했다. 이 말은 '내가 사람의 주인이다, 하나님이 너희의 중심이니 하나님만 붙잡고 따라오라. 나는 이렇게 능력 있으니 내 말을 잘 들어야 한다. 나를 공경하고 떠받들라'는 말이다. 인간을 하나님의 우리 안에서 벗어나지 못하게 하기 위함이었다. 하나님 혼자 인간 위에 군림하고, 추앙받으려는 심산이었다. 자신의 라이벌 마귀를 염두에 둔 포석이기도 했다.

틀어진 하나님의 계획

그러나 유대민족은 하나님의 바람대로 움직여주지 않았다. 자신의 영광을 위해 지은 인간이 말을 듣지 않자, 대노했다. 입에서 저주(렘 42:22)와 독설

(겔 1:10)이 끊임없이 쏟아내고, 분노가 폭발했다(습 1:2). 보복(렘 44:2)이 난무했다. 공격성도 심해져서 여차하면 사람을 죽였다(출 32:28). 인간에 대한 자신의 영향력을 잃을까 봐 초조한 나머지 독재가 극심해진 것이다. 종내에는 자신의 감춰져 있던 속성마저 적나라하게 드러내고 말았다.

하나님은 의처증 환자처럼 유대민족에 대해 간섭했다. 세세한 부분까지 지시하며 유대민족을 자기 마음대로 좌지우지하고자 했다. 인간에 대한 지배욕이 점점 강해져만 갔다.

하나님은 시내 광야의 회막에서 자신의 메신저 모세를 통해 다음과 같이 지시했다. "너희는 이스라엘 자손의 모든 회중 각 남자의 수를 그들의 종족과 조상의 가문에 따라 그 명수대로 계수할지니, 이스라엘 중 이십 세 이상으로 싸움에 나갈 만한 모든 자를 너와 아론은 그 진영별로 계수하되 각 지파의 각 조상의 가문의 우두머리 한 사람씩을 너희와 함께 하게 하라"고 하며 직접 거명했다(민 1:1~15). 또한 이스라엘을 향해 진노하고 그들을 치려고 다윗을 격동시켜 이스라엘과 유다의 인구를 조사하라고 시키기도 했다(삼하 24:1). 다른 신을 섬기는 이방민족들과 전쟁을 벌이기 위한 것이다. 그것은 곧 자신에 대한 반발을 외부로 돌려 자신으로부터 멀어지는 민심을 결집시키기 위한 것이었다. 인간 위정자들이 국내의 문제를 해결하기 위해 전쟁을 벌이는 것과 흡사하다.

하나님은 왜 유대민족의 삶을 간섭하고, 주관하려고 한 것일까. 그래야 자신의 존재의미가 있고, 그래야 자신의 목적을 달성할 수 있기 때문이다. 그래서 자신만 숭배하기를 강요하고, 자신이 하라는 대로 하며 살라고 들볶으면서 유대민족을 자신이 원하는 길로 내몬 것이다. 자신의 말에 불신하면 불호령을 내리고, 저주와 징벌로 다스린 것이다. 유대민족은 하나님의 독선과 독재에 숨도 못 쉴 지경이었다.

하나님이 유대민족만 붙잡고 섭리한 이유는 무엇일까. 로마를 잡아서 하나님의 우리 안에 가두기 위해서였다. 이는 어부가 고기를 많이 잡기 위해 물 흐름의 길목에 어망을 치는 것과 같다.

하나님은 유대민족에게 자기 말 잘 들으면 '젖과 꿀이 흐르는 땅'을 주겠다, 천대 만대까지 복을 주겠다고 유인하여 출애굽시켰다. 그것은 곧 '내 우리 안에 들어오면 맛있는 음식을 마음껏 먹을 수 있게 해 주겠다'는 뜻이다. 북한의 김일성도 북한주민들에게 '이밥에 고깃국 먹게 해 주겠다'며 자신에게 순종하게 했지만, 배고파 죽은 사람이 그 얼마였던가. 엎드리면 코 닿을 곳을 40년 동안 유리방황하며 끌려 다닌 유대민족의 고통을 생각해 보라. 도깨비에 홀려 밤새 끌려 다닌 사람처럼 광야를 헤맸다. 얼마나 고생했겠으며, 얼마나 많은 사람이 죽었겠는가.

실체가 없는 존재는 마음뿐이다. 말뿐인 존재다. 말밖에 없다. 세상에 말로 되는 일이 어디 있던가. 그러나 사기꾼은 말로 다한다. 말이 곧 그의 능력이요, 삶의 수단이다. 하나님은 인간으로 하여금 지상에서의 삶을 도외시하게 만들고, 인격적으로 성숙하지 못하게 붙잡아 미숙아로 전락시켜서 자기 손아귀에서 벗어나지 못하게 하려고 한다.

④ 순리 거스르는 하나님

전지전능하다는 하나님이 마음만 먹으면 애굽을 접수하여 더 큰 세력을 확보할 수 있었을 것이다. 그런데 하나님은 유대민족을 출애굽 시켜 40년 동안 고생시키며 광야에서 죽게 만들고, 가나안 7족을 멸하고 그들이 사는 땅을 빼앗았다. 그것은 유대민족의 하나님이 되려는 것이었다(민 15:41). 자신의 말을 잘 듣는 사람들만 모아서 자신을 섬기게 하고(출 8:1), 자기 왕국을 건설한 후 로마를 점령하여 세상을 자기 세상으로 만들려는 계획이 있었기 때문이다.

창조주라는 하나님이 인간사에 끼어들어 간섭하면, 인간이 하나님에게 의존하여 자존성(自存性)을 잃게 되고, 그러면 인간의 삶의 질서가 무너져서 결국 인간은 하나님의 로봇이 되고 만다. 그래서 조물주는 자연의 기운으로 존재하며 생명을 나고 자라게 하며, 자연의 법칙으로 보호해 줄 뿐 인간 앞에 나타나지 않는다. 묵묵히 조물주로서의 할 일만 하고 있다. 그러나 하나님은 창조주로 나타나서 인간을 자기 우리 안에 가두어 놓고 인간의 왕 노릇하려고 안달한다. 세상에 자신의 왕국을 건설하려고 물을 위로 흐르게 하려는 어리석은 짓을 감행하고 있다. 욕심을 이기지 못하고 순리를 거스르는 무모한 짓을 행하고 있다.

하나님의 '인간 왕 섭리'는 상처뿐이었다. 순리를 거스르는 행위에 대한 반작용이다. 당연한 귀결이다. 자업자득이다. 몸이 없는 하나님도 고통을 느낄까. 군림하고, 추앙받는 맛을 알기에 고통의 맛도 느낀다. 오죽 답답하고 고통이 컸으면 성경 곳곳에 자신의 심경을 드러냈겠는가. "슬프다. 어떻게 위로받을 수 있을까. 내 마음이 병들었다."(렘 9장), "슬프다. 내 상처여. 내가 중상을 당하였도다."(렘 6:37), "슬프다 나의 근심이여, 어떻게 위로를 받을 수 있을까. 내 마음이 병들었도다."(렘 8:18)

하나님의 마음속에는 슬픔이 가득 차 있다. 마음이 병들어 큰 상처가 났다. 근심이 쌓여 위로 받을 길을 찾지 못하고 있다. 만사가 자신의 뜻대로 되지 않아 고통스럽다고 한탄하고 있는 것이다. 가해자의 고통이 이 정도라면 피해자인 인간의 고통은 오죽했을까.

하나님은 절망의 늪에 빠져 허우적거리면서 자신을 고통스럽게 만드는 유대민족을 저주하고, 신세를 한탄했다. 초라하고 가엾기까지 하다.

"…내가 이 땅에 사는 자를 이번에는 내던질 것이라. 그들을 괴롭게 하여 깨닫게 하리라. 슬프다, 내 상처여, 내가 중상을 당하였도다. 그러나 내가 말하노라. 이는 참으로 고난이라. 내가 참아야 하리로다. 내 장막이 무너지고, 나의 모든 줄이 끊어졌으며, 내 자녀가 나를 떠나가고 있지 아니하니, 내 장막을 세울 자와 내 휘장을 칠 자가 다시 없도다. 목자들은 어리석어 여호와를 찾지 아니하므로 형통하지 못하며, 그 모든 양 떼는 흩어졌도다."(렘 10:18~21)

이렇듯 하나님 자신이 고통스럽다고 하소연만 할 뿐 인간의 사정과 고통에 대해서는 한마디도 없다. 인간은 하나님의 안중에 없는 것이다. '나 외에는 아무 것도 없다.'는 하나님이 아닌가. 하나님의 고통은 자초한 것이다. 인간을 자기 마음대로 부리려고 한 결과다. 인간을 원망하는 것은 적반하장이다. 인간을 위해 주었다면 인간에게 배척당하지 않았을 것이다. 새장에 갇혀 살려는 새는 없다. '품안의 자식'이라는 말도 있다. 젖먹이도 걸음을 떼면 부모의 품을 벗어나 자기 가고 싶은 데로 가고자 한다. 이것은 인지상정이다.

하나님은 유대민족을 자기 주관 권에서 벗어나지 못하게 다그치고, 유대민족은 하나님의 손아귀에서 벗어나려고 몸부림쳤다. 구약시대 내내 이렇듯 하나님과 유대민족의 실랑이는 계속됐다. 신(귀신)에게 의존해 사는 사람은 자기 삶이 없다. 신의 생각대로 살아야 한다. 신의 꼭두각시, 로봇이 돼야 한다. 하나님과 인간은 악연임에 틀림없다.

하나님은 유대민족의 인권은 생각하지 않았다. 오로지 자기 손아귀에 틀어쥐고 자기 뜻을 관철시키려고 안달했다. 집착이 심하면 정신에 이상이 생기기 마련이다. 하나님은 의처증에 걸린 남편처럼 행동했다. 해서는 안 될 행동을 반복했다. 하나님은 인간에게 남편인 자신만을 사랑하라고 다그쳤다. 다른 신을 섬기는 행위는 정부와의 부정한 음란행위이므로 절대 해서는 안 된다고 질투하면서 저주와 독설을 퍼붓고, 보복과 살인을 자행하였다.

인간을 빼앗으려고 호시탐탐 기회를 엿보는 연적(戀敵-다른 신)들 때문에 골머리를 앓아서 정신에 이상이 생긴 것일까, 본질이 그런 것일까. 하나님은 인간이 상상하는 그런 하나님이 아니었다.

⑤ 허수(虛數)만 제시한 하나님

자신에게서 멀어져가는 인간에게 자신을 어필하기 위한 하나님의 노력은 애처롭다. 하나님은 '나 외에는 신이 없다'고 강조하였고, '믿을 자는 오직 하나님뿐'(신 5:7)이라고 역설했다. 그리고는 "…배역한 자식들아 돌아오라. 나는 너희 남편임이라."(렘 3:14)고 일러도 주었고, "이스라엘의 집과 유다의 집이 내게 심히 반역하였느니라."(렘 5:11)고 한탄하면서 "내가 술법으로도 제어할 수 없는 뱀과 독사를 너희 가운데 보내리니 그것들이 너희를 물리라 하시도다."(렘 8:17)고 위협도 가했다. "…만군의 여호와께서 이처럼 이르시되 너희는 내게로 돌아오라. 만군의 여호와의 말이니라. 그리하면 내가 너희에게로 돌아가리라. 만군의 여호와의 말이니라."(슥 1:3)고 호소하기도 했으나 그것은 메아리일 뿐이었다.

인간들은 하나님의 주관 권에서 벗어나는 일이 다반사가 됐고, 하나님은 인간들에게 끊임없이 '내 품에 돌아오라'고 간절히 호소했다. 인간들은 입술로는 하나님을 경외했으나 마음은 하나님에게서 점점 멀어져갔다. 하나님을 버리고 이방신을 섬겼다. 이러한 인간을 지켜봐야 하는 하나님은 슬프고 마음이 아프고 답답하다고 하소연하였다. '내가 자식을 양육하였거늘 그들이 나를 거역하였도다. 소는 그 임자를 알고 나귀는 주인의 구유를 알건마는 이스라엘은 알지 못하고 나의 백성은 깨닫지 못하는도다.'라고 한탄하며 부패한 자식, 패역한 자식이라고 질타하였다. 심지어 '이 개들은 탐욕이 심하여 족한 줄을 알지 못하는 자'라고 분개하며, 사람들이 악(불순종)을 행하는 것을 견디지 못하였다. '진흙이 토기장이의 손에 있음 같이 너희가 내 손에 있으니 내게 돌아오라'며 절규하였다.

하나님은 인간들이 자신의 목소리를 들으면 '하나님의 백성'이 될 수 있다고 호소하며 '인간들의 하나님'이 되고 싶어 했다. 하나님은 여호와의 규례를 알지 못한다고 통탄하면서 '규례와 법도를 지킬 것'을 권면했고, '우상을 멸하며' '여호와를 경외하면 복을 주리라'며 한없는 애정을 표현하였다. 하나님은 마귀가 자신에게 대적한다고 탄식하고, '너희가 나를 누구에게 비기며 나로 그(마귀)와 동등이 되게 하겠느냐', '어느 나라가 그 신을 신 아닌 것과 바꾼 일이 있느냐. 그러나 나의 백성은 그 영광을 무익한 것과 바꾸었도다.'라며 이스라엘민족의 배역을 질타하였다. 그러면서도 반드시 창조이상을 회복할 것도 역설하였다. 하나님이 다른 신을 섬기지 말고, 자기만 섬기라고 한 것은 하나님 혼자 인간 위에 군림하고, 추앙받으려는 것이었다.

여기에서 하나님의 뜻이란, 인간들이 '하나님이 준 계명과 규례를 지키는 것'을 의미한다. 그것은 곧 하나님 외에는 '위하는 신을 네게 있지 말라'는 것이며, '믿음을 다하고 성품을 다하고 힘을 다하여 하나님 여호와를 사랑하는 것'이다. 하나님은 '나는 은혜를 줄 자에게 은혜를 주고 긍휼히 여길 자에게는 긍휼을 베푸니라'고 말하고, '나를 사랑하고 내 계명을 지키는 자에게는 천대까지 은혜를 베푸느니라'고 약속하였다. 구구절절이 하나님의 애절한 심정이 배어있다. 이러한 말의 뜻은 유대민족이 '그 신들(마귀와 그 무리)의 가증한 일을 가르쳐 본받게 하려'하므로 '하나님 여호와를 떠나서 다른 신을 섬길까 염려'하기 때문이었다.

이러한 하나님의 간절한 염원을 유대민족이 받아들이지 않은 까닭은 무엇일까. 왜 유대민족은 하나님에게 순종하지 않았을까. 순종하지 않은 유대민족이 잘못된 것인가, 순종을 강요한 하나님이 잘못된 것인가. 유대민족이 하나님에게 의존해 살려는 것은 자신들의 욕심(생존)을 채우기 위해서였다. 그러나 하나님은 아무 능력이 없었고, 말뿐이었다. '하나님은 말씀이다'는 뜻은 하나님은 말밖에 없다는 뜻이다. 유대민족은 실수(實數)를 원했으나, 하나님은 허수(虛數)만 제시했다. 말뿐이었고, 되는 것이 하나도 없기에 믿을 수가 없었던 것이다.

하나님이 자기 말 잘 듣는 사람에게는 천 대 만 대까지 복을 주겠다고 말했지만, 그럴 능력이 있다면 벌써 인류를 자기 '우리' 안에 가두어 놓고 자기 세상을 만들었을 것이다. 유대민족이 금송아지를 만들어 자기들을 인도한 신이라고 한 것도 하나님의 허상 같은 말에 지쳐서 실체적으로 만지고, 보고 싶어서 금으로 송아지를 만든 것이다. 하나님을 따르던 이스라엘민족이 히틀러에게 600만 명이 학살당하고, 세계 각지로 흩어져 유리방황하게 된 것만 보아도 하나님이 어떤 신인지 알 수 있다.

⑥ 하나님에게 운명 내맡기는 유일신교인들

하나님이 유대민족의 수난을 예언하고 저주한 것은 흐름을 알고 말한 것일 뿐 수난 당하도록 유도한 것도 아니고, 자신에게 불순종한 대가로 내린 징벌도 아니다. 하나님은 말밖에 없는 허깨비와 같은 존재다. 하나님의 섭리는 사기꾼의 수법과 흡사하다. 하나님의 장애물은 철이 든 성숙한 인간, 즉 자존자(自存者)이다. 자신의 정체를 알고, 철이 든 사람에게는 접근하지 못한다. 사기꾼이 자기 정체를 아는 사람에게 고개를 들지 못하는 것과 같다.

성경 역사상 6천 년이 넘었건만, 하나님은 아직도 자신의 창조목적을 이루지 못하고 있다. 지상에는 천국이 도래하지 않았다. 하나님의 입지는 점점 좁아지고 있다. 이제 인간들은 '하나님'에 대해 무감각하고, 염증을 느끼기도 한다. 자신이 말한 것은 반드시 이루고야 만다는 하나님, '인간의 왕'이 되려는 꿈을 포기한 것일까. 구약성경에서 유대민족과 인근 이방인들에게 역사하던 하나님은 지금 어디에서 무엇을 하고 있을까. 하나님은 죽지 않았다. 하나님은 살아 있다. 아직도 헛된 꿈에 젖어 '인류의 왕'이 되겠다며 섭리하고 있다. 어둠침침한 동굴 속에서 자신을 하나님, 메시아, 인류의 왕, 인류의 참부모, 인류의 구세주라는 자들과 그를 따르는 무리들을 유대민족 부리듯이 부리며 섭리하고 있다. 유대민족을 홀리듯 '젖과 꿀이 흐르는 가나안 땅'으로 인도해 주겠다고 유혹하면서.

상대방을 위해 주는 것이 선이며, 곧 사랑이다. '인간은 만물의 영장'이라고 한다. 만물을 주관하려면, 자유가 주어져야 한다. 옳고 그른 일, 해야 할 것과 하지 않아야 할 것을 스스로 알아서 할 수 있어야 한다. 조물주가 이래라 저래라 명령하여 행하면, 심부름꾼밖에 안 된다. 인간에게는 스스로 선악을 분별하고, 해야 할 것과 하지 않아야 할 것을 알 수 있는 자유의지와 사랑, 양심이 있다. 조물주에게서 받은 것이다. 조물주에게는 강제나 간섭이 없다. 조물주가 지은 자연을 보면 알 수 있다. 모두 조물주를 닮아서 자존하고 있다.

악은 독재를 쓰고, 상대방에게 자유를 주지 않는다. 악인의 마음에는 돼지와 사자, 늑대, 뱀 같은 마귀의 욕심이 있기 때문에 무엇이든지 자기 마음대로 하려고 한다. 다른 사람을 자기 종처럼 부리려하고, 재물이나 권력이나 좋은 것은 모두 제 것으로 만들려고 한다. 자기가 왕 노릇하려고 한다. 악인이 권력을 쥐면 자기 말을 안 듣는 사람은 죽인다. 하나님과 똑같다.

선과 사랑, 생명 안에는 자율성이 들어 있다. 자유가 있는 선이라야 선이고, 자유가 있는 사랑이라야 사랑이며, 자유가 있는 생명이라야 생명이다. 하나님이 사람에게 자유를 주지 않고 자신에게 순종하기만을 바란다면, 하나님은 선과 사랑과 생명의 주인도 아니고, 창조주도 아니다. 자유를 주고 스스로 깨닫게 하여 키우는 것이 선이요, 사랑이요, 생명이다. 선은 악을 보고 마음이 아파 안타까워하는 마음이다.

인간에게는 자존성이 내재되어 있다. 그래서 자기가 원하는 삶을 살고자 한다. 조물주나 자연이 자존하듯, 인간도 자존하도록 되어 있다. 그러나 노예에게는 자존성이 없다. 주인에게 의존하여 산다. 물건이나 로봇과 다름없다. 인권이 없다. 자신에 대한 소유권이 주인에게 있다. 노예는 자기 마음대로 살 수 없다. 주인이 채찍을 가해도 감수해야 한다. 노예는 노예근성 때문에 노예 생활에서 벗어나지 못한다.

1948년 유엔이 '세계인권선언'을 선포한 이래 많은 나라에서는 인권보장을 헌법으로 규정하여 인간의 존엄성을 보호하려고 노력하고 있다. 우리나라도 이를 헌법에 명시하고 있다. "모든 국민은 인간으로서의 존엄과 가치를 가지며, 행복을 추구할 권리를 가진다. 국가는 개인이 가지는 불가침의 기본적 인권을 확인하고 이를 보장할 의무를 진다."

세상은 자유의 세상이지만, 유일신 교인들에게는 자유가 없다. 하나님과 교리에 얽매어 자기 삶을 살지 못한다. 하나님과 종교에 자신의 운명을 내맡기고 산다. 하나님과 종교가 그들의 운명을 좌우하고 있다.

2) 하나님의 자기 높임

하나님은 인간의 스토커다. 하나님은 인간을 자신의 소유물로 여기고, 인간의 일거수일투족을 자신에게 맞추게 하려고 스토킹 한다. 철저히 계산된 의도로 인간을 사육하고자 간섭한다. 하나님은 인간의 왕이기에 인간에게 자신에게 영광과 찬송을 부르게 하려고 섭리한다(사 43:21).

하나님은 자신을 존엄히 여긴다. 그래서 스스로 높인다. 성경에서 하나님의 명칭은 다양하며, 찬양 일색이다. 예컨대 '창조자(Elohim)'를 비롯하여 '스스로 계신 자(Jehovah)', '모든 것의 주인(Adonai)', '만군의 여호와(Jsebaoth)', '가장 높으신 이(El Elydn)', '전능하신 이(Elshadda)', '전지전능하신 분(Theos)', '생명의 주인(Kuries)', '영혼의 아버지(Father)', '만물의 주인(Lord)' 등 모두 하나님을 높이고 찬양 일색이다.

무슨 뜻으로 한 말일까. 조물주님에게 물어보았다. ▷'창조의 하나님'이라는 말은 하나님 자신의 권위를 높여서 인간들로 하여금 자신에게 의존케 하기 위한 수단이다. ▷'스스로 계신 하나님'은 자존하는 조물주를 흉내 낸 말이다. ▷'모든 것의 주인 하나님'은 모든 것은 하나님 것이니, 사람이 말을 잘 들으면 원하는 것을 줄 수도 있다는 말이다. ▷'만군의 여호와'는 여호와가 만왕의 왕이라는 뜻이다. 여호와의 하수인은 만왕이라고 한다. ▷'가장 높으신 하나님'은 하나님 위에는 없다. 하나님이 최고라는 말이다. 가짜는 최고가 될 수도 없고, 되지도 못한다. ▷'전지전능하신 하나님'이라는 말은 인간들의 하나님에 대한 의존성을 높이겠다는 뜻이다. 하나님이 인간보다 능력이 있고, 힘이 있다는 것을 보여줘야 인간들이 의존하기 때문이다. 그런 것이 없다면 인간이 존재조차 알 수 없는 하나님을 의존할 근거가 없어진다. 하나님이 자신에 대한 거역자들을 무참히 도륙한 것도 그 한 방법이다(출 30:14~16). 하나님은 능력 있고 무서운 존재라는 것을 각인시켜서 인간으로 하여금 자신에게 순종하게 만들려는 의도다.

'자기높임'은 하나님의 생존수단

▷'생명의 주인이신 하나님'은 하나님 마음대로 사람을 죽일 수도 있고, 살릴 수도 있다고 공갈 협박하는 말이다. ▷'영혼의 아버지 하나님'은 사람은 죽

어서까지도 하나님 안에 있어야 한다는, 인간에 대한 끈질긴 지배욕을 말한 것이다. ▷'만물의 주인 하나님'이라는 말은 인간이 실증적으로 체감하고 있는 만물은 하나님이 창조한 것이니 내 것이다. 내 마음대로 할 수 있다. 인간은 하찮은 존재다. 내 말 듣지 않으면 필요 없다고 위세 하는 말이다. ▷여호와가 자신을 '하나님'이라고 한 뜻은 모든 것이 하나님 나로 말미암음이다. 나를 의존하지 않고는 인간은 생존할 수 없다는 의미의 말이다.

▷'하나님은 유일신'이라는 말은 자기 외에는 없다는 말이다. 자기 세상을 만들려는 수작이다. ▷'인간은 하나님의 성전이다'(고전 3:16)는 말은 자신이 인간의 마음속에 들어가 인간의 주인이 되어서 인간과 세상을 자기 마음대로 주관하겠다는 뜻이다. ▷'하나님은 빛이다'는 말은 모든 만물은 큰 빛이든 작은 빛이든 있어야 생존하므로 하나님 내가 없으면 인간은 죽는다. 그러니 나를 우러러 받들라는 뜻이다. ▷'나를 사랑하면 천대까지 은혜를 베풀겠다'(출 20:6)는 말은 인간을 꾀어 이용하겠다는 유혹이다. 하나님은 '복 줄 테니까 나를 믿고 의존하라, 내가 하라는 대로 하라'고 유혹하는 신이다.

하나님이 이처럼 자신은 높인 반면 인간은 낮고 천하다고 말한 것은 인간에게 군림하여 추앙받기 위한 하나님의 생존수단이다. 인간의 자존성을 무너뜨려서 자신을 의존하게 만드는 방법이 이 방법밖에 없기 때문이다. 하나님의 창조성은 인간을 유혹하는 것이고, 하나님의 능력은 미숙한 인간을 유린하는 것이다. 인간을 유혹하기 위해 자신을 과시하고, 위협하고, 달래고, 압박하고, 죽이고, 사기 쳐서 인간을 지배하지 않으면 존재할 수 없는 신이다. 사기꾼 · 조직폭력배 · 살인마의 전형적인 모습이다. 그 시대의 사람들에게는 먹혀들었을지 모르지만, 현시대 사람들은 하나님의 존재를 믿지도 않을 뿐더러 성경의 하나님을 한심한 존재로 여기고 있다.

하나님은 인간을 이롭게 해 준다고 말하지만, 그것은 말 뿐이고, 나중에는 해롭게 하는 존재다. 이용만 하기 때문이다. 인간도 하나님을 믿는다고 말하지만, 실상은 하나님을 통해 자기 욕심을 채우려는 것이지, 하나님을 믿는 것이 아니다. 하나님-종교지도자-신도의 관계는 서로 이용하려는 공존관계다.

하나님과 유일신교는 인간의 자존적인 삶을 무너뜨리고, 자연의 법칙을 거스르고 있다. 인간을 우매한 인간으로 만들어 하나님과 자기종교의 굴레에 가두어 놓고 이용하려고 한다. 하나님과 자기종교에 의존하게 만들어 인간의 자존의 흐름을 막고, 자연의 흐름을 막아서 꼼짝할 수 없는 몽상가로 만들려고 한다. 하나님과 유일신교의 문제다. 여기에 창조의 부산물 귀신들이 가담하여 혼란을 가중시키고 있다. 인간답지 못하게 하고, 자연의 법칙을 막아 어둠으로 끌고 가고 있다. 인간의 자존성을 말살하고, 하나님과 자기 교조의 가르침에 의존하게 하는 것이 죄다.

인간이 유일신교의 경전과 하나님을 믿는 순간 이성과 자연의 법칙은 무용지물이 된다. 혼돈과 공허에 빠지고 만다. 다른 행성에서 사는 사람이 된다. 찬송이나 기도, 예배 등의 종교적인 행위는 자기최면이 되어 일시적으로는 위안이 될 수 있으나, 신과 종교에 매여 자기 영혼의 성숙을 저해한다. 어머니의 품을 벗어나지 못하는 어린아이로 만든다. 인간은 자연의 기운과 법칙에 의해 생존한다. 기운을 받게 해주겠다, 복을 받게 해주겠다, 구원해 주겠다는 말은 사기꾼의 유혹이다. 이런 것들을 받으려면 자존하는 마음가짐과 생활이 올바라야 한다.

'순종이 제사보다 낫다'

신앙인이 신앙의 대상에게서 벗어나면 마음이 허전해진다. 우선은 불안감과 죄의식에 빠진다. 약물중독자의 금단증상 같은 것이다. 정신이 어리고 약하기 때문이다. 그래서 신앙을 버리기가 쉽지 않다. 그러나 의존성을 버려야 독립할 수 있고, 철이 들고, 성숙한 길로 갈 수 있다. 인간에게 해로운 것들은 의존성 있는 인간을 필요로 한다.

기독교의 경우 중요한 신앙의 덕목이 믿음과 순종이다. 기독교 지도자들이 신도들에게 많이 하는 설교가 '제사보다 순종이 낫다'는 말이다. 하나님에게 순종하지 않으면 하나님도 버린다는 성경이야기다. 설교목적은 '하나님의 종'(지도자)인 자신에게 순종하라는 뜻이다.

"하나님께서는 옛날 이스라엘 백성들이 애굽에서 나올 때 아말렉이 그들을 대적한 것을 기억하시고, 사울에게 아말렉 사람들과 가축들을 전멸시키라고 명령하셨다. 이에 사울은 병력을 소집하여 아말렉을 쳤으나, 하나님의 명령에 불순종해 왕인 아각을 생포하고 좋은 양과 소들은 살려 두었다. 이에 여호와께서 사무엘에게 사울이 명령에 순종하지 않으니, 내가 그를 왕으로 세운 것을 후회한다고 말씀하셨다.

다음 날 사무엘이 사울을 만나 책망하자, 사울은 그것은 여호와께 제사를 드리기 위해 남겨 둔 것이라며 변명했다. 그러자 사무엘은 여호와께서 제사 드리는 것과 순종하는 것 중 어느 것을 더 좋아하시겠소. 순종하는 것이 제사보다 낫고, 여호와의 말씀을 듣는 것이 숫양의 기름보다 나은 것이오. 거역하는 것은 마술의 죄와 같고, 완고한 고집은 우상 숭배와 다를 바 없기 때문이오. 당신이 여호와의 말씀을 버렸으므로 여호와께서도 당신을 버려 왕이 되지 못하게 할 것이오라고 선언했다."(삼상 15:1~23)

성경에는 하나님이 명하지 않은 행동을 했다가는 죽임을 당한다는 이야기도 등장해 섬뜩하다.

"아론의 아들 나답과 아비후는 자기 향로에 여호와가 명하지 않은 다른 불을 담아 여호와 앞에 분향하였다. 그 순간 불이 여호와 앞에서 나와 그들을 사

르니 그들이 여호와 앞에서 죽었다."(레 10:1-3)

인간은 하나님의 손아귀에서 벗어날 수 없음을 알리려는 동화 같은 이야기도 있다.

"요나가 하나님의 명령을 거역하고 배를 타고 도망가려고 할 때 하나님께서는 폭풍을 일으켜 배에 있는 모든 사람으로 하여금 어려움을 당하게 하였다. 이에 그 배의 선원들은 이 재앙이 누구 때문인지 제비를 뽑아 알아보자고 하며 제비를 뽑았는데, 요나가 뽑히게 되었다. 사람들이 요나에게 물었다. 무슨 이유로 우리가 이 재앙을 당하게 되었고, 당신은 무엇 하는 사람이며, 어디로 가고, 어느 나라 사람이오. 이에 요나는 할 수 없이 나는 히브리 사람이며, 바다와 육지를 만드신 하나님 여호와를 섬기는 사람입니다라고 대답한 후 자기가 여호와를 피해 도망치고 있음을 밝혔다. 요나는 하나님을 피해 달아날 수 있다고 생각했으나, 하나님의 섭리로 그는 제비뽑기를 통해 자신이 하나님께 불순종하고 있음을 고백할 수밖에 없었다."(욘 1:1~10)

2. 하나님 vs 마귀

1) 하나님의 죄와 마귀의 죄

최근 스티븐 호킹 박사가 한 말이다.

"신이 존재하지 않다고 증명하는 것은 불가능하다. 하지만 과학은 신이 불필요한 존재라는 것을 증명할 것이다."

하나님은 형체가 없는 신이다. 사람의 오감으로는 느낄 수 없는 존재다. 하지만 영적으로 느끼는 사람들이 있다. 성경은 하나님이 실존함을 밝히고 있다. 하나님은 인간과 자연을 창조한 창조주이고, 자기 외에는 아무 것도 없는 유일신이며, 자신이 곧 법인 무소불위의 권력자이고, 못할 것이 없는 전지전능자라고 한다. 또한 사랑이고, 선이라고도 한다.

야웨, 여호와, 아도나이, 엘로힘, 엘온…. 구약성경에는 하나님의 이름이 다양하게 등장한다. 그 이름만큼이나 하나님의 이미지 또한 여러 가지다. 그 중 가장 충격적으로 부각되는 이미지가 '분노와 전쟁의 신'이다. 하나님은 자신의 말을 안 듣는다고 자신이 선택한 이스라엘민족에게 형제와 친구와 이웃을 죽이라고 명하여 3000명가량이 목숨을 잃었다. 자식과 형제를 죽인 사람들을 추켜세운 모세의 말은 가관이다. "각 사람이 자기의 아들과 자기의 형제를 쳤으니, 오늘 여호와께 헌신하게 되었느니라"(출 32:26~29).

하나님은 다른 신을 섬겼다는 이유로도 사람들을 무참하게 죽였다(민 25:5). 남녀와 소아와 젖 먹는 아이, 우양과 낙타와 나귀까지도 살육케 했다(삼상 15:3). 심지어 아브라함의 믿음을 시험해 보기 위해 100세 때 얻은 독자 이삭을 번제 드리라는 무자비한 명을 내리기까지 했다.

사랑의 왕이라는 하나님(요일 4:7~8)이 왜 자신이 창조한 인간에게 이토록 잔혹한 행위를 지시하였을까. 여기에는 필시 인간이 알지 못하는 어떤 곡절이 있을 법하다. 모세는 그 이유에 대해, '…원수에게 조롱거리가 되게 하였음이라'(출 32:25)고 설명한다. 즉, 인간의 살육은 원수에게 조롱거리가 되게 한 분풀이요, 징벌이라는 것이다. 사랑의 본체라는 하나님이 자신이 창조한 인간을 마구잡이로 죽였다는 사실이 믿기지가 않는다. 또한 하나님에게 원수가 있다는 것도 쉽게 받아들여지지 않는다.

그러나 성경을 상고하면 하나님에게도 원수가 있다(삿 5:31). 하나님이 예수를 세상에 보내 사역케 한 것도 자신의 원수를 멸망케 하기 위함이다(행 10:38). 그렇다면 하나님의 원수는 누구일까. 사람을 타락시켜 천하를 꼬인(계 12:9) 자다. 곧, 세상의 신이요, 임금노릇을 하고 있는 마귀다. 신약성경 야고보서는 '하나님께 복종하고 마귀를 대적하라'(4:7)고 강조한다.

구약성경에서 하나님은 두 존재 때문에 골머리를 앓았다. 하나는 자신과 비기려하고, 다투려고 하는 마귀다. 하나님은 이 마귀를 원수로 규정하고 저주하였다. 다른 하나는 자신을 불신하는 인간들이다. 하나님은 이런 인간은 마귀와 한편으로 보고 무자비하게 다스렸다. 이스라엘민족이 하나님에게 매일 두들겨 맞은 이유도 하나님으로부터 벗어나려고 했기 때문이다. 그러나 하나님의 말처럼 복을 주었다면, 왜 하나님에게서 벗어나려고 했겠는가. 하나님은 말뿐이고, 폭력적이므로 믿을 수가 없어서 다른 신들을 찾아가게 되었고, 이에 화가 난 하나님은 분노하고 죽였던 것이다. 이스라엘민족은 하나님의 족쇄에서 벗어나는 것이 구원이라고 생각했던 것이다.

마귀보다 더 악랄한 하나님

성경 창세기에는 하나님과 마귀, 인간이 등장한다. 하나님과 마귀는 인간을 사이에 두고 줄다리기를 한다. 결과는 마귀의 승리였다. 인간은 마귀의 유혹에 넘어가 하나님을 버리고 마귀와 짝하였고, 하나님은 짝 잃은 외기러기 신세가 되었다. 구약성경은 하나님이 원수 마귀에게서 인간을 찾으려는(?) 광란의 역사서라고 할 수 있다.

마귀는 헬라어 '다이모온' 혹은 '다이모니온'으로, '신적인 힘'을 뜻한다. 성경은 타락한 천사들이 마귀가 되었다고 한다. 마귀는 초인적인 존재로서 인간에게 질병과 온갖 불행을 가져다준다고 한다. 성경은 마귀는 간교하고(창 3:1), 참소하고(욥 1:9), 올무를 놓고(딤전 3:7), 시험하고 유혹하며(마 4:9), 욕심 많고, 살인한 자요, 거짓말쟁이다(요 8:44). 천하를 꾀는 자이고(계 12:9), 하나님의 대적자(사 14:12~14)이며, 세상의 신(고후 4:4), 세상의 임금 노릇을 하는 자(요 12:31), 인간을 타락시킨 자(창 3:4~5)라고 말한다. 악의 근원이라는 것이다.

하나님은 스스로 창조주라고 말한다. 그런데 전혀 창조주답지 않다. 하나님은 자신이 창조했다는 인간을 마구잡이로 무자비하게 죽였다. 위에 열거한 마귀의 죄목은 사기꾼에 가깝지 조직폭력배나 살인마로 보기는 어렵다. 마귀의 죄는 사기꾼 · 조직폭력배 · 살인마 등 많은 혐의를 가진 하나님의 죄보다 훨씬 가볍다. 하나님이 마귀보다 더 나빠 보이는 이유가 바로 여기에 있다.

하나님은 '오직 자기뿐인 존재'다. 인간을 자신의 노예로 창조했다고 하더라도 생명을 가진 인간의 이해나 처지는 고려해야 한다. 그러나 하나님은 오직 자신에게 초점을 맞추고, 자기 외에는 아무 것도 없다고 여긴다. 자신의 이익만을 꾀한다. 인간의 창조주가 아닌 제3의 존재가 아닐까 하는 의구심이 들게 한다.

하나님은 인간의 심리를 악용하는데 능수능란하다. 거짓말 잘하고, 속이며, 이용하고, 요리조리 빠져나가면서 간사를 부렸다. 사람을 유혹하고 마음에 들어가서 알코올과 마약 같은 기운으로 정신과 마음을 흐리게 하여 이용하기도 했다(삼하 24:1). 하나님을 안 믿는 사람이 성경의 하나님을 보면 술 안 먹은 사람이 술에 취한 사람을 보는 것 같다.

하나님에게는 자신이 부리는 악신도 있다. 하나님은 자신이 왕으로 세운 사울이 자신의 말을 듣지 않자, 이 악신을 시켜 번뇌하게 만들고(삼상 16:14), 비참한 죽음을 맞게 했다. 하나님의 행태를 보면 마귀나 사탄, 악마보다 훨씬 더 교활하고 악랄하다. 분노하고, 저주하고, 죽이는 일이 다반사였다. 인간도 다른 인간과 동물의 아픔을 자기 아픔보다 더 크게 느끼는 인간이 많다. 남을 위해 자기 생명도 바치려고 한다. 그런데 사랑이라는 하나님은 전혀 그렇지 않다. 인간의 목숨을 파리 목숨처럼 취급했다. 자신을 불신한다는 이유로 수백만 명을 무자비하게 죽였다. 그에 반해 하나님의 원수라는 마귀는 몇 사람이나 죽였을까. 성경에 그 기록을 찾아보기 어렵다. 하나님은 마귀보다 더 마귀 같다. 마귀에게 외려 부끄러울 지경이다.

'666'이라는 제목의 일본만화는 일부 재미있다는 반응을 보였지만, 천사와 악마의 가치관에 혼란을 주고 있다고 혹평하는 사람도 있다. 보통 '천사는 착하고, 악마는 나쁘다'는 단순한 명제가 당연시 되고 있지만, 이 만화에서는 '천사와 악마', '선과 악'의 개념이 모호하다고 한다. 이 만화에 나오는 천사는 무자비하고, 악마는 자비롭다. 요즘에는 이렇게 기존의 가치관이나 선입견을 깨는 작품들이 많이 나온다.

분명 우리는 하나님에 대해 간과하는 면이 있다. 말과 행동이 다른 하나님의 정체가 아리송하다는 점이다. 성경에 하나님을 마귀가 타락시킨 인간을 구원하기 위해 수고하는 사랑의 창조주로 묘사한 것은, 어쩌면 자신의 정체를 숨기고 창조주 노릇하려는 하나님의 교묘한 술책인지도 모른다. 마귀같이 행동하는 것을 보면 마귀와 같은 부류일지도 모른다.

2) 마귀를 질투하는 하나님

악이 스스로 녹아 없어지게 하는 방법이 '내가졌습니다.' 하고 자복하게 하는 것이다. 그래야 빛이 난다. 선이 악과 싸우면 악의 대립자가 되고, 그러면 복수하려고 하게 된다. 싸움은 상대가 되기 때문에 일어난다. 마귀는 하나님의 상대다. 하나님은 마귀를 원수로 규정하고, 질투하고, 대립하고, 싸웠다(출 7:22, 12:12). 하나님은 마귀의 대립자이고, 상대다. 상대는 같다는 말이다.

하나님은 자신의 대적자 마귀를 저주한다. "질그릇 조각 중 한 조각 같은 자가 자기를 지은 하나님 자신과 다투는, 화를 받을 자라고 질타한다."(사 45:9~10) 또한 "열국을 엎으려다 땅에 떨어진 자요, 자신과 비기려하니 지옥 맨 밑에 떨어짐을 당하리라"(사 14:12)고 독설을 퍼붓는다.

하나님은 잡신들과도 싸웠다. 블레셋 사람들이 하나님의 궤를 빼앗아 다곤의 신전에 들어가서 다곤 곁에 두자, 얼마 후 다곤이 여호와의 궤 앞에서 엎드러져 얼굴이 땅에 닿아 있었다. 블레셋 사람들이 일으켜 다시 그 자리에 세워놓았다. 이튿날에 보니 다곤이 여호와의 궤 앞에서 또다시 엎드러져 얼굴이 땅에 닿았고, 그 머리와 두 손목이 끊어져 문지방에 있고, 다곤의 몸뚱이만 남게 하였다(삼상 5:1~5).

하나님은 신을 접한 자들과도 다툰다. 접신하거나 박수무당이 되면 돌로 쳐 죽여 그들의 피가 자기들에게로 돌아가게 하고, 다른 신에게 제사 드리는 자도 죽이라(레 20:27, 출 22:18~20)고 지시했다.

하나님은 자신의 적대자 마귀에 대한 원한이 골수에 사무쳐 있다. 창조물이 창조주 위에 올라가려고 하여 천지가 거꾸로 되었다고 생각하기 때문이다. 하나님은 우주에서 제일 큰 죄는 하나님 자신 외의 다른 신을 믿고, 섬기며, 위하는 것으로 규정하고 그 행위를 경멸했다. 그래서 십계명의 첫 계명에 "하나님 외의 다른 신들을 네게 있게 하지 말라"고 적어 놓았다. 하나님은 자신 외에 다른 신을 생각하는 것은 하나님에 대한 더러운 음란행위로 보았다. 하나님은 인간이 잡귀신과 마귀를 마음에 품고 사는 것을 아주 싫어했다.

하나님은 다른 신에게 절하지 말라면서 자신은 질투하는 하나님이라고 밝혔다(출 34:14). 이는 마귀가 하나님보다 더 우월하다는 것을 우회적으로 표현한 말이고, 자신이 마귀 때문에 전전반측(輾轉反側, 걱정거리로 마음이 괴로워 잠을 이루지 못함을 이르는 말)하고 있음을 알리는 말이다.

하나님은 성경 곳곳에 이러한 자신의 심경을 표출하였다. "하나님 외의 다른 신을 섬기지 말라. 네 하나님 여호와는 소멸하는 불이시오. 질투하는 하나님이시니라."(신 4:24) 우상을 만들지 말고, 형상도 만들지 말며, 그것들에게 절하지 말라고 다그쳤다. 그것들을 섬기면 징벌하고, 섬기지 않으면 복을 주겠다고 회유했다. "너는 자기를 위하여 새긴 우상을 만들지 말고, 위로 하늘에 있는 것이나 아래로 땅에 있는 것이나 땅 밑 물속에 있는 것의 아무 형상이든지 만들지 말며, 그것들에게 절하지 말며, 그것을 섬기지 말라."(신 5:8~10)

마귀에게 '원한 사무친 하나님'

하나님은 자신의 분노를 억제하지 못해 홍수로 인류를 멸절시킬지 모르니, 하나님을 두려워하라고 타이르기도 했다. "너희는 다른 신들 곧 네 사면에 있는 백성의 신들을 좇지 말라. 너희 중에 계신 너희 하나님 여호와는 질투하시는 하나님이신즉 너희 하나님 여호와께서 네게 진노하사 너를 지면에서 멸절시킬까 두려워하노라."(신 6:1~15)

사랑의 왕, 창조주 하나님에게서 인간이 상상할 수 없는 독설이 뿜어져 나온다. 하나님은 자신의 분노를 이기지 못하고 보여주고 싶지 않은 자신의 이면을 인간에게 적나라하게 보여주고 말았다.

하나님은 이스라엘민족이 다른 신을 섬기는 것에 대해 경계를 늦추지 않았다. 구약성경 내내 긴장의 끈을 놓지 않았다. 다른 신들에게 경배하지 않고, 섬기지 않고, 주상을 부수고, 하나님만 섬기면 양식과 물과 복을 내리고, 병을 제하여 주고, 낙태하지 않게 해주고, 임신하게 해주며, 수명을 다하게 해주고, 원수들을 쫓아주겠다고 구슬리기도 하였다(출 23:24~32). 하나님에게 있어서 우상숭배는 절박한 당면문제이고, 자신의 생사가 달린 화급한 일임을 보여주었다.

하나님은 분노가 폭발할 때에는 단호했다. 우상과 거짓 선지자와 더러운 귀신을 몰아내겠다고 선언했다. "만군의 여호와가 말하노라. 그 날에 내가 우상의 이름을 이 땅에서 끊어서 기억도 되지 못하게 할 것이며, 거짓 선지자와 더러운 귀신을 이 땅에서 떠나게 할 것이라."(슥 13:2) 또한 "다른 신을 섬기면 하나님에게 범죄 하는 것이고, 그것은 올무가 된다."(출 23:33)고도 경고하였다. "하나님을 위하여 우상을 만들지 말고, 조각한 것이나 주상이나 조각한 석상을 세우고 그에게 경배하지 말라. 이스라엘민족의 신은 오직 여호와 하나님뿐이다."(레 26:1)고 권면도 했다.

미숙한 인간들은 형상을 보고 믿는다. 그래서 다른 신들은 자신의 형상을 만들어 놓고 받들게 하였다. 하나님은 왜 자기 형상을 만들라고 하지 않았을까. 자기 형상이 없기 때문이다. 그런데 자신의 노예인 인간들이 자신을 뒤로 제쳐 놓고 마귀무리들의 형상을 만들고 받드니까 견딜 수가 없었던 것이다.

질투와 시기심은 상대방을 부러워하는 마음에서 유발된다. 질투의 화신은 상대를 미친 듯 증오하고, 신경은 온통 상대의 흠을 잡아내기 위해 혈안이 되게 한다. 질투는 마음을 찌르는 가시와 같다. 밤낮으로 자신을 괴롭힌다. 질투와 시기는 또 다른 형태의 욕망이다. 질투는 열등감에서 나오고, 가장 나쁜 결과를 낳는다. 질투심을 파괴적으로 사용해서 상대를 무너뜨렸다고 하더라도 자신은 행복해지지 않는다.

선인들은 질투는 곧 자멸을 초래하는 독약이라고 알려주었다. "시기와 질투는 항상 타인을 쏘려다가 자신을 쏜다."(맹자), "사랑은 죽음만큼 강하고, 질투는 무덤만큼 잔인하다."(솔로몬), "질투는 사람의 감정 중 가장 오래 간다. 질투는 휴일이 없다. 질투는 가장 사악하고 비열한 감정이다. 이 감정은 악마의 속성이다."(베이컨) "질투로 인해 행복해지는 사람은 없다."(그라시안) 자칭 창조주 하나님이 명심해야 할 말들이다.

하나님은 우상숭배 하는 사람이 받드는 신은 사람이 만들어 놓은 가짜 신으로 보고 이를 강력히 규탄했다. 자신 외의 신들은 모두 허수아비라는 것이다. 진짜신인 창조주 하나님이 우상숭배하지 말라고 성경 여러 곳에 기록해 놓았는데도 사람들은 가짜 신을 위한다고 분통을 터뜨렸다. 자기가 가짜이기 때문에 가짜를 진짜라고 숭배한다면서 그런 자는 가짜의 종이라고 몰아붙였다. 가짜는 마귀이고, 마귀의 종이 마귀를 섬긴다고 탄식했다.

선이 악과 대립하면 선의 가치가 사라진다. 악을 악에서 구원하여 선으로 돌려놨을 때 선의 가치가 살아난다. 선이 악을 불쌍하게 여기고 선으로 구원하여 선이 되게 해야 진짜 선이 된다. 선이 악과 싸우면 악의 상대가 되고, 악의 대립자가 된다.

3) 마귀와 이권 다투는 하나님

성경은 하나님의 대적자이자, 라이벌인 마귀가 세상의 임금노릇을 하고 있다(요 12:31, 요 16:11)고 규탄한다. 하지만, 하나님 역시 인간의 왕 노릇하려고 안달하고 있다(삼상 8:7~9). 신들이 세상의 임금노릇하고, 인간의 왕 노릇하겠다고 서로 싸우고 있는 것이다. 소도 웃을 일이다. 마귀와 하나님 모두 인간의 마음을 빼앗고 이용하여 인간의 왕이 되고자 한다. 목적이 똑같다. 그런데 하나님은 자신이 진짜이고, 마귀는 가짜라고 못 박았다. 그러나 하나님도 마귀와 다를 게 없다. 마귀보다 더하면 더했지 덜하지 않다. 상대가 되니까 서로 싸우는 것이다. 하나님이 전지전능자이거나 사랑의 신이라면 마귀를 자신의 상대로 여기지 않는다. 하나님은 마귀에게 저주만 했지, 없애지는 못했다. 대신 인간에게 그 화풀이를 했다. 마귀가 만만한 상대가 아님을 알 수 있다. 하나님의 능력이 어디까지일지 몹시 궁금하다.

성경에는 마귀의 하나님에 대한 언급이 없다. 하나님의 일방적인 주장과 하나님을 믿는 자들의 주장만 나열되어 있다. 마귀는 하나님에 비해 격이 떨어지는 것은 사실이다. 하나님처럼 자신의 저서(성경)를 만들고, 메신저를 두었다면 자기광고도 했을 것이고, 하나님에 대한 여러 비판도 했을 것이다. 마귀의 얘기를 듣지 못해 아쉽다. 어쨌든 말과 글로는 그 진위나 인격을 가늠할 수 없다. 오히려 사기꾼이 말을 더 잘한다.

악은 상대방을 누르고 자기가 최고가 되려하고, 상대방이 잘한 것은 자기가 한 것으로 하려고 한다. 또한 자기가 잘못한 것은 상대방에게 뒤집어씌우려고 한다. 상대방을 나쁘게 평가하고, 저주하며, 잘못되기를 염원한다. 그러나 선은 자기가 잘한 것은 상대방이 잘한 것으로 해 주려하고, 상대방이 잘못한 것은 자기가 잘못한 것으로 하려고 한다. 상대방을 좋게 평가해주고, 잘 되기를 바란다. 세상에 나타나지 않고 은밀히 인류의 마음을 선으로, 사랑으로, 평화로 이끌어 나간다.

인간의 왕 노릇하려는 신은 선신이라고 할 수 없다. 명예와 권력을 얻고자 하는 신은 하루살이 곤충같이 불에 타죽거나 끓는 물의 눈덩이같이 녹아 없어진다. 가짜가 진짜라고 나타나면 미숙한 사람들은 진짜인 줄로 착각한다. 진짜는 입 닫고 있으니까 모르고, 가짜가 진짜라고 외치니까 진짜인 줄 알고 속는다. 어리석고 욕심 많은 사람이 속는다. 진짜는 진짜이기 때문에 가만히 있지만, 가짜는 불안해서 도저히 가만히 있을 수가 없다. 세계만방에 다니면서 '나는 진짜'라고 떠든다. 그래서 가짜바람이 더 거세다. 그러니까 속는다. 진짜는 은은하고, 가짜는 목소리가 더 크다. 욕심 많고 어리석은 사람은 큰소리치는 데로 간다. 욕심 많고 마음이 삐뚤어진 신은 흰 옷을 입고, 얼굴에 미소를 띠어도 달라지지 않는다. 흰옷을 입는다고 욕심이 없어지고, 삐뚤어진 마음이 고쳐지지 않는다. 늑대가 양의 탈을 쓴 꼴이다.

'짝퉁 신'들의 권력투쟁

우주만상의 진짜 주인인 조물주는 자연의 기운과 법칙으로 존재하며, 인간과 자연의 생존을 위해 수고하면서도 자연처럼 아무 말도 하지 않는다. 인간 앞에 나타나지도 않고, 가짜들을 상대하지도 않는다. 모든 것을 순리에 맡긴다. 이렇듯 진짜는 가만히 있다는 사실을 알고 가짜들이 나타나 서로 진짜라고 다투고 있다. 원인 없는 결과가 없고, 결과 없는 원인이 없듯이 가짜이니 가짜와 싸우는 것이다. 이들이 싸우고 망해야 가짜라는 것을 알게 되고, 그래야 사람들이 진짜를 찾으려고 한다. 찾으려고 하지도 않고, 필요를 느끼지 않는 자들을 이해시키려고 애써봐야 헛일이다. 목마른 사람이 물을 필요로 한다. 따라서 목마르지 않는 사람에게 물을 권하면 주고도 욕먹는다. 인간들은 창조주라는 하나님에게 미혹 당하고 있다.

악한 일을 하지 않아야 선신이다. 성경의 하나님은 인간에게 수많은 악행을 저질렀다. 인간이 악해서가 아니다. 단지 자신을 믿지 않았다는 것이 그 이유다. 하나님이 살인을 일삼은 것은 악을 없애기 위한 것이 아니다. 자신을 불신하는 인간들을 진멸하기 위해서다. 위협과 징벌로 하나님이 무섭고 능력이 있다는 것을 보여줘서 사람들로 하여금 자신을 믿게 하려는 것이었다. 하나님의 선은 자신을 믿는 것이고, 하나님의 악은 자신을 믿지 않는 것이다. 하나님은 선악과(善惡果)다. 말은 인간을 위하는 것같이 하지만, 자기 목적을 이루기 위해 인간을 이용한다.

투쟁은 이기심과 어리석음으로 인해 야기된다. 투쟁의 근원은 욕심이다. 하나님은 자기를 낮추는 하심(下心)이 없다. 항상 상심(上心)을 품고 다른 신들과 인간 위에 군림하려고 한다. 자기만이 옳고, 자기만이 선이라고 여길 뿐 인간을 인격체로 여기지 않는다. 인간에 대한 존엄심은 더더욱 없다. 인간을 억압하고, 죽이면서도 그것을 죄악으로 여기지 않는다. 맹수처럼 강압적인 힘에 의존해 산다. 폭력성이 하나님의 대표적 성품이다.

성경에 의하면 하나님의 창조물인 마귀가 세상에서 창조주 행세를 하고 있고, 하나님은 빼앗긴(?) 창조주 자리를 되찾으려고 애를 쓰고 있다. 그런데 하나님 하는 짓이 마귀보다 더 나쁘다. 자기가 제일 잘났다며 높은 자리를 독식하고, 사람을 노예로 부리듯 하며, 물질이나 땅덩어리까지 모두 제 것으로 만들어 무소불위의 권력을 휘두르려고 한다. 하나님이 창조주라면 당연한 권리를 행사하고 있다고 말할 수도 있다. 하지만 겉과 속이 다른 행동을 하니 도무지 믿겨지지 않는 것이다. 말은 진짜 같이 하지만, 행동은 거짓투성이이기 때문이다. 선한 것 같은데 악하고, 사랑인 것 같은데 증오다. 미숙한 사람은 속을지 모르나 성숙한 사람은 속지 않는다. 그 속이 훤히 들여다 보인다.

3. 마귀보다 못한 하나님

1) 하나님과 마귀는 창조의 부산물이자 찌꺼기

사람의 마음속에서 해야 할 것은 하지 말라 하고, 하지 말아야 할 것은 하라고 유혹하여 사람을 악의 구렁텅이로 몰고 가는 '악의 세력'(마귀 · 악마 · 사탄)이 과연 존재할까. 종교에서는 그 존재를 인정하고 있다. 사람은 누구나 악의 수렁에 빠지게 하는 나쁜 기운을 느끼며 산다. 일단 그 영향아래 들어가면 마음이 어지럽게 되고, 판단이 흐려져 그릇된 결정을 내리고 만다. 만져지거나 눈에 보이진 않지만, 거스를 수 없는 그 기운이 알코올이나 마약 성분 같기 때문에 종교에서 '마귀(魔鬼)'라고 이름을 짓지 않았을까. 이름이 어쨌거나 형체가 없는 사악한 존재가 있는 것만은 분명하다. 영적인 감각이 예민한 사람은 그 존재를 느끼고, 하수인 노릇하는 사람도 있다.

마귀는 사람의 마음에 침투할 때 육의 욕망을 자극해 유혹한다. 때론 달콤한 음성으로 접근한다. 일단 마음이 흔들렸다 싶으면 다음 단계로 이성을 마비시켜 사람이 원치 않는 방향으로 끌고 간다. 순간적으로 거역하기란 쉽지 않다. 늘 결과는 참담하고, 파괴적이며, 후회를 남긴다.

마귀는 사람에게 어떤 방식으로 접근할까. 물질과 쾌락, 명예와 권력 등 육체적이고 자기중심적인 것들로 유혹한다. 사람의 마음에 욕심의 불을 지피며 안과 밖, 전방위적으로 침투한다. 강제적이지는 않지만 아주 교묘하다. 사람이 스스로 행동하게끔 유인책을 쓴다. 사람의 감정을 자극하여 생각을 불러일으키고 의지에 불을 붙여 혼을 빼놓는다. 그래서 '이래서는 안 되는데…' 하면서도 끌려가고 만다.

마귀는 사람을 끈질기게 물고 늘어진다. 한 번 걸려들면 악성전염병처럼 놓아주지 않는다. 살 속, 신경 속, 뼛속까지 파고들어 악의 기운을 주입하기 때문에 사람들이 맥을 못 춘다. 마약이나 알코올에 취한 사람처럼 정신을 못 차린다. 마귀가 틈을 타지 못하게 해야 한다.

마귀는 허공에 사는 것이 아니라 사람의 마음 안에서 산다. 그래서 원효대사도 '모든 것은 마음에 있다'는 일체유심조(一切唯心造)를 말하지 않았던가. 사람이 마귀를 상대하지 않으면 마귀도 존재력을 잃고 만다. 무기력해져서 자멸한다. 마귀가 사람의 마음 안에 없다면 그 어디에도 없는 것이다.

마귀는 무서운 귀신의 형상을 지닌 존재가 아니다. 사람에게 해를 끼치는 나쁜 기운을 이르는 말이다. 성경에는 이들 영적인 존재는 하나님과 대립하는 악의 화신으로 묘사되고 있다. 사람의 신경 줄을 타고 다니며 정신과 몸에 들어가서 그릇된 욕망을 심어주고 악행을 하도록 유도한다.

악신 마귀가 사람의 마음에 들어가면 악한 사람이 되고 만다. 마귀는 곧 욕심의 기운이다. 신은 육신이 없기 때문에 힘과 기운으로 나타난다. 힘과 기운이 곧 신 자체다. 선한 신은 선한 힘과 기운으로 나타나서 선으로 인도하고, 악한 신은 악한 힘과 악한 기운으로 나타나서 악으로 유도한다.

하나님과 마귀, 이름만 다르다

사람이 원치 않는 부정적이고 파괴적인 행위를 하는 것은 마귀가 사람을 유혹하여 악한 힘과 악한 기운을 주어(부추겨) 악으로 유도하기 때문이다. 악은 욕심에서 생기고, 욕심은 의존성에서 생긴다. 마귀는 인간의 의존성을 이용해 침투한다. 의존성이 욕심을 낳고, 욕심이 악을 낳고, 악이 죄를 낳는다. 그래서 세상이 죄악세상이 되었다.

하나님과 마귀는 어떻게 다를까. 이 둘은 이름만 다를 뿐 하나도 다른 것이 없다. 하나님에게는 자신이 부리는 악령이 있다. 하나님은 자기 편 사람들에게 포악한 짓을 했다며 이 악령을 보내 보복하게 한다(삿 9:23~24). 자신의 종 다윗을 위해 사자를 보내 군사 18만 5천 명을 죽이게도 하였다(왕하 19:34~35). 또 자신에게 순종하지 않는 사울에게도 악령을 보내 번뇌하게 만들어 괴롭히고(삼상 15:14), 미치게 하였다(삼상 18:10).

하나님은 다른 신을 섬기면 돌로 쳐 죽이라고 지시한다. 하나님의 성소를 더럽히고 하나님의 성호를 욕되게 하였다는 것이 그 이유다(레 20:2~3). 신접한 자와 박수를 추종하여 스스로 더럽히지 말라(레 19:31)고 경고하고, 이를 행하면 죽이겠다고 위협한다(레 20:7).

구약시대의 하나님은 하나님 외의 다른 신을 섬기는 행위를 무자비하게 다스렸다. 하나님 자신의 존재기반과 정체성을 무너뜨리는 행위로 간주했기 때문이다. 한 예로 바알브올을 숭배하던 이스라엘 백성 2만 4000명을 염병으로 죽게 했으며, 야웨신앙을 가진 이스라엘인과 바알신앙을 가진 이스라엘인 사이에 갈등이 증폭되자, 엘리야는 바알 선지자 450명과 아세라 선지자 400명을 갈멜산에서 도륙했다. 이런 처참한 살상은 이스라엘민족은 다른 신을 믿으면 절대 안 된다는 경고를 담고 있다.

하나님을 믿는 사람의 원수는 곧 하나님의 원수다. 이들은 반드시 처단해야 할 대상이다. 하나님은 자신을 믿는 사람들에게 맞서지 못하도록 상대편 사람들을 자기 편 사람들 손에 넘겨주기도 하고(수 21:44), 원수를 갚으라며 전쟁을 일으키게 하여 마을을 불사르고, 재산을 빼앗게 하였다. 상대방의 씨를 말리기 위해 남자는 아이까지 모두 죽이고, 사내를 알지 못하는 여자만 자기 편 사람들을 위해 살리게도 하였다(민 31:1~18). 하나님의 이스라엘민족에 대한 편애는 상상을 초월한다.

성경에는 이처럼 하나님의 자기모순이 확연히 드러나 있다. 하나님은 자존자이고, 창조주라는 하나님의 말에 믿음이 가지 않는 이유다. 인류를 잘못된 방향으로 끌고 가려고 한다. 하나님이 창조주라면 인류에게는 희망이 없다. 이스라엘민족처럼 하나님의 노예가 되어 살아야 한다. 하나님에 대한 의문이 낱낱이 풀려야 인류가 나가야 할 새로운 길이 열린다.

조물주의 말에 의하면, 하나님과 마귀 이 두 존재는 창조의 부산물, 찌꺼기들이다. 인간의 혼을 만드는 과정에서 나왔다. 조물주는 자신의 내성과 외형의 핵심적인 것들을 뽑아서 인간의 혼을 만들었다. 하나님과 마귀는 이 과정에서 나온 부산물, 찌꺼기다. 조물주는 이런 창조의 부산물, 찌꺼기들을 귀신이라고 부른다. 귀신은 두 그룹을 이루고 있다. 하나님그룹과 마귀그룹이다. 성경에서 보듯이 하나님과 마귀는 경쟁하는 관계다. 둘은 같은 급수다. 그래서 인간을 놓고 쟁탈전을 벌이는 것이다. 이들은 서로를 마귀라고 부르며 대립각을 세우고 있다.

2) 창조주 탈 뒤집어쓴 하나님

성경에서 하나님은 '하나님의 아들들이 사람의 딸들을 아내로 삼으니 여호와가 영원히 사람과 함께하지 않겠다.'(창 6:4)고 분노했다. 여기서 하나님의 아들들은 하나님 편 사람들이고, 사람의 딸들은 마귀 편에 선 사람들을 지칭한다. 즉, 하나님을 믿는 사람들이 다른 신들을 믿는 여자들과 결합한 것에 대해 하나님이 분노한 것이다. 하나님과 마귀 두 세력 간의 다툼을 보여주고 있다.

세상의 싸움은 이 두 패거리들의 싸움이다. 이들이 배후에서 자기 편 사람들을 조종하여 싸우고 있다. 하나님세력이 주도권을 잡고는 있으나 마귀세력도 만만치가 않다. 이 두 귀신세력이 인류를 자기 종으로 만들려고 싸우고 있다. 그러나 이들이 아무리 발광해도 세상은 이들의 뜻대로 되지 않는다.

하나님은 창조주 탈을 뒤집어 쓴 사기꾼 신에 불과하다. 성경 창세기에서 하나님이 마귀로 지칭한 천사가 자기 죄를 숨기려고 뱀의 탈을 쓰고 하와를 유혹하여 타락시켰듯이 하나님도 역시 창조주의 탈을 쓰고 나타나 인간을 유혹하여 자기 종으로 부리면서 인간의 왕 노릇하려고 한다.

하나님은 천하만국을 자기 것으로 만드는 것이 목적이다. 자기가 세상에서 제일 잘났고, 제일 높다. 자기 외에는 아무 것도 없다. 그러나 인간이 철이 들지 않아서 그렇지 허깨비 같은 존재다. 하나님과 인간은 예나 지금이나 변함이 없다. 하나님은 인간을 유혹하여 이용하려 하고, 인간은 하나님을 통해 자기 욕심을 채우려고 한다. 그러나 이제 인간의 집단이성이 발달하면서 하나님에 대한 생각을 달리하기 시작했다.

창조의 부산물인 하나님과 마귀도 조물주에게서 나온 것들인데, 왜 나쁜 귀신들이 되어 인간을 괴롭히는 것일까. 이것은 흡혈성 곤충(吸血性昆蟲 : 벼룩 · 이 · 빈대 · 모기 등)이 어떻게 생겨나는가를 알면 이해가 쉬울 것이다. 조물주가 사랑의 원조요, 생명이라 이것들을 없애지 않은 것은 아니다. 자연법칙 때문에 없애지 않았다. 이 두 귀신 무리들은 없어지지 않으려고 발버둥치고 있다. 하지만 인간이 각성하면 자연히 없어진다. 하나님과 마귀는 흡혈성 곤충들처럼 인간에게 해로운 존재들이다.

창조의 부산물이요, 찌꺼기인 하나님과 마귀가 자기 씨를 만들 능력이 있다면, 인간을 빼앗으려고도 하지 않는다. 자기 씨로 자기 닮은 존재를 만들어 세상에 퍼트렸을 것이다. 그러나 그럴 능력이 없으니까 인간의 마음을 빼앗아 자기 품에 품고 자기를 닮게 하여 창조주 행세하려고 유혹하는 것이다. 허깨비 같은 신들이다.

조물주는 우주만물을 창조하고 배후에서 생존할 수 있도록 봉사하고 있다. 그러나 창조의 부산물들은 인간을 종으로 부리며 최고 높은 자리에 올라가 있다. 하나님과 마귀가 좋아하는 것이 무엇일까. 바로 욕심이다. 높은 자리 좋아하고, 시기 · 질투하며, 남의 것을 탐하고, 투쟁하고, 불화를 일으키며, 죽이고, 자기 이익을 위해 남을 해롭게 하는 것들이다.

하나님과 마귀는 어둠의 기질을 지니고 있다. 창조의 부산물이자 찌꺼기이기 때문이다. 그래서 자기가 제일 높은 자리에 올라앉아 권세 부리며 좋은 것은 독차지하려고 한다. 아무리 좋은 말을 하여도 실천하지 못하면 겉 다르고 속 다른 이중인격자가 된다. 자기 이익을 위해 남을 속이는 자가 사기꾼이다. 양의 탈을 뒤집어쓴 늑대다. 남을 이용하려는 마음, 남의 것을 자기 것으로 만들려는 마음, 남을 자기 밑에 두고 누르려는 마음이 하나님과 마귀가 가진 욕심이다. 이들은 자기 마음속 더러운 욕심을 감추고, 겉모양만 번지르르하게 꾸미고, 그럴 듯한 말만 한다. 늑대가 양의 탈을 쓰고 양의 행동을 하는 것과 같다.

거짓은 머지않아 드러난다. 가짜가 진짜라고 한다고 진짜가 될 수 없다. 팥을 심으면 팥이 나오는 것이 진리다. 때가 되면 알게 된다. 팥 나무나 콩 나무가 어떤 나무인지 모르는 사람에게는 팥 나무를 콩 나무라고 할 수 있다. 팥 나무와 콩 나무를 모르는 사람은 팥 나무를 콩 나무라고 해도 속는다. 그러나 열매가 매달려 그 열매를 까보면 그 나무가 콩 나무인지 팥 나무인지 알 수 있다. 가짜는 그때까지 밖에 못 속인다. 알맹이를 까보기 전까지다. 그래서 그 나무를 보면 그 열매를 알고, 그 열매를 보면 그 나무를 안다고 하였다. 결코 속일 수 없는 것이 진리다. 가짜가 진짜가 되지 않는 것이 진리다. 가짠지 진짠지 판명해 주는 것이 진리다.

가짜는 처음에는 요란하다가 갈수록 졸아 든다. 천하의 악인도 자기의 죄가 드러나면 고개 들지 못하듯이 하나님도 자기 정체가 탄로 나면 녹아 없어진다. 쇠도 사용하지 않으면 녹이 슬어 없어지듯이 하나님도 사람이 상대하지 않으면 녹아 없어진다. 어두운 밤은 태양이 뜨면 자연히 없어진다. 악은 선이 뿌리를 박으면 끓는 물에 눈 녹듯이 사라진다.

4. 하나님은 '리플리 증후군' 환자

중국산 식품이나 공산품 등을 국산으로 둔갑시켜 판매한 사례들이 적발되면 소비자들의 원성의 대상이 된다. 종전엔 단순히 중국산을 국내산으로 속이는 방식이었지만, 최근엔 포대갈이를 하거나 중국산과 국내산을 혼합해 육안식별을 어렵게 하는 방법으로 지능화되는 추세라고 한다. 이런 행위를 하는 것은 좀 더 많은 이익을 얻기 위한 얄팍한 상술이다.

성경속의 하나님은 자신을 창조주로, 마귀를 악의 화신체로 설정해 놓고 인간의 구원섭리를 진행한다. 하나님은 자신을 인간과 마귀(천사장)의 배신으로 고통 받는 창조주로 묘사하였다. 인간과 마귀를 저주하고, 인간을 죽이는 것은 악을 없애기 위한 필연적인 것이므로 선이라고 정당화시킨다. 성경의 하나님은 진짜 창조주같이 행동한다. 진짜같이 행동해야 진짜로 알고 속기 때문이다. 진짜라고 강조하고 떠벌리는 것은 가짜다.

그런데 하나님은 자신을 진짜 창조주로 여긴다. '리플리 증후군(Ripley Syndrome)' 환자이기 때문이다. 의학자들은 이 병을 이렇게 규정한다. '자신의 현실을 부정하면서 마음속으로 꿈꾸는 허구의 세계를 진실이라 믿고, 거짓된 말과 행동을 반복하게 되는 반사회적 성격장애다.' 거짓이 탄로 날까 봐 불안해하는 단순 거짓말쟁이와는 달리, 이 '리플리 증후군'을 보이는 사람은 자신이 한 거짓말을 완전한 진실로 믿는다는 것이다.

이 병은 자신이 처한 상황이 스스로를 만족시키지 못해 열등감, 피해의식 등에 시달리는 사람에게서 주로 나타난다고 한다. 마음속으로 꿈꾸는 허구의 세계를 진실이라고 믿는 대신 현실은 철저히 부정한다. 이것이 거짓된 말과 행동으로 이어져 또 다른 거짓말을 낳으면서 상황은 걷잡을 수 없이 악화된다. 초기에는 단순한 거짓말, 거짓 행동으로 시작되지만 이와 같은 행동이 반복되면서 거짓된 말과 행동을 진실로 믿고 행동한다는 점에서 심각한 문제가 된다고 한다.

하나님은 어떤 존재인가. 몸이 없고 정신만 있는 것 같은 존재다. 인간의 혼 만드는 과정에서 나온 창조의 부산물, 찌꺼기이다. 정신은 볼 수 없다. 있는 것 같기도 하고, 없는 것 같기도 하다. 그러나 정신을 차리고 보면 안다. 하나님은 왜 자신의 신분을 창조주로 속이고 창조주인 양 행세하는 것일까. 조물주가 자연의 이치에 의해 인간 세상에 간섭할 수 없다는 것을 알기 때문이다.

자신을 창조주라 믿고 행동하는 병인 이 '리플리 증후군'을 신(神)인 하나님에게 적용하는 것이 가능한 것일까. 가능하다. 하나님은 인간의 혼을 창조하고 난 후에 나온 부산물, 찌꺼기이다. 몸은 없으나 인간과 흡사한 속성을 지니고 있다. 그래서 인간에게 의존하여 군림하고 추앙받으며 인간의 왕 노릇하려고 몸부림치는 것이다.

이 '리플리 증후군'은 하나님의 속성과 하나님의 탄생배경과 맞아떨어지는 병이다. 인간 영혼의 찌꺼기, 부산물이니 얼마나 인간을 동경했겠으며, 한편으론 얼마나 원망했겠는가. 그런 나머지 생존하기 위한 전략으로 짜낸 것이 창조주 행세를 하는 것이다. 유감스럽게도 그 시나리오가 성경이다. 영악하기 그지없다. 이사야서에 이러한 하나님의 '리플리 증후군'이 잘 나타나 있다.

"…너(천사) 열국을 엎은 자여, 어찌 그리 땅에 찍혔는고. 네가 네 마음에 이르기를 내가 하늘에 올라 하나님의 뭇별 위에 나의 보좌를 높이리라. 내가 북극 집회의 산 위에 좌정하리라 가장 높은 구름에 올라 지극히 높은 자와 비기리라 하도다"(14:12~14), "질그릇 조각 중 한 조각 같은 자가 자기를 지으신 자로 더불어 다툴진대 화 있을진저 진흙이 토기장이를 대하여 너는 무엇을 만드느뇨 할 수 있겠으며…"(45:5~8)

이처럼 하나님은 자신의 라이벌 마귀를 자신의 피조물로 설정해 놓고 창조주인 자신의 자리를 빼앗으려 한다고 질타하고 있다. 성경에는 천사가 마귀가 되어 '세상의 임금'(요 12:31) '세상의 신'(고후 4:4) 노릇하고 있다고 규탄하는 대목이 여럿 나온다.

'성경'은 하나님의 시나리오

성경(구약)은 하나님을 주인공으로 다룬 영화의 시나리오라고 할 수 있다. 그 목적은 인간을 하나님의 우리에 가두려는 데에 있다. 성경에서 보내는 하나님의 메시지는 '창조주인 나는 인간과 마귀 때문에 억울하고, 원통하다. 한이 맺혀 있다. 그러니 인간들은 하나님 나를 불쌍히 여기고 하나님의 뜻대로 살라. 하나님에게 순종하라'는 것이다. 하나님의 기막힌 사연(?)을 알리려는 것이다. 참으로 그럴 듯 하고 잘 짜여 진 각본이다. 그 줄거리는 이렇다.

'하나님의 피조세계 창조는 인간에게 초점이 맞춰져 있다. 천지만물과 인간을 지은 목적은 인간을 통해 영광을 받기 위함이었다. 하나님은 창조를 마친 후 자신이 지은 모든 것을 보고 기뻐하였다. 그 후 인간시조 아담과 하와 두 사람을 부부로 축복해 주었고, 각종 동물을 아담에게 데려다가 이름을 짓게 하며 창조의 기쁨을 누렸다. 그러나 기쁨은 잠깐이었다. 인간은 선악과를 따먹고, 에덴동산에서 추방당하는 신세가 되었다.

이로부터 하나님의 고통의 역사가 시작된다. 세상에는 죄악이 만연하게 되었다. 하나님은 급기야 사람 지었음을 한탄하고, 홍수심판을 단행한 후 새 사람과 새 세상을 꿈꾸었다. 그러나 사람들은 심판 후에도 다시 죄악에 빠져 하나님의 주관 권에서 벗어나는 일이 다반사가 됐고, 하나님은 사람들에게 끊임없이 '내 품에 돌아오라'고 호소했다. 사람들은 입술로는 하나님을 경외했으나 마음은 하나님에게서 점점 멀어져갔다. 하나님을 버리고 이방신을 섬겼고, 음란했다. 또 살인하고, 사람을 괴롭혔으며, 온갖 악행을 저질렀다. 이 와중에 인간들은 하나님을 잘 믿지 않게 되었다.

이러한 사람을 지켜보는 하나님은 슬프고 마음이 아프고 답답하다고 하소연하였다. 하나님의 메신저 이사야가 이러한 하나님의 심정을 대변했다.

"하늘이여, 들으라. 땅이여, 귀를 기울이라. 여호와께서 말씀하시기를 내가 자식을 양육하였거늘 그들이 나를 거역하였도다. 소는 그 임자를 알고 나귀는 주인의 구유를 알건마는 이스라엘은 알지 못하고, 나의 백성은 깨닫지 못하는도다 하셨도다. 슬프다. 범죄 한 나라요, 허물진 백성이요, 행악의 종자요, 행위가 부패한 자식이로다. 그들이 여호와를 버리며, 이스라엘의 거룩한 자를 만홀히 여겨 멀리하고 물러갔도다."(사 1:2~4)

하나님은 이스라엘백성을 부패한 자식, 패역한 자식이라고 분노하였다. 심지어 "이 개들은 탐욕이 심하여 족한 줄을 알지 못하는 자"라고 분개하며, 인간들이 악(우상숭배)을 행하는 것을 견디지 못하였다. 진흙이 토기장이의 손에 있음 같이 너희가 내 손에 있으니 내게 돌아오라며 절규하였다.

하나님은 인간들이 자신의 목소리를 들으면 '하나님의 백성'이 될 수 있다고 자신하며 '인간들의 하나님'이 되고 싶어 했다. 하나님은 여호와의 규례를 알지 못한다고 통탄하면서 '규례와 법도를 지킬 것'을 권면하였다. '우상을 멸하고, 여호와를 경외하면, 복을 주리라'고 하며 한없는 애정을 표현하였다.

인간이 하나님의 말씀을 불신하고 타락하는 순간, 하나님의 창조이상은 무너지고 말았다. 인간들은 마귀의 주관을 받는 악한 인간이 되었고, 자연도 마귀 주관 하에 놓이게 되어 세상은 마귀가 다스리는 세상이 되고 말았다. 하나님은 외톨이가 되었다. 하나님의 소원은 '인간들의 하나님 되는 것'이라고 수없이 절규하였다. 마귀는 하나님이 세운 창조질서를 무너뜨리는 것이 목적이다.

마귀는 사람의 마음을 빼앗아 자기를 닮은 악한 존재로 만들고, 세상을 악의 세계로 만들어 자기가 하나님 노릇 하려는 것이다. 하나님은 이를 원통해하고, 분개해 한다. 하나님은 마귀가 자신에게 대적한다고 탄식하고, "너희가 나를 누구에게 비기며 나로 그(마귀)와 동등이 되게 하겠느냐", "어느 나라가 그 신을 신 아닌 것과 바꾼 일이 있느냐. 그러나 나의 백성은 그 영광을 무익한 것과 바꾸었도다.…"라며 이스라엘민족의 배역을 힐난하였다.

하나님은 "나 외에 신이 없고 구원할 자가 없다"고 하면서 "…나는 내 영광을 다른 자에게, 내 찬송을 우상에게 주지 아니하리라", "이 백성은 내가 나를 위하여 지었나니 나의 찬송을 부르게 하려 함이니라"고 분명한 어조로 말하였다. 반드시 창조이상을 회복할 것도 역설하였다. 하나님은 또한 "내가 나를 위하여 이를 이룰 것이라. 어찌 내 이름을 욕되게 하리요. 내 영광을 다른 자에게 주지 아니하리라"고 다짐하였다.

하나님의 뜻은 사람들이 '하나님이 준 계명과 규례를 지키는 것'을 의미한다. 그것은 곧 하나님 외에는 '위하는 신을 네게 있지 말라'는 것이며, '믿음을 다하고 성품을 다하고 힘을 다하여 하나님 여호와를 사랑하는 것'이다. 하나님은 "나는 은혜를 줄 자에게 은혜를 주고 긍휼히 여길 자에게는 긍휼을 베푸니라"고 말하고, "나를 사랑하고 내 계명을 지키는 자에게는 천대까지 은혜를 베푸느니라"고 약속하였다. 구구절절이 하나님의 애절한 심정이 배어있다.'

이러한 성경의 줄거리를 알고 나면 하나님에 대한 묘사가 너무 절절해서 하나님이 애처로워지고, 죄스러움과 함께 하나님 품에 다시 돌아가 안기고 싶은 충동이 생긴다. 이러한 각본에서 숨은 의도를 찾기란 참으로 쉽지 않다. 이것을 인정사정없이 돌파해야 하니, 인간 각자의 '자존하기'가 얼마나 어려운 일인가.

그러나 분명히 짚고 넘어가야 할 것은 하나님과 인간이 창조 이래 기생물과 숙주관계로 이어져 나온 것이 엄연한 현실이다. 하나님은 인간을 떠나서는 존재가 불가능한 인간 혼의 부산물, 찌꺼기이기 때문에 인간에게 들러붙어 생존해야만 한다. 인간에게 해로운 흡혈곤충 모기, 빈대, 벼룩 같은 존재다. 하나님의 생존을 위한 간계가 인간의 창조주로의 둔갑이다. 그러고는 인간은 하나님의 피조물이고, 노예로 지었으므로 하나님에게 의존해야 살 수 있다고 유혹하고 있다.

5. 예수와 하나님의 차이점

하나님이 예수를 세상에 보낸 목적이 무엇일까. 예수를 중심으로 구심점을 만들어 세상을 자기 우리 안에 가두기 위해서다(요 3:16). 예수는 하나님에게 만왕의 왕이라는 자리에 마음이 갔다(마 2:2, 요 18:37). 예수는 하나님을 아버지로 생각하며, 만왕의 왕 자리를 생각하며 살았다. 예수가 십자가에 죽은 원인은 일종의 과대망상증이다. 세상물정을 모르고, 하나님의 영향력에만 의존했기 때문이다. 예수가 하나님에게 십자가의 쓴 잔을 면케 해달라고 기도했지만, 하나님은 들어주지 않았다(마 26:39). 들어 줄 능력이 없었기 때문이다. 결국 예수는 하나님을 원망하며 십자가에서 죽었다(마 2:46).

예수는 원수를 사랑하라고 가르쳤지만, 하나님은 원수를 사랑하지 않았다. 원수를 뿌리째 뽑아 없애고자 했다. 하나님은 사랑을 말하지도 않았다. 하나님은 사랑이 무엇인지조차 모른다. 하나님은 원수를 사랑하라는 자들을 악에게 아첨하는 자로 보았다. 하나님은 자신이 악으로 규정한 존재들(자신의 불신자)을 없애려 했고, 자신이 선으로 규정한 존재들(자신을 믿는 자)에게는 긍휼을 베풀겠다고 했다. 하나님은 자신의 말을 듣지 않았다고 자신의 형상대로 창조했다는 아담과 하와도 쫓아냈고, 자신의 말을 잘 들은 아브라함에게는 천 대까지 복을 주겠다고 약속했다.

하나님은 자신을 믿지 않으면 악으로 규정해 없애고, 자신을 믿으면 선으로 규정해 보호하는 것이 목적이다. 인간을 모두 죽여서라도 자신이 원하는 선을 이루려고 한다. 하나님은 자신이 기쁘기 위해 인간에게 '하나님을 믿으라.'고 하는 것이다. 하나님 자신의 말대로 인간은 자신의 영광을 위해 지었기 때문에(사 43:21) 인간에게 영광 받으려는 하나님의 뜻은 변함이 없다(사 46:11).

하나님은 원수를 증오하고, 질투하며, 없애려고 몸부림치는데, 예수는 원수를 사랑하라고 하였다. 원수에 대한 분노와 질투로 가득 찬 하나님의 마음이 어떠하였겠는가. 예수는 하나님의 뜻에 정면으로 배치되는 말을 했다. 하나님에 대한 반발일지도 모른다.

"네 이웃을 사랑하고, 네 원수를 미워하라 하였다는 것을 너희가 들었으나 나는 너희에게 이르노니, 너희 원수를 사랑하며 너희를 핍박하는 자를 위하여 기도하라."(마 5: 43~44, 눅 6: 27~28)

하나님도 하지 못하는 말을 사람인 예수가 한 것이다. 이 말로 예수는 하나님보다 더 나은 존재가 되었다. 하나님은 '네 이웃을 사랑하고, 네 원수를 미워하라'고 하였지만, 예수는 '원수조차도 사랑하라'고 한 것이다. 사람에 대한 애정이 담겨있는 말이다. 몸이 없는 하나님은 인간의 아픔을 몰랐지만, 몸이 있는 예수는 인간의 아픔을 느끼고 있었던 듯하다. 예수의 이 말은 하나님에 대한 불손이 아니다. 하나님의 그릇된 관념을 바로잡으려는 데 그 뜻이 있다고 보아야 한다. 성경을 자세히 보면, 하나님은 인간의 부모보다 못한 존재임을 알 수 있다. 자신의 말을 듣지 않는다고 자기 자식을 죽이는 부모는 없다. 하나님이 자신에 대한 불신자들을 원수로 보는 것은 하나님은 인간의 진정한 부모요, 창조주가 아니기 때문이다.

하나님 무시한 예수

예수는 더 나아가 "눈은 눈으로 이는 이로 갚으라 하였다는 것을 너희가 들었으나 나는 너희에게 이르노니, 악한 자를 대적하지 말라. 누구든지 오른 뺨을 치거든 왼편도 돌려 대며…"라고 율법에 반기까지 들었다. 율법을 뒤엎는 듯한 이러한 예수의 발언은 오늘날 기독교인들이 율법을 경시하고, 하나님보다 예수를 더 드러내게 만드는 요인으로 작용하였다.

신약성경에는 '예수로 인해 구약의 율법은 그 효력을 상실했다'는 구절이 많이 등장한다. 예수가 '서로 사랑하라'는 새 계명을 준 것이나, '율법과 선지자는 요한까지'라고 언급한 대목이 그것이다.

예수는 하나님이 세운 다른 메신저들과는 사뭇 다른 면모를 보여주었다. 그는 여러 이적기사를 행했으며, 자신을 하나님의 위치에 올려놓는 말을 많이 했다. 예수는 자신이 '길이요 진리요 생명'이라고 했고, '나를 본 자는 하나님을 보았거늘 어찌 하나님을 보여 달라고 하느냐'고 질책하기도 했다. '너희가 성전을 헐라. 내가 사흘 만에 일으키리라'는 말도 했다. 이는 사람이 할 수 있는 말들이 아니다. 예수 자신이 독단적으로 섭리를 이끌고 있다는 느낌이 든다.

예수는 자신을 따르는 무리들을 혼란스럽게 만들었다. 예수는 이렇듯 성경 여러 군데에 '예수가 하나님이다.'고 생각할 수 있는 소지의 말을 많이 남겼다. 그래서 기독교인들은 '예수=하나님'이라고 주장한다. 그리고 하나님은 쏙 빼고 '오직 예수', '예수 믿고 천국가세요.'라고 전도하고 있다. 그 결과 자기가 '메시아다' '구세주다'하고, '내가 하나님이다'라고 말하는 적그리스도들이 수없이 나타나기에 이르렀다.

하나님이 그렇듯(삼상 8:1~9) 예수 또한 자신을 유대인의 왕(마 27:11)으로 인식했다. 제자들 또한 예수를 그런 인물로 보고 따랐던 정황이 보인다. 야고보와 요한의 어머니는 예수에게 두 아들의 장래를 부탁했고, 제자들은 '천국에서는 누가 크니이까'라며 다퉜으며, 베드로는 '우리가 모든 것을 버리고 주를 좇았사오니. 무엇을 얻으리이까'라며 남다른 욕망을 보였다. 제자들과 그 가족들의 예수의 대한 기대심리를 충분히 읽을 수 있는 대목이다.

급기야 예수는 자신을 초자연적 존재로 묘사했고, 많은 이적과 기사를 행했으며, 신비로운 역사도 보여줬다. 예수는 예루살렘 성을 '내 집'이다, 자신을 '성전보다 더 큰 이', '안식일의 주인'이다, '죄를 사하는 권세가 있다'고 말하며 하나님적 권세를 가진 것처럼 행세했다. 실제 예수가 행한 많은 이적기사와 신령역사가 이를 뒷받침해 준다.

신약성경은 구약성경의 맥을 끊어버렸다. 신약성경에는 하나님이 아예 증발해 버렸다. 신약성경 어느 구절에도 하나님의 뜻과 심정이 나타나 있지 않다. 신약성경은 구약성경과의 연결고리를 끊은 채 '독야청청'하는 것 같다. 그래서 신약에 목을 매고 있는 오늘의 기독교는 하나님을 뒤로 한 채 오직 신약성경에 드러난 예수와 그의 사랑만을 강조하는 경향을 드러내고 있다.

예수의 제자들은 더 심했다. 율법은 아무 것도 온전케 못한다, 율법은 '장차 오는 좋은 일의 그림자일 뿐 참 형상이 아니다'며 율법을 폄하했다. 사도 바울은 율법을 '그리스도에게 인도하는 몽학선생(손을 잡고 이끌어 주는 사람)'이라 정의하면서 예수의 육체로 율법을 폐했으므로 오직 예수 그리스도를 믿음으로 의롭다함을 얻는다고 주장하며, 남을 사랑하는 자는 율법을 다 이루었다고 말했다.

율법도 하나님의 말이건만, 예수는 공생애노정 내내 율법에 위배된 말로 유대교 지도자들을 자극해 눈엣가시가 되었다. 제자들이 안식일을 지키지 않는다고 참소 받았을 때 예수는 '인자는 안식일의 주인이다'고 하거나, '성전보다 큰 이가 여기 있다'고 힐책했다. 심지어 '성전을 헐라. 내가 사흘에 일으키리라'고 호언했다. 이 말은 유대교가 예수를 내치는 빌미가 되었다. 유대교 지도자들은 예수가 귀신을 쫓아내면 '귀신의 왕 바알세불의 힘을 입었다'고 핍박했고, 유대인들을 가르칠 때에는 '네가 무슨 권세로 이런 일을 하느냐'고 무시하며 간사한 궤계(詭計)로 죽이려고 하였다. 예수는 그때마다 '뱀들아, 독사의 자식들아', '소경된 인도자들'이라며 독설을 퍼부었고, '너희 집이 황폐하여 버린바 되리라'고 저주했다.

철학자 도올 김용옥은 이러한 하나님과 구약성경에 반발하여 '하나님은 유대민족만의 신'이라고 평가절하하고, '구약성경의 폐기'를 주장한 바 있다. 그는 "구약성경은 유대인들의 민족 신인 야훼가 유대인들이 다른 신을 섬기지 않고 오직 자신만을 믿는 조건으로 애굽의 식민에서 해방시켜 젖과 꿀이 흐르는 가나안 땅으로 이끌어주겠다고 유대인만을 대상으로 한 계약"이라며 "예수의 출현으로 새로운 계약(신약)이 성립된 만큼 구약은 당연히 효력이 없다"고 잘라 말했다. 그는 더 나아가 "구약성경을 믿는 것은 성황당을 믿는 것과 다름없다"고 꼬집었다.

다섯째, 인류의 부모는 조물주

"조물주는 만유에 살아 있다. 조물주는 말이 없고, 나타나지도 않으며, 인간이나 생물들의 행위에도 간섭하지도 않는다. 배후에서 묵묵히 자연의 기운으로 인간과 만물을 나고 자라게 하고, 자연법칙으로 천지를 운행하며, 시대를 이끌어가고 있다."

1. 조물주는 '자연의 기운과 법칙'

조물주는 신도 아니고, 추앙의 대상도 아니며, 인간의 주인도 아니다. 그저 조물주일 뿐이다. 인간의 생과 사는 자연의 순리대로 되는 것이지, 조물주가 좌지우지하는 것도 아니다. 자연은 조물주의 기운에 의해 태어나 존재하고 있지만, 그 기운이 보이지 않으니, '스스로 존재한다.'고 말할 수밖에 없다. 자연을 있게 한 지성과 영성을 지닌 기운과 자연의 법칙이 곧 조물주이다.

노자는 조물주(도)를 잘 이해한 사람 같다. 그는 조물주에 대해 다음과 같이 말했다.

"만물을 살리고 기르되, 살아 있는 모든 것을 소유하지 않고(生之畜之 生而不有), 모든 것들을 살리고 자라게 할 뿐 결코 그것에 의지하지 않으며(爲而不恃), 주재자로서 만물을 자라게 하나 그것을 지배하지 않는다(長而不宰). 이것을 일컬어 현묘한 덕이라고 하는 것이다(是謂玄德)."

조물주는 기운(빛-생명에너지)으로, 때론 법칙(진리)으로 작용한다. 즉, 조물주는 '인격신'이면서 '자연신'이다. 조물주는 무형의 존재가 아니다. 조물주의 '마음 부분'은 모든 생명의 근원인 기운이며, '몸 부분'은 자연이다. '조물주의 창조행위'를 인간 부모가 자식을 낳는 것에 비유하면 쉽게 이해할 수 있을 것이다.

조물주의 인격과 기운은 온 우주 속에 깃들어 있고, 천지만물을 운행케 한다. 조물주의 기운은 하늘과 땅 사이에 가득차서 만물이 나고 자라는 힘의 근원이 된다. 모든 존재물은 조물주의 기운에 의해 존재하고, 기운이 쇠하면 멸한다. 자연물은 순환한다. 조물주는 마음의 기운으로 자연을 만들었고, 형체를 드러내지 않고 배후에서 자연물을 운행하고 있다.

나타나지 않고, 간섭 않는 조물주

조물주와 교류한 것으로도 보이는 노자는 우주의 근원이자 시원을 '도(道)'라고 표현했다. 자연은 누구의 손에 의해 만들어진 것이 아니라, 스스로 그렇게 될 수밖에 없어서 그렇게 됐고, 그렇게 존재하고, 그렇게 변화한다는 것이다. "그 무엇인지 엉킨 것이 천지보다 먼저 나왔으며, 천하의 어머니라 할 수 있다. 그러나 이름은 알 수 없고, 자(字)를 붙여 도(道)라 하고, 억지로 이름지어 대(大)라 하겠다. 소리도 없고 보이지 않으나 우뚝이 언제까지나 있으며, 끝없이 어디에나 작용한다."(도덕경 25장)고 전했다.

도는 무형의 실체로서 시간과 공간을 초월하며, 천지의 운행이나 만물의 생성화육(生成化育)을 주재한다. 대자연을 움직이는 힘과 법칙을 '무위자연(無爲自然)의 도(道)'라 진단하고, 자연에 순응하며 살라고 가르쳤다. 노자가 말하는 자연과 도가 곧, 조물주가 아닐는지. 이것이 서로 별개라고 느껴지지는 않는다.

노자가 자연을 스스로 존재한다고 본 것은 시사하는 바가 크다. 자연은 조물주의 기운과 법칙에 의해 존재한다. 인간이 마음과 몸으로 구성되어 있듯, 자연도 성질과 외형으로 존재한다. 우주는 생물과 무생물로 구성되어 있다. 생물과 무생물은 기운에 의해 존재하며, 서로 영향을 주고받는다. 광물이나 동식물 속에는 기운이 깃들어 있다. 우주 공간에도 기운이 꽉 차 있으며, 생명력이 충만하다. 태양에너지는 지구상의 기상현상은 물론 해류나 지표의 변화, 생물의 성장과 분포상태 등에 절대적인 영향을 미친다. 달의 중력은 지구에 조류를 만들어 생물의 서식환경을 만들어 낸다. 우주만물만상을 존재케 하는 원동력인 기운이 분명 존재함에도 그것이 보이지 않으니, 자연은 '스스로 존재한다.'고 말할 수밖에 없는 것이다. 우주에는 자연히 생긴 것이란 없다. 원인이 있기에 결과로 나타난 것이다.

조물주는 만유에 살아 있다. 조물주는 말이 없고, 나타나지도 않으며, 인간이나 생물들의 행위에도 간섭하지도 않는다. 배후에서 묵묵히 자연의 기운으로 인간과 만물을 나고 자라게 하고, 자연법칙으로 천지를 운행하며, 시대를 이끌어가고 있다.

"온갖 것 무성하게 뻗어가나 결국 모두 그 뿌리로 돌아가게 된다. 그 뿌리로 돌아감은 고요함을 찾음이다. 이를 일러 제 명을 찾아감이라 한다. 제 명을 찾아감이 영원한 것이다. 영원한 것을 아는 것이 밝아짐이다. 영원한 것을 알지 못하면 미망으로 재난을 당한다."(도덕경 16장)

2. 조물주와의 문답

이 문답은 조물주의 메신저를 통해 조물주에게 직접 문의하였고, 이를 통해 조물주로부터 답을 얻어냈다. 질의와 응답은 오랜 시간 광범위하게 이뤄졌다. 믿고 안 믿고 판단은 독자들의 몫이다(편집자 주).

1) 조물주와 섭리

▷조물주님은 어떤 분입니까?

-조물주는 신이 아니다. 인간의 아버지도 아니다. 그냥 조물주일 뿐이다. 인간의 생과 사는 자연의 순리대로 된다. 조물주는 전체적으로 사람을 좋은 길로 인도하고 있다.

▷조물주님이 인간과 만물을 창조한 분이라면, 왜 인간에게 자신의 존재를 알리지 않는 것입니까?

-알릴 필요도 없고, 가르쳐 줄 필요도 없다. 인간이 철들지 않으면 부작용이 생긴다. 그렇다고 방관하는 것은 아니다. 우주만물을 보면 답이 나온다. 전체를 보는 눈을 가져야 한다.

▷조물주님도 섭리를 하십니까?

-우주기운으로 인간이 깨닫는 환경을 조성하고 있다. 지금도 그 방향으로 가게 하고 있다.

▷조물주님은 인간의 삶과 세상일에 간여하고 계십니까?

-일체 간섭하지 않는다.

▷조물주님과 하나님의 다른 점은 무엇입니까?

-조물주는 나타나지 않는 것이고, 하나님은 나타나는 것이다.

▷조물주님은 인간에 대해 어떤 감정을 가지고 있습니까?

-어떠한 감정도 개입시키지 않는다.

▷조물주님은 편안하십니까?

-인간이 철이 없어 고통이고, 인간으로 인해 자연이 고통 받고 있어 편안치 못하다.

▷조물주님의 심정과 사정은 어떠하십니까?

-말할 수 없다. 말한다 해도 이해 못한다.

▷조물주님도 고통이 있습니까?

-인간이 철이 없어 고통이다.

▷조물주님은 악인을 어떻게 대하십니까?

-조물주는 악을 상대하지 않는다. 인간이 상대한다. 악은 인간이 철이 들고 성숙하면 자연히 소멸된다.

▷조물주님은 전지전능하십니까?

-전지전능하나 말이 없고, 표현이 없다.

▷조물주님은 바라는 것을 즉시 되게 할 수 있습니까?

-있으나 할 수 없다. 나타내면 질서가 무너진다. 땅이 하늘이 되면 어떻게 되겠는가 생각하면 이해가 된다.

▷조물주님은 어떻게 자신을 나타내십니까?

-나타낼 필요가 없다.

▷조물주님은 인간을 통해 일하십니까?

-자연의 법칙으로 창조했기 때문에 일은 인간끼리 하는 것이지, 조물주가 할 필요가 없다.

▷인간이 조물주님께 기도하면 들으십니까?

-이제까지 조물주한테 기도한 사람이 없다. 한다면 듣겠지만, 상관은 않는다.

▷조물주님은 어떤 존재입니까?

-조물주일 뿐이다.

▷조물주님은 예수를 사랑하십니까?

-조물주와는 관계가 없다.

▷조물주님이 사랑한 사람이 있습니까?

-사랑은 사람과의 상관관계이지, 조물주와는 상관이 없다.

▷조물주님은 인간을 위해 무슨 일을 하고 계십니까?

-자연의 순환법칙대로 인간이 살도록 하고 있다. 이 법칙에 위배되면 조물주도 어찌할 수 없다.

▷조물주님은 사랑이 있으십니까? 있다면, 어떻게 나타내십니까?

-사랑은 인간이 만들어가는 것이다. 조물주는 나타내지 않는다.

▷조물주님도 권선징악하십니까?

-조물주는 자연법칙이다. 사람의 일에 일일이 간섭하지 않는다.

▷조물주님은 인간이 기도하면 들으면서 상관하지 않는 이유는 무엇입니까?

-상관할 대상(사람)도 없었고, 상관하게 되면 계속해야 된다. 그러면 인간이 앞으로 나아갈 수가 없게 된다. 의존성을 벗어날 수 없게 되고, 형평성도 맞지 않다. 만물의 질서가 무너져 혼돈이 온다.

▷영통인들은 한국에 주님이 온다느니 하는 계시를 받습니다. 한국은 조물주님에게 특별한 나라입니까?

-조물주에게는 특별이란 없다. 한국은 자연법칙에 의해 인류를 성숙케 하는데 기점일 뿐이다. 어떤 특별한 사람이 와서 인류를 구원하는 것이 아니고, 조물주가 직접 지상에 와서 심판하고, 구원하는 것도 아니다. 순환법칙에 의해 한국이 기점일 뿐이지, 특별한 것은 없다.

▷조물주님과 인간은 어떤 관계입니까?

-공존의 관계다. 하지만, 완전한 알곡이어야 조물주와 공존할 수 있다.

▷조물주님을 돕는 영적인 존재가 필요하지 않습니까?

-필요치 않다.

▷조물주님은 불교와 유교(종교)를 어떻게 보십니까?

-인간을 철들게 하는 조언이라고 보지만, 불교와 유교가 비교적 그에 가깝다.

2) 조물주와 인간, 그리고 세상

▷조물주님이 인간을 창조한 목적이 무엇입니까?

-제2 조물주를 만들기 위해서다.

▷조물주님이 인간에게 바라는 것은 무엇입니까?

-철이 들기를 바란다. 자존성을 지닌 인간이 성숙한 인간이다. 두 마귀(하나님과 마귀)의 정체를 알고, 그들의 굴레에서 벗어나 자신의 삶을 사는 사람이다. 스스로 깨우쳐야 바른 길을 간다. 교육으로 되는 것이 아니다.

▷조물주님이 바라는 인간은 어떤 인간입니까?

-철이 든 인간이다. 자존하면서 우주를 보는 마음과 눈을 가진 사람이다.

▷조물주님이 바라는 세상은 어떤 세상입니까?

-사람이 철이 든 세상이다. 사람은 성장하며 철들게 창조했다. 더 큰 사람을 만들기 위해서다. 마귀에게 시달리는 것도 성숙의 한 방법일 수 있다. 원칙은 인간 스스로 자주성을 가지고 나가야 인간다운 인간, 전체를 품고 안을 수 있는 인간이 될 수 있다. 동물은 한정되지만, 인간은 무한대로 나아가고 클 수 있다. 조물주는 원래 그런 과정을 밟아 큰사람 되게 하려고 했다.

▷인류가 궁금해 하는 '인간과 우주와 신의 존재'에 대해 말씀해 주실 수 있습니까?

-말씀 줄 필요 없다. 물어보면 답은 해준다. 그러나 이제까지 물어 본 사람이 없다. 배고파야 밥맛을 안다. 배부르면 밥 줘도 필요 없다. 조물주는 인간의 고통에 간섭하지 않는다. 철이 들면 안다. 사랑이 부모마음 아니다. 인간세계에서 벌어진 일들을 간섭하면 인간이 철들 수 없다. 기도도 하지 마라. 인간이 다 살게끔 해놓았다. 우주질서가 무너진다.

▷인간들에게 하고 싶은 말씀을 해 주십시오.

-철들라. 성숙하라.

▷인간은 어떻게 살아야 합니까?

-자존하며, 순리대로 살아야 한다.

▷현 세상은 어떤 세상입니까?

-정상적인 세상이다. 인간도 철들면 마음으로 조물주를 볼 수 있다. 우주적인 마음을 가져야 한다. 시련과 고통에 초점을 맞추고, 우주적으로 보려고 하면 조물주를 볼 수 있다.

▷조물주님은 왜 인간들에게 세상과 사후의 세계에 대해 가르쳐주지 않는 것입니까?

-인간이 가야할 길이기 때문이다. 가르쳐줘도 모른다. 이렇게 교신하는 것도 어느 단계에 도달했기에 가능하지, 그렇지 않으면 전혀 알 수도 없고, 느낄 수도 없다. 잘 못하면 부작용이 일어나 초점을 잃고 혼돈의 나락으로 떨어져서 인생을 망칠 수도 있다. 교신할 때에도 귀신마귀가 개입할 수 있다. 인간에게 도움 준다며 이래라 저래라 하며 시키고, 의존케 하는 것은 귀신마귀다.

▷어떻게 해야 평화롭고 행복한 세상이 될 수 있습니까?

-우주 전체를 보려고 하는 시각이 중요하다. 철이 들 수 있는 원동력이 된다.

▷종교의 교주들은 어떤 사람들입니까?

-귀신과 사람이 만든 것이다.

▷사람의 운명에 대해 말씀해 주십시오.

-사람 스스로 판단하고 노력하여 만들어 가는 것이지, 조물주가 사람의 운명에 관여 할 수 없다.

▷인간의 '철듦'에 대해 말씀해 주십시오.

-깨달음이다.

▷ 깨달음이란 무엇입니까?

-철이 들어가는 단계이다.

▷깨달으면 어떤 변화가 옵니까?

-후회다. 잘못을 안다. 사기꾼의 정체를 아는 것이다.

▷인생이란 무엇입니까?

-막힘이 없이, 갇힘이 없이 자존하는 것이다.

▷이 세상에서 선은 무엇이고, 악은 무엇입니까?

-자존적으로 노력하여 살려고 하는 것이 선이요, 의존하여 살려고 하는 것이 악이다.

3) 인간과 신

▷신들과 인간은 어떤 관계입니까?

-상극이다. 인간이 신을 의지하려는 것은 잘못된 것이다. 인간이 신을 처리할 수 없다. 인간이 철들면 자연히 처리된다. 신은 번식 못 한다.

▷인간은 신들을 어떻게 대해야 합니까?

-상대하지 말아야 한다.

▷인간 혼의 찌꺼기, 부산물인 하나님과 인간의 다른 점은 무엇입니까?

-하나님은 모든 것을 자신에게 의존케 하려는 것이고, 인간은 자존하려는 것이다.

▷하나님의 정체를 세상에 밝혀야 하는 것입니까?

-밝혀도 사람들이 모른다. 밝힌 사람이 상처 받고 나가떨어진다.

▷하나님은 왜 인간에게 접하려고 하는 것입니까?

-생존의 의미를 갖고자 하는 것이다.

▷하나님의 행태는 꼭 악인들의 행태와 흡사합니다. 왜 그런 것입니까?

-그래야 존재의미를 느낄 수 있기 때문이다.

▷하나님은 본래 어떤 존재입니까?

-의미 없는 존재다.

▷하나님은 인간에 대해 어떤 감정을 가지고 있습니까?

-오직 인간에게 의지하여 군림하는 것 밖에 없다.

▷하나님은 인간과 어떤 인연이 있습니까?

-아무런 인연도 없다. 인간이 자존성을 가지면 의미조차도 없는 존재다.

▷신들의 속성은 무엇입니까?

-사람에게 위안 받고, 군림하는 것이다. 사람에게 추앙받는 것은 다 귀신

으로 생각하라.

▷마귀는 어디에서 찾을 수 있습니까?

-인간의 의존성에서 찾을 수 있다.

▷사람을 고통스럽게 만드는 하나님을 징계할 방법이 있습니까?

-속지 않는 것이다

▷두 귀신(하나님과 마귀) 무리들은 왜 곧 들통 날 거짓말을 하는 것입니까?

-그 존재들의 한계다. 너희한테 들통 난 것이지, 인간 모두에게 들통 난 것은 아니다. 그러나 자연법칙에 의해 들통 나고 있다.

▷창조부산물인 두 귀신무리들은 영원히 존재하는 영적인 생명체입니까?

-사람이 철이 들면 없어진다.

▷여호와 하나님의 존재성을 어떻게 알 수 있습니까?

-미숙한 사람들의 행위를 보면 알 수 있다.

▷지금 하나님의 심경은 어떠합니까?

-자연의 순환법칙에 의해 사람의 의식구조가 높아가므로 초조해하며 방황하고 있다.

▷하나님의 뜻은 무엇입니까?

-사람에게 대접받고, 군림하는 것이다.

▷하나님의 힘은 무엇입니까?

-미숙한 사람 유린하는 것이다.

▷하나님은 어떻게 자신을 나타냅니까?

-미숙한 사람의 행위를 통해 볼 수 있다.

▷하나님의 계획은 무엇입니까?

-지상의 모든 사람에게 추앙받고, 군림하는 것이다.

▷하나님의 장애물은 무엇입니까?

-철이 든 성숙한 사람이다. 자신의 정체를 알고 철이 든 사람에게는 접근하지 못한다.

▷하나님은 조물주님을 의식하지 않는 것입니까?

-의식하지 못하기 때문에 그런 짓을 하고 있는 것이다.

▷하나님은 욕심을 원죄로 규정하였습니다. 그 이유는 무엇입니까?

-자신만 욕심을 가지려는 것이다. 사람이 욕심을 가지면 하나님 뜻대로 부리지 못하기 때문이다.

▷'하나님은 말씀이다'는 뜻은 무엇입니까?

-말뿐이 없다는 뜻이다.

▷하나님이 창조주라며 인류를 속이고 있는데, 조물주께서는 왜 가만히 계십니까?

-가만히 있는 것이 아니다. 자연의 순환법칙대로 하고 있다.

▷하나님이 뱀을 마귀로 비유한 것은 무슨 뜻입니까?

-소리 없이 하나님에게 도전하는 다른 세력을 의미한 것이다.

▷하나님은 어떤 능력이 있습니까?

-사람 미혹케 하는 능력이다.

▷하나님은 인류에게 어떤 영향을 주고 있습니까?

-자연 순환법칙에 의해 영향이 점점 소멸되어가고 있다.

▷인간이 하나님에게 영향을 줄 수 있는 방법은 무엇입니까?

-상관하지 않는 것이다.

▷마귀와 악마 그리고 사탄은 무엇입니까?

-하나님과 마귀 두 세력 간에 서로 부르는 호칭이다.

▷하나님은 어떻게 하여 자신이 창조주인 것처럼 행동하는 것입니까?

-조물주가 자연의 이치에 의해 인간 세상에 간섭할 수 없다는 것을 알고

행동하는 것이다.

▷하나님은 어떻게 되어 조물주님을 의식하지 않는 것입니까?

-조물주가 자연의 이치에 의해 인간세상 간섭할 수 없다는 것을 알고 행동하는 것이다

▷하나님을 믿으면 하나님이 사람에게 어떤 영향을 주는 것입니까?

-하나님 생각 먹게 하여 마음에 자리 잡고 몸을 움직이게 한다.

▷하나님은 자신을 반대하는 사람들에게 해코지 할 수 있습니까?

-정체 아는 사람에게는 접근하지 못한다.

▷인간이 하나님에 대해 간과하고 있는 점은 무엇입니까?

-자신을 모르고 비하하기 때문이다.

여섯째, 자존(自存)을 위한 단상

“사람은 죽어서 무엇을 남기나. 또한 무엇을 가지고 가는가. 지금 나의 마음씀씀이와 행동거지를 살펴보면 나의 열매인 나의 영혼, 나의 속사람이 잘 여물고 있나, 쪼그라들어 있나 짐작할 수 있을 것이다.”

*이 편의 글은 매일종교신문의 '삶의 향기'라는 코너에 게재한 단상들이다. 자존성을 키우는 데 도움이 될 것 같아 싣는다(편집자 주).

1. 존중과 배려

• 그 때 나는 소인배와 군자 사이에서 오락가락했다

오래전 지인의 초청으로 평소 알고 지내던 전 씨와 양 씨, 김 씨 세 사람과 경기도 양평의 한 별장으로 놀러갔다. 남자끼리의 나들이라 1박 2일 동안의 식사는 우리가 해결해야 했다.

목적지에 도착하기 전 먹을거리를 사러 양평 읍내의 한 슈퍼마켓에 들어가 물건을 고를 때였다. 옆에 서서 지켜보고 있던 전 씨가 양 씨에게 술이 적다고 하자, 양 씨가 김 씨에게 술을 더 사라고 하였고, 김 씨는 이에 군말 없이 응했다. 평소 양 씨는 전 씨를 깍듯이 모셨다. 두 사람은 모 기관에서 함께 근무한 선후배 사이라지만, 양 씨가 전 씨를 대하는 태도는 지나치다 싶을 정도였다. 허리를 90도로 숙여 인사하는 폼은 조폭 세계의 한 장면을 떠오르게 했다. 전 씨와 양 씨는 그렇다 쳐도, 친숙하지 않은 양 씨와 김 씨 사이에도 금세 묘한 관계가 형성돼 있음이 느껴졌다. 이를 테면 동물들의 '서열' 같은 것이….

별장에 도착하니 서서히 어둠이 깔리고 있었다. 누가 시키지 않았는데도 김 씨는 밥을 하고, 고기 굽는 일을 맡았고, 나는 밭에 나가 상추와 쑥갓 등을 뜯어와 물에 깨끗이 씻어냈다. 우리가 밥상을 차리는 동안 전 씨와 양 씨는 방 안에서 TV를 보며 희희낙락 시간을 보냈다.

나와 김 씨의 분주한 손놀림으로 제법 푸짐한 밥상이 차려졌다. 일행은 소쿠리에 가득 찬 무공해 채소에 삼겹살을 싸서 먹으며 소주 4병을 비웠다. 전 씨와 양 씨가 유일하게 상에 올려놓은 것은 질펀한 찬사였다. 먹는 것 가지고 논하기는 좀 그렇지만 전 씨와 양 씨는 먹기도 잘하고, 마시기도 잘했다. 나와 김 씨, 주인장은 소식했고, 술도 한 잔 정도 마셨을 뿐이다. 귀찮은 설거지도 나와 김 씨가 처리했다. 저녁 식사가 끝나자, 느닷없이 전 씨가 화투놀이를 제안했다.

"주인장 화투 없어요? 우리 밥 먹었는데 화투나 합시다."

"어쩌지요, 별장에는 화투가 없는데…."

천만다행이었다. 공기 좋은 곳에 왔으니, 밖에 나가 상쾌한 공기를 마시며 산책이나 하고 싶었다. 잠시 후 무료했던지 전 씨가 또 다른 제안을 했다.

"노래방 갑시다."

주인장의 안색이 변했다. 노래방을 가려면 야밤에 비포장도로인 산길을 따라 한참을 가야 한다. 주인장과 김 씨는 아무 말이 없었다. 그렇게 2~3분 정도 어색한 시간이 흘렀다. 침묵에 겨워하던 양 씨가 전 씨를 거들며 주인장의 등을 떼밀었다. 마지못해 주인장이 일어섰고, 무언의 압력을 느낀 김 씨는 자발적으로 따라나섰다. 나는 감기 기운이 있다는 핑계로 자리에 주저앉았다. 가서 눈으로 직접 보지 않아도 어떤 상황이 벌어질지 뻔했기 때문이다.

그로부터 두어 시간쯤 지나 돌아온 주인장에게 살며시 물어보니, 아니나 다를까. 노래방비는 주인장이 내고, 술값은 김 씨가 냈을 뿐더러 전 씨와 양 씨의 온갖 심부름까지 했다고 한다.

다음날 아침밥을 먹고 나자, 이번에는 양 씨가 열변을 토했다. 가평 어느 계곡에 기가 막힌 매운탕집이 있으니 먹으러 가자는 것이었다. 양 씨의 체면을 생각해서인지 주인장도 거부하지 않았다. 그날 오전 차로 1시간 30분을 달려 매운탕 집에 당도했다. 전 씨와 양 씨의 너스레는 이 자리에서도 멈추지 않았다. 이윽고 음식 값을 계산할 때가 되었다. 먹을 때 입심을 자랑하던 전 씨는 갑자기 조용해졌으며, 양 씨는 자기가 계산하겠다고 큰소리치며 주머니에 손을 넣긴 했지만 액션에 불과했다. 결국 돈은 내가 냈다.

밤늦게 집에 돌아와 잠자리에 누웠으나 잠은 오지 않고 전 씨와 양 씨, 김 씨의 얼굴만 어른거렸다. 달갑지 않던 사람들과의 불편했던 여행이었는데, 공연히 전 씨와 양 씨의 종노릇만 하고 온 것은 아니었는지 씁쓰름했다.

'상대는 나의 거울'이라는 말도 있고, '남자는 지갑을 잘 열어야 멋지다'는 말도 있다. 당시의 상황을 곰곰이 생각해 봤다. 전 씨는 자신을 대단한 사람으로 여기지만 하찮은 사람이고, 양 씨는 전 씨의 비위를 맞추며 자기 욕심을 채우는 약삭빠른 인물일 뿐이다. 이에 반해 두 사람의 시중을 들며 하수인처럼 행세한 김 씨는 군자요, 요즘말로 대인배였다. 그날 나는 그 경계에 서 있지 않았을까.

• 아내의 행동은 정당했다

자식들이 장성하니까 아내는 무엇이든 자식들을 우선하는 것 같다. 이렇게 말하면 아내는 펄쩍 뛰지만, 내 눈에는 그렇게 보인다. 한참 성장과정이라고 자식들이 먹고 싶어 하는 음식 위주로 만들고, 많은 것과 좋은 것은 으레 자식에게 주려고 하며, 또 드러내놓고 자식들의 편을 드는 것처럼 느껴진다.

심한 경우 밥에 잡곡을 넣었으면 좋겠다고 말하면, 애들이 방귀를 뀌니까 안 된다는 식이다.

예전엔 이런 행동(?)을 하리라곤 상상도 못했다. 그런데 "나이가 들어가니 무서운 게 없어졌다."는 아내의 말처럼 이제는 남편인 나를 의식하지 않는 것 같다.

어제 저녁에 일어난 일이다. 큰아들이 토마토 주스를 먹고 싶다며 엄마에게 해 달라고 말했다. 나는 어디까지나 아내를 편안하게 해 주고 싶고, 아들에게는 할 수 있는 일은 직접 하기를 바라서 스스로 만들어 먹으라고 하였다. 그러나 결국 아내가 토마토 주스를 만들어 왔다. 사건은 점점 점입가경이었다.

주스를 마시려고 컵을 보니, 두 컵에 들어있는 주스의 양이 달랐다. 앞의 컵에는 가득 들어있고, 뒤의 컵에는 좀 적게 들어 있었다. 아무 생각 없이 앞의 컵을 가져왔다. 그리고 마시려는데 아내가 말했다.

"그것은 아들 것이니, 뒤의 것을 마시세요."

아내는 내심으로 아들 것은 가득 넣고, 나의 것은 적게 넣어 각각 그 몫을 정해 놓았던 모양인데, 나는 그것도 모르고 아들 것을 가져온 것이다.

기분이 이상해졌다. 마치 남의 것을 훔치려다 주인에게 발각되어 야단맞는 기분이었다. '내가 차별 당하고 있는 건가?' 아들 앞에서 아버지의 체면이 말이 아니었다. 많은 것을 먹으려고 했던 것이 아니었다. 단지 앞에 있는 컵을 가져온 것뿐인데, 아내의 그 말 한 마디에 졸지에 식탐하는 아버지로 전락해 버렸다.

난처했다. '이럴 때 어떻게 처신해야 하나? 자존심이 구겨지더라도 작은 것으로 바꿔 와야 하나, 아니면 큰소리쳐서 잘못된 처사를 바로 잡아야 하나?' 머릿속에서는 이 두 생각이 오갔다. 그러나 결국 성질을 접었다. 아무 소리 않고 들고 있던 주스를 다 마신 것이다.

마음이 씁쓸했다. 소외감을 넘어 비참한 생각도 들었다. '내가 이런 대우를 받아야 하나. 꼼지락거려 몇 푼의 돈이라도 벌어주는 지금도 이렇게 대우하는데, 무능력자가 되면 어떻게 될까.' 적지 않는 분노도 일어났다. '아버지보다 아들을 우선하는 행동이 바람직한 것이며, 그런 행동이 어른을 공경할 줄 모르는 버릇 나쁜 사람으로 만드는 것이 아닐까.'

그러나 아내의 기분을 상하게 하고 싶지도 않고, 아내를 이길 생각은 추호도 없다. 설령 이기려고 해도 이길 수 없게 되어져 있다. 이제는 집채처럼 커져버린 아내를 어찌 이길 수 있겠는가.

이 문제에 대해 깊이 생각해 봤다. 부부애가 먼저인가, 모성애가 먼저인가. 동물 암컷은 발정기가 되면 새끼를 가지기 위해 수컷에게 접근하여 온갖 유혹을 하지만, 일단 임신하고 새끼를 낳으면 수컷을 멀리하고 새끼를 키우는데 전념한다. 곰곰이 생각하면 인간도 자연의 일부이므로 이런 동물들과 하등 다를 바 없다. 자식에 대한 보호본능은 아버지보다 어머니가 더 강하다. 조물주가 그렇게 만들어 놓았다고 볼 수밖에 없다.

자녀창조에 대한 기여도도 아버지보다 어머니가 훨씬 높다. 아버지는 달랑 정자 하나만 제공한다. 그것도 어머니의 난자에 비해 엄청나게 작다. 남자를 씨에, 여자를 밭에 비유하듯이 어머니는 아버지보다 위험도도 높다. 어머니는 자신의 뱃속에 태아를 품고 10개월 동안 자신의 피와 살과 뼈를 바친다. 출산도중 사망하는 어머니도 있다. 당연히 자식 사랑이 지극할 수밖에 없다. 인간의 사랑 중에서 모성애보다 더 큰 사랑은 없다. 폼페이 유적지에서 발견된 아기를 품에 안고 죽은 어머니의 화석은 충격 그 자체다.

남편과 아들이 밭에서 일하고 들어오는데, 남편은 눈에 들어오지 않고 아들만 안쓰럽더라는 어느 아낙네의 말은 모든 어머니의 말이기도 하다. 어머니는 남편을 위해서 죽지 않을지라도 자식을 위해서는 죽을 수 있다. '부부애보다 모성애를 우선하는 것이 진리'라는 결론에 도달했다.

이런 측면에서 보니, 아내는 자연의 섭리에 순응하고 있었던 것이다. 그래서 생각을 바꿨다. 남편보다 자식을 더 사랑하는 아내의 행동은 정당하다고. 하지만, 속으로는 그렇지 않을 거라고 애써 위안해 본다.

• 개도 이러하거늘 하물며 사람이랴!

꽤 오래전의 일이다. '사람의 둥지(공동체)'를 설립할 자리를 물색하고, 그동안 수집한 자료를 정리하려고 강원도 홍천 솔골의 한 폐가를 빌려 4개월 정도 생활한 적이 있다. 솔골은 내촌면 화상대리의 6~7호가 거주하는 조용한 자연부락이다.

이 동네에는 영춘이라는 전신 지체장애를 가진 10대 후반의 소년이 있었다. 솔골 입구에 내려서 우측에 보이는 제각의 고샅길을 따라 30미터쯤 올라가면 언덕 밑의 쇠락한 기와집이 영춘이와 그의 어머니가 사는 보금자리다. 영춘이는 처음에는 땅을 기어 다니다가 조금 나아져 지팡이를 짚고 위태롭게 다닌다고 했다.

영춘이는 마땅히 어울릴 친구도 없고, 친절하게 대해주는 주민도 없었다. 내가 친근하게 대해주자 곧잘 나에게 찾아왔다. 먹을 것이 있으면 나누어 먹고, 시간 나는 대로 같이 지냈다. 이윽고 영춘이는 나의 집에 오는 것이 낙이 되었다. 주민들은 버릇 나빠진다고 먹을 것도 주지 말고 쫓아버리라고 말하곤 했다.

어느 날 어둑해질 무렵 비가 한 방울씩 내리기 시작하여 영춘이를 집으로 데려다 주려고 곁부축해서 발걸음을 재촉했지만, 웬일인지 영춘이는 한 걸음을 옮기고는 나에게 몸을 의지한 채 꼼짝하지 않았다. 한참을 그렇게 밭길에서 있다가 영춘이의 등을 토닥거리며 노래를 불러주었다. 그 순간 영춘이는 갑자기 지팡이를 버리고 밭으로 쓰러지더니, 데굴데굴 구르며 괴성을 질러댔다. 그 괴이한 행태에 깜짝 놀랐다. 조금 전 땅콩을 준 것이 체해서 그런 줄 알고 조바심이 일었다. 그러나 얼마 지나지 않아 그것이 영춘이에게 최고 기쁨의 표현임을 알아차렸다. 밭에서 괴성을 지르며 뒹구는 영춘이의 얼굴에 웃음꽃이 가득 피어 있었기 때문이다.

영춘이는 또 한 번 나를 감동시켰다. 내가 집을 비운 사이 나무를 한 짐 해서 부엌에 들여놓은 것이다. 집 옆의 산자락에는 영춘이가 기어 다니고, 온몸으로 미끄럼 탄 자국이 선명히 나있었다. 낫으로 자른 뾰족한 나뭇등걸 때문에 성한 사람도 함부로 다니지 못할 위험한 곳에서 어떻게 나무를 해놓았는지 아찔했다. 아침에 와서 점심도 안 먹고 작업했다고 한다.

솔골에는 영춘이를 좋아하는 사람이 또 있었다. 소녀처럼 명랑한 50대의 김 씨 아주머니다. 내가 하이디라고 별명을 붙인 김 씨 아주머니는 몸이 약해 요양지를 물색하던 중 솔골이 마음에 들어 자리를 잡았다고 한다. 그녀는 전직 대학교수이자 독실한 기독교인이지만, 매우 자유로운 사람이었다. 그녀는 청소년기를 막 벗어나고 있는 영춘이가 담배 피우는 것을 알고 담배를 사준다고 했다. 영춘이는 그 담배를 참 맛있게 피운다고 한다. 나는 그 장면을 한 번도 목격하지 못했다. 대신 그녀가 영춘이를 꼭 껴안고 등을 토닥거리며 사랑해 주면, 영춘이의 기분이 하늘로 올라가는 것은 여러 번 보았다. 그녀와 영춘이의 관계는 나보다 훨씬 오래되었다.

그런데 솔골에는 영춘이를 싫어하는 사람도 있었다. 외지에서 들어와 이층집을 짓고 사는 60대 초반의 고 씨 성을 가진 남자다. 그는 이곳 주민들과의 관계가 단절돼 있었는데, 주민들이 왜 그를 싫어하는지 나도 경험했다. 한 번은 그와 맞닥뜨려 매우 당황스러웠지만 정중히 인사했다. 그러나 그는 아무 말도 하지 않은 채 고개를 뻣뻣이 쳐들고 나를 뚫어지게 쳐다보기만 하여 무안해서 도망치듯 그 자리를 벗어난 적이 있다.

영춘이는 나와 재미있게 놀다가도 고 씨 집을 지나칠 때는 그의 집에 눈길을 흘기곤 했다. 어느 날은 고 씨가 보이자 대뜸 "야, 이 ×××야!" 하고 욕을 했다. 깜짝 놀랐다. 언어장애가 있는 영춘이가 그토록 또렷하고 우렁찬 목소리로 어른에게 욕을 하다니, 도무지 믿기지가 않았다. 나중에 이웃집 아주머니에게 그 얘기를 전했더니, 영춘이가 고 씨 집에 놀러 가면 먹을 것을 주기는커녕 욕하며 발길질을 하여 내쫓곤 했다는 것이다.

그 후 급박한 가정사로 인해 친밀하게 지냈던 하이디 아주머니와 영춘이에게 인사도 제대로 하지 못한 채 갑작스레 그곳을 떠나왔다. 영춘이는 지금 20대 후반의 청년이 되어 있을 것이다.

솔골에서 영춘이와 함께했던 지난날을 회상하다 보니, 어느 선배의 이야기가 생각난다. 선배는 집에서 기르던 개가 짖어대자 화가 나서 내팽개쳤다고 한다. 개는 의식을 잃고 쓰러져 있다가 한참 후에 깨어났다. 그리고 얼마 후 이웃집에 입양(?)보냈다는데, 이 개가 다른 사람들은 잘 따르면서도 유독 옛 주인인 선배를 보면 미친 듯이 짖어댄다는 것이다.

• 인간문제 해결의 첩경, '남의 아픔 느끼는 마음' 기르는 것

대학을 갓 졸업한 아들이 첫 직장으로 한 유명 주방설비회사에 취업했다. 어렵게 취직을 했으니 장한 일을 했건만, 한편으론 안타깝기만 하다. 아들의 직장생활은 혹독하다. 밤낮 없이 사람과 일에 시달리며 산다. 며칠 전에는 자신이 벌인 공사가 잘못되어 전전반측(輾轉反側)하는 모습을 지켜봐야 했다. 아들이 받은 마음의 고통이 얼마나 컸으랴. 이를 지켜보던 아내는 입술까지 부르텄다. 그날 밤 나도 잠을 이루지 못했다. 아들의 고통이 나의 고통으로 느껴졌기 때문이다. 다음날 아들은 아침 일찍 밥도 먹지 않고 출근했다. 업적지상주의로만 치닫는 세상을 둘러보며 오래 전 염려했던 바가 현실로 다가와 마음이 아프다.

한국스트레스학회에 따르면, 한국 직장인의 스트레스 지수는 95%(일본 61.5%, 미국 40%)로 세계 최고 수준이다. 취업포털 잡코리아(jobkorea.co.kr)가 직장인 1386명에게 '대한민국 직장인 행복만족도'를 물었더니, 현재 자신이 행복하다고 대답한 사람은 12%에 그쳤다. 한 조사기관은 직장인 10명 중 8명가량이 직장에서 받는 스트레스로 인한 질병을 경험한 것으로 밝혔다. 직장인들의 술 · 담배 소비가 느는 것도 스트레스와 무관치 않아 보인다.

직장이 적자생존의 전쟁터로 바뀐 지도 오래됐다. 일에 대한 낭만은 없어지고 오직 돈벌이를 위한 수단으로 전락하고 말았다. 대기업일수록 더 심하다. 서로 앞서나가고, 더 많이 차지하기 위해 이전투구 한다. 만족할 줄 모르는 세태가 측은하기 그지없다. 자기 욕심만 채우려고 하면 서로 고통당하고 상처만 입게 된다. 서로 나누고 사이좋게 살면 모두 만족하게 되련만, 이런 평범한 진리가 왜 현실에서는 전혀 통용되지 않는 것일까.

물질중심의 문화와 교육이 인간을 비인간화의 길로 몰아가는 듯하다. 나만 잘살면 그만이라는 맹목적 이기주의가 인간성을 파괴해 다른 사람의 아픔을 전혀 못 느끼게 만든다. 자기 욕심을 채우기 위해 남에게 고통을 주는 행위도 서슴지 않게 되고, 그러면서도 잘못을 느끼지 못한다. 사람이 이기적으로 살면 짐승과 다를 바 없고, 세상 역시 맹수들의 정글로 변하고 만다. 인정이 메마르면서 갈수록 세상이 삭막하고 팍팍해지고 있다.

의식이 생긴 이후 줄곧 '인류가 더불어 행복하게 살 수 있는 길'을 궁구해 왔다. 아직까지 확실한 답을 얻지는 못하고 있지만, 마음속에 자리 잡고 있는 뚜렷한 생각이 하나 있다. '남의 아픔을 아는 마음을 길러주는 것', 이것이 곧 인간문제 해결의 첩경이 아닐까 하는 것이다. 왜냐하면, 다른 사람의 아픔이 나의 아픔처럼 느껴진다면, 결단코 다른 사람에게 아픔을 주는 행동을 할 수 없기 때문이다.

무릇 각 종교에서는 '사랑과 자비'를 최고의 덕목으로 내세우며 그것을 행하라고 부르짖지만, 이는 어디까지나 구두선에 불과하다. 남의 아픔이 내 아픔처럼 느끼지 않는 한 사랑과 자비가 나올 수 없다. 상대의 아픔이 나의 아픔으로 느껴질 때 비로소 연민의 정이 싹튼다. 상대의 아픔이 느껴지지 않는데도 사랑한다고 말하는 것은, 사랑하겠다는 것이 아니라 좋아하겠다는 것에 다름 아니다. 아픔을 아는 사람은 남을 위해주지는 못해도 최소한 고통을 주는 행위는 하지 않는다. 마음이 편치 않기 때문이다.

학교가 지식인과 기술자 양성에 그친다면, 결국 인류의 공적만 양산해내는 곳이 되고 만다. 사람의 아픔과 모든 생명체의 아픔을 알게 하는 교육이 돼야 인간성이 성숙되고, 그래야 지상에 평화와 행복이 깃들 수 있지 않을까. 사람을 사람 되게 하는 것 이상 중요한 일이 어디에 또 있으랴!

문제는 남의 아픔을 느낀다는 것이 쉽지 않다는 사실이다. 사람들은 남의 갈비뼈 부러진 아픔보다 자기 손톱 끝에 박힌 가시의 아픔을 더 크게 느낀다. 그러나 자신이 직접 고통을 당하거나 그 입장에 들어가 보면 상대의 아픔을 공감한다. 사람은 고통을 알아야 철이 든다. 남의 아픔이 나의 아픔보다 더 크게 느껴져야 나를 잊고 남을 위할 수 있다. 효도하라고 해서 효도하는 것이 아니다. 종교와 학교와 가정이 인간성을 길러주는 교육에 주력한다면, 지금보다 훨씬 좋은 세상이 되지 않을까 생각된다.

• 정 장로의 일생

정 장로의 손은 장작개비처럼 딱딱하고 거칠었으며, 손가락 마디는 굵고 뭉툭 했다. 악수하러 내민 하얗고 부드러운 내 손이 부끄러울 지경이었다. 작달막한 키에 두꺼비 상인 그는 잠자는 시간을 빼고는 종일 일만 했다. 그의 삶은 영화 '워낭소리'의 주인공 최원균 옹의 삶과 빼닮았다.

강원도 산골에서 소작농의 아들로 태어난 정 장로는 머슴살이를 하다가 결혼하여 분가할 때 좁쌀 한 말을 받아 충청도의 한 농촌으로 이주했다. 낮에는 남의 토지를 빌려 농사를 지었고, 밤이면 족제비를 잡으러 다녔다. 이렇게 해서 생긴 수입으로 담배건조실을 지어 돈을 벌었다. 돈이 모이는 족족 토지를 사들였고, 급기야 그 일대의 대지주가 되었다. 하늘이 도운 것일까. 주변에 공단이 들어서면서 땅값이 폭등하여 정 장로는 수백억대의 떼 부자가 됐다.

그는 처음 자신의 땅을 갖게 되었을 때를 이렇게 회고했다.

"마음이 설레 잠이 안 왔다. 밤에는 새끼를 꼬아 팔았고, 새벽 3시면 밭에 나가 마을을 향해 '어서 일어나 일하라'고 소리친 다음 어둠 속에서 잡초를 뽑고, 농작물에 북을 주었다."

그는 아내와 큰며느리와 두 손녀를 데리고 고래 등 같은 기와집에서 살았지만 쉴 줄을 몰랐다. 정월 초하룻날에도 아침을 먹은 후 곧장 지게를 지고 나가 과수의 가지치기를 했다. 몸이 건강해서가 아니었다. 자신이 직접 주사기로 무릎 관절에서 염증을 뽑아내는 장면을 여러 번 목격했다. 안쓰러웠다. 그가 이룩한 부는 순전히 그의 피와 땀의 대가였다. 그는 돈을 자신의 피와 살처럼 느꼈다. 그래선지 자신의 건강을 위해서도 일체 돈을 쓰지 않았다.

그렇게 일과 돈밖에 모르던 정 장로가 어느 날 자기 소유의 밭에 교회를 세운 사건이 벌어졌다. 주변에서 모두 의아해 했다. 그것은 자신이 마을에 교회를 세우는 꿈을 꾸고 난 후였다. 200여 평의 밭에 세워진 40여 평의 교회는 아담했다. 성전바닥은 마루를 깔아 자연미가 있었고, 성전 한 편에는 낡은 오르간이 있어 예배 때마다 아름다운 찬송가가 산야를 춤추게 했다. 낭만이 있는 조용하고 아늑한 시골교회였다.

교회를 지은 후 인근마을 사람들까지 예배 보러 왔다. 제법 부흥했지만 몇 년이 지나자 교인수도 줄어들고 쇠퇴의 기미가 역력했다. 새로 목사가 부임해 교회 주변에 나무를 심고 꽃을 가꿔 분위기를 일신한 다음 교인들의 가정을 방문했다. 그러나 교인들은 하나같이 정 장로가 있는 한 교회에 나가지 않겠다는 것이었다. 예상치 못한 일이었다. 정 장로가 손수 교회를 짓고 중심역할을 한 것까지는 좋았으나 안하무인이었다. 특히 가난한 사람들을 무시했다. 이 때문에 교인들이 하나둘 교회를 떠나고 말았던 것이다.

정 장로도 무쇠는 아니었는지 갑자기 자리에 눕고 말았다. 목사는 매일 그의 집에 가서 쾌유기도를 드려주었다. 그는 생사가 오락가락하는 상황에서도 농사 걱정, 재산 걱정만 했다. 그리고 76세가 되던 해 봄 지상에서의 삶을 마감했다. 마음 편히 눈 감지 못했으리라. 빈소에는 그의 4남 1녀와 손자손녀만 북적거렸을 뿐 쓸쓸했다. 그의 형제와 이웃들은 얼굴도 내밀지 않았다. 장례가 끝나자마자 자식들 간에 재산다툼이 벌어져 집안은 풍비박산이 되었다. 정 장로의 피나는 일생이 그렇게 끝을 맺은 것이다. 마치 한 편의 비극드라마를 보는 것 같았다.

자수성가한 사람은 크게 두 부류로 나뉠 수 있다. 빈자의 고통이 과거 자신의 고통처럼 느껴져 감싸 안아 주려는 사람이 있고, 반대로 못난이로 여겨 업신여기는 사람이 있다. '개구리 올챙이 적 생각 못 한다'는 속담처럼 정 장로도 과거 자신이 당한 고통을 잊어 버렸던 것이다. 신분이 상승(?)한 그는 자만심이 생겨 빈자 위에 군림하며 으스댔다. '왜 나처럼 열심히 일해 돈을 벌지 못하고 그렇게 사느냐!'며 면박을 주곤 했다.

정 장로의 억척같은 삶은 분명 높이 평가해야 하지만, 그의 인생관은 크게 잘못돼 있었다. 남의 아픔이 나의 아픔으로 느껴지지 않았기 때문이다. 어렵게 고생해서 번 돈을 자식에게 물려주지 않고 어려운 이웃을 돕거나 사회에 환원하는 사람들의 미담을 들을 때마다 문득 정 장로가 생각나곤 한다.

• 좋아하는 것과 사랑하는 것의 다름

어느 결혼식에 갔었다. 주례는 나이가 지극하신 노인이었다. 교수도 아니고, 성직자도 아니었다. 평범한 동네 어르신을 모셔온 듯 했다. 다소 실망스러웠다. 그런데 주례사는 우렁찼다. 주례는 "이제 그만 끝낼까요, 조금 더 할까요?"하며 조크마저 건네자, 장내가 잠시 웃음바다로 변했다. 하기야 아무리 주례가 저명인사면 뭐하고, 주례사가 미사여구로 가득차면 뭐하랴. 다들 '서로 좋아하고 사랑한다.', '검은 머리 파뿌리 될 때까지 행복하게 살겠다.'고 다짐하면서도 요즘처럼 한국사회에 이혼율이 높은 적이 있었는가. 대체 좋아한다는 것은 무엇이고, 사랑한다는 것은 또 무엇인가.

좋아함과 사랑함은 방향부터 다른 것 같다. 전자는 자기중심적이요, 후자는 타아 중심적이다. 내가 필요해서 좋아하는 것은 사랑이라 할 수 없다. 자기가 좋기 위해 상대방을 이용하려는 것에 불과하다. 사랑은 상대방 입장에 서야 하고, 희생을 동반한다. 좋아하려는 사람은 많으나 사랑하려는 사람은 적은 것이다.

사람은 이기적인 동물인지 사랑받기를 원한다. 누구나 나를 사랑해 주는 사람을 원하고, 내가 사랑하는 사람과 영원히 살고 싶어 한다. 사랑은 모래알 같은 인간들을 끈끈한 정으로 맺어준다. 사랑이 있으면 역경이 닥쳐도 헤쳐 나갈 수 있다. 서로 사랑하면 싸울 일도 없다. 서로 자기만 좋으려고 하니까 불화하고 싸운다.

자기중심적 사랑은 욕심의 다름 아니다. 욕심은 자기 마음대로 하려는 마음이다. 또한 자기만 귀중히 여기고 남은 천하게 여기는 마음이요, 자기만 높아지려는 마음이다.

욕심 많고 악한 사람은 상대방을 배려할 줄 모르고, 낮아질 줄을 모른다. 상대방을 누르고 그 위에 올라서려니 자기가 최고요, 자기중심적일 수밖에 없다. 자기중심은 자기 인격에 손상을 주고 자기 인생을 망치기 쉽다. 자기중심은 결국 자기의 적이요, 원수다. 이것은 또 악의 시초이므로 경계하고 경계해야 할 것이다. 이 세상이 평화롭고 행복하지 못한 것은 사람들이 자기중심적으로 살기 때문이다. 자기중심으로는 세상에 평화와 행복이 올 수 없다. 점점 더 양육강식의 동물사회로 이행될 뿐이다.

이 세상에서 성공한 사람이 되고, 출세한 사람이 되려면 욕심쟁이가 되어야 한다는 말이 있다. 어떻게든 물질과 권력을 손에 넣어야 하고, 경쟁해서 상대방을 쓰러뜨려야 한다. '살기 위해서' 수단과 방법을 가리지 않아야 한다. 그러나 그렇게 쟁취한 성공은 독소로 돌아올 수 있다. 부지불식간에 심성이 거칠어지고, 영악해지고, 악독해져서 자신을 비인간화 시킨다.

상대방이 있음으로 내가 있음을 알아야 한다. 상대방을 귀하게 여겨야 나도 귀하게 된다. 자기 몸을 낮추고 상대방을 존중하는 사람이 진정한 인격자이며, 군자다.

사랑은 상대방을 위해 주는 것이고, 모든 것 위에 있다. 좋아하는 것과 사랑하는 것을 분별하여 행동해야 한다. 상대방의 매력에 끌린 것을 사랑이라 생각하고 결혼했다면 큰 오산이다. 그 경우 점차 좋아하는 감정이 시들면 여러 이유를 들어 갈라서고 만다. 그리고 그 원인을 상대방에게 돌린다. 상대방을 통해 자기의 욕구를 채우려고 결혼했는데, 상대가 그것을 채워주지 못했으니 상대방이 잘못이라는 말이다. 틀린 말은 아니다. 그래서 우리 사회는 '이유 있는 이혼'이 넘쳐나는 것이다. 모든 것이 자기식이니 자녀도 책임지지 않아 고아원은 고아 아닌 고아들로 가득하다.

사람들이 좋아함으로 위장된 '사랑, 사랑'하다가 거짓말쟁이가 되고 있다. 서로 사랑을 받으려다 비극을 낳고 있는 것이다. 꽃을 좋아하는 사람은 꽃을 꺾으려 들지만, 꽃을 사랑하는 사람은 꽃을 돌보려고 애쓴다. 좋아함과 사랑함은 그 차이가 판이하다.

• 일곱 빛깔 무지개가 주는 메시지

욕심은 사람이 살아가는데 발전의 원동력이 되기도 하지만, 때로는 화를 불러오기도 한다. 예컨대 일이나 공부를 악착같이 하면 성공할 수 있는 반면, 물질이나 권력이나 쾌락에 눈이 어두워 도를 넘어서면 필경 신세를 망치는 일이 벌어지고 만다. 욕심은 좋은 결과보다는 나쁜 결과를 가져오는 경우가 더 많다. 남이야 어떻게 되든 끊임없이 자기 잇속만 챙기려는 속성 때문이다. 그래서 욕심은 악을 잉태하고, 죄를 번식하며, 사망으로 이끄는 것이다. 세상의 모든 문제는 욕심에 뿌리를 박고 있다. 욕심은 의존성에서 생긴다.

동물은 서열다툼이 치열하다. 먹이 때문이다. 서로 더 많은 먹이를 차지하기 위해 상대방을 힘으로 제압하는 것이다. 먹이 앞에서는 낳아준 어미도, 형제도 없다. 단지, 동물은 육욕(본능성)만 있기 때문에 욕심껏 살아도 죄의식을 느끼지 못한다. 사람들은 사자나 하이에나 같은 포식동물을 맹수라고 부를지언정 '악한 동물'이라고 규정짓지는 않는다.

욕심이라는 단어를 사용한 김에 종교가 부리는 욕심에 대해 말해 보고자 한다. 모든 종교의 모토는 하나 같이 사랑하라, 자비를 베풀라, 어질게 살라, 위하여 살라고 가르친다. 거룩한 말들이다. 그러나 종교인들이 이런 본을 보였다면, 분명 그들이 주장하는 지상천국이나 지상낙원이 이미 이루어졌을 것이다. 그런데 정작 종교 내부에서는 이와 상반된 행태가 야기되고 있어 안타깝다. 큰 이름을 가진 종교치고 '세계복음화', '불국토건설', '세계통일' 등 거창한 구호를 내세우지 않은 종교가 없다. 이것은 일종의 종교패권주의로, 모두 자기 종단 중심으로 종교와 세상을 흡수하겠다는 발상에 다름 아니다. 겉으로는 종교 간의 평화와 사랑을 외치지만, 속으로는 교세를 넓히기 위해 다른 종교는 물론 세속 집단도 경쟁상대로 여기며 칼날을 겨누고 있다. 기업들이 자사제품 판매를 위해 상대회사와 으르렁거리며 밥그릇 싸움하는 것과 다를 바 없다.

장사꾼들에게는 그래도 상도의란 게 있는데, 종교는 일단 이권이 얽힌 일이면 물불을 가리지 않는다. 그래서 피로 물들게 한 종교전쟁이 일어났고, 지금도 세계 도처에서 종교 간의 크고 작은 분쟁이 끊이지 않고 있다. 종교의 주장과 현상은 이율배반적이다. 종교가 또 하나의 문제의 집단이 되고 있다. 참, 아이러니한 일이다.

종교 근본주의자들은 다른 종교와 세상 사람들을 인정하지 않는다. 그들에게는 자기 종교의 교리로 세상을 교화시키고 인류를 자기 종교인 만드는 것이 사랑이고, 자비이고, 위하여 사는 길이다. 실상 그것은 허울 좋은 이름일 뿐, 종교적 이기주의를 합리화한 것에 불과하다. 종교의 독선과 아집은 항상 위험한 결과를 초래해 왔다.

종교인마다 선민의식(選民意識)에 젖어 자기 종교를 믿어야 구원 받고 해탈에 이른다고 쉽게 말하는데, 이보다 더 큰 인권을 유린하는 말도 없을 것이다. 조물주는 인류의 부모이기에 종교를 통하지 않고도 각자의 노력으로 조물주에게 다가갈 수 있다고 여겨진다. 종교의 아전인수식 해석을 접할 때마다 종교 근본주의자들에게는 없애야할 적만 있고, 사랑해야 할 이웃은 없는 것 같아 씁쓸하다.

이제 종교도 바뀌어야 한다. 종교들이 자기 종교의 덕목대로만 산다면, 내 종교가 옳고 네 종교는 그르다는 말이 나올 수 없다. 무지개는 빨, 주, 노, 초, 파, 남, 보 일곱 빛깔의 띠가 창공에서 아치를 그으며 조화를 이루고 있기 때문에 아름답다. 그 조화 속에는 평화와 공존과 희망이 깃들어 있다. '종교통일'은 종교들의 조화와 공존을 의미하는 것이지, 결코 어느 특정 종교 하나로 규합되는 것을 의미하지는 않을 것이다. 단색이 무지개가 될 수 없듯이 하나의 종교는 획일화된 무미건조함만 있을 뿐이다.

정보화시대에 사는 현대인들은 종교를 훤히 들여다보고 있는데, 종교인들은 자기의 우물 안으로 들어오라고 애타게 손짓하고 있는 형국이다. 종교 간의 트러블과 종교의 세속화는 자기중심적인 욕심 때문이다. 독선과 배타적인 종교는 사람들에게 독이 되며, 끝내 외면당할 수밖에 없다. 종교인들이 욕심을 버리는 그 날이 진정 지구상에 평화와 행복이 찾아오는 날이 될 것이다.

• "지지배배…인간님들, 너무 하십니다!"

과거 내가 25년 동안 살았던 공동주택은 낡았으나 정원에 과실수며, 여러 종류의 나무와 꽃이 우거져 있어 여느 집과 달리 자연환경이 쾌적한 편이었다. 오동나무는 울창하게 가지와 잎을 뻗었고, 모과나무, 감나무의 열매는 향수를 불러일으켰다. 나는 아침저녁으로 창 밖 정원의 나무들에게 감사함을 전했다. 특히 무화과나무가 열매를 맺는 7~8월에는 아침마다 새들이 찾아와 열매를 쪼며 즐겁게 지저귀어 여간 마음이 상쾌하지 않았다. 어느 날은 생쥐가 무화과나무에 올라가 열매를 먹고 있는 진기한 장면도 목격했다.

"저리 갓! 쉬쉬~~"

앙칼진 여자 음성이 이른 아침 귓전을 때렸다. 누워서 조용히 심신을 관조하는 중이었는데, 그만 무참히 깨지고 말았다. 나만의 소중한 시간이 사라진 것이 못내 아쉬워 창밖을 내다보니, 옆집 아낙네가 허공에 대고 나뭇가지를 휘두르고 있는 것이 아닌가. 아낙네는 신 새벽 무화과 열매를 먹으러 온 새를 쫓아내기에 여념이 없었다. 무화과나무는 아시아 서부와 지중해 연안에서 자라는 뽕나무 과 식물이다. 열매는 계란처럼 생겼는데, 날 것으로 먹거나 잼을 만들어 먹기도 한다. 한국에는 전남과 경남 일원에서 자라는 것으로 알려져 있다.

새들은 무화과 열매의 매력 때문인지, 멀리 날아가지 않고 주위에서 계속 지져댔다. 마치, '너무 하네요. 우리가 먹으면 얼마나 먹는다고…. 같이 나눠 먹읍시다.' 하고 하소연하는 것 같았다. 새를 쫓아낸 아낙네는 설익은 열매까지 모두 따가지고 집 안으로 들어가 버렸다. 열매 잃은 무화과나무에 한 동안 새들이 찾아오지 않을 걸 생각하니, 아낙이 야속하다는 생각이 들었다. 차라리 성당에 다닌다는 말을 하지 않았더라면 밉지는 않았을 것이다.

그로부터 얼마 후 아낙네의 남편이 무화과나무를 밑동까지 잘라버리고 이사 갔다. 무화과나무 잔해만 수북이 쌓아놓은 채. 고약한 심보였다. 자신과 같은 생명체를 이렇게 다뤄도 되는 것일까. 슬픈 마음이 가시지 않았다.

사람만 보면 도망치는 동물들. 심지어 동식물은 인간에게 독기까지 느낀다고 한다. 어느 산골 촌부의 이야기다. 그는 '어린 송이버섯을 발견하고는 다음에 채취해야겠다고 눈독을 들이고 가보면 시들시들해 있더라.'고 들려줬다. 왜, 동식물이 인간을 기피하는 걸까. 인간이 만물의 영장임을 잘 알면서도, 인간 마음속에 자리 잡은 무서운 욕심 때문일 것이다. 자연과 소통하지 못하는 인간은 자연과 더불어 살 자격이 없다. 자연은 우리의 양심처럼 순수하다. 양심을 잃어버린 인간은 자연의 친구가 될 수 없다.

'인간은 인간 위주로 살아간다.'는 말은 일순 그럴 듯하다. 그러나 지구에는 인간만 살지 않는다. 조물주는 인간에게 만물의 생살여탈권을 주지 않았다. 조물주가 만물을 '다스리라'고 하신 말씀은 '사랑으로 보살펴 그 생명체의 습성대로 살도록 도와주라는 것'이지, '인간 멋대로 주무르라'는 뜻은 아닐 것이다. 인간과 자연은 서로 유기적인 관계를 맺고 살아야 한다. 다른 생명체를 좋게 해 주는 것이 곧 인간을 좋게 하는 것이 된다.

나의 집 뒷산 끝자락엔 실개천이 흐른다. 앞이 탁 트이고 하루 종일 태양이 비춰 마음의 안식처 같은 곳이다. 나는 가끔 실개천 옆 오솔길을 거닐곤 한다. 그때마다 새들이 모여 물도 마시고 목욕도 하는 장면을 여러 번 보았다. 새들은 목욕을 한 후 실개천 쪽으로 머리를 숙인 미루나무 가지에 앉아 날개를 퍼덕이며 몸을 말렸다. 새들이 유독 이곳에 모이는 것은 물이 있고, 자신의 몸을 감춰줄 나무가 있기 때문이다. 인적이 끊긴 이곳은 새들의 낙원이다.

자연의 소리는 언제 들어도 싫증이 나지 않는다. 졸졸졸 재잘대는 시냇물 소리도 우리의 마음은 거부하지 않는다. 새소리, 바람소리, 풀벌레 소리. 자연의 소리는 아름다운 음악을 듣는 것보다 더 기분이 좋다. 인간이 만든 그 어떤 예술품도 한 그루 나무에 비할 바가 못 된다. 만물에는 생명력이 깃들어있다. 언제 봐도 신비하고 오묘하다. 인간은 자연으로부터 몸을 받았다. 삼라만상은 인간에게 유익한 것들뿐이다. 작은 새 소리에도 귀를 기울일 줄 알아야 한다.

2. 순리와 정도

• '3년 천하'로 끝나버린 나의 꿈

나는 한때 강원도의 경관 좋은 산골에 대지 1백 평과 밭 1만 2천 평을 소유한 땅 부자였다. 서울에서 2시간 거리였다. 토지 양 옆으로는 1급수가 발원해 개울을 이루었고, 개울과 집 주변에는 바위가 널려있었다. 언덕 위에 자리한 집은 앞이 훤히 뜨여 전망이 좋았고, 삼면이 산으로 둘러싸여 아늑했다. 햇볕은 하루 종일 마당에서 놀다갔다. 밤에는 또 어떠했던가. 돗자리를 펴고 누워서 하늘을 쳐다보면 칠흑 같은 어둠속에 하늘에 가득한 굵은 별들이 영롱한 빛을 발하며 금방이라도 머리 위로 우수수 쏟아질 것 같은 장관이 펼쳐졌다. 별천지였다.

내가 넉넉지 않은 형편에 땅을 사들인 것은 이유가 있었다. 남들은 어떻게든 돈을 벌어서 자기 가정을 꾸리기에 골몰했지만, 나는 공동체와 수련장을 만들어 사회운동을 하려는 열망에 가득 차 있었다. 비웃는 사람도 있었지만, 나의 의지는 확고했다. 이 일을 하는 것이 곧 내가 존재하는 의미라고 생각했다.

마음속의 이상을 실현하기 위한 첫 단계로 토지마련을 서둘렀다. 정성을 들인다는 의미로 금식을 하며 전국을 돌아다녔다. 그리고 그 땅을 발견했다. 땅이 마음에 들었다. 이것저것 가릴 것이 없었다. 빚을 내어 구입했다.

서울에서 직장생활을 하면서 주말이면 강원도를 오가며 공동체 구현의 꿈을 키웠다. 그 지역의 정밀지도를 보며 주변의 골짜기를 모두 사들여 낙원을 만들려는 구상에 몰두했다. 곳곳에 유실수를 심었고, 차가 들어갈 수 있도록 도로도 닦았다.

1980년대 후반이었으니, 도시인들이 시골로 들어가는 붐이 일기 직전이었다. 농민들은 도시로 나가 빈집이 많았고, 농사짓기 힘든 고지대의 농토는 묵혀 있었다. 농민들의 땅에 대한 의식이 깨이지 않아 땅은 단지 농산물을 생산하는 기능뿐이라고 생각했다. 아무리 경관이 좋은 땅이라도 농사짓기 불편하거나 토질이 나쁘면 헐값에 팔리던 시절이었다.

나는 사회운동에 뜻을 두었지만, 가정문제를 도외시한 것은 아니었다. 만약 생활이 여의치 않으면 그 땅을 개발한 후 팔아서 가정문제를 해결하고 나머지 돈으로 다른 곳에 땅을 마련하려고 생각했다. 앞으로 10년 내에 우리나라도 유럽처럼 전원도시화 바람이 불 것이라 생각했다. 그러면 경관이 좋은 그 땅은 황금 알을 낳으리라 예측했다. 사회운동의 꿈도 중요했고, 가정도 중요했다. 두 마리 토끼를 잡으려고 했다.

꿈이 나날이 영글어 갈 무렵 뜻하지 않게 생계문제가 대두되었다. 갑작스레 회사를 그만 두게 된 것이다. 고심 끝에 장사나 해볼 양으로 빚을 내어 가게를 냈으나 설상가상으로 IMF가 몰아닥쳤다. 땅도 있고, 집도 있고, 가게도 있었으나 어느 것 하나 돈 나오는 곳이 없었다. 날마다 빚쟁이들로부터 시달렸다. 카드 돌려막기 하듯 매일 이곳저곳에서 돈을 빌려야 했다. 아내와 어린 자식들의 고통이 극심했다.

사는 게 사는 게 아니었다. 먹을 것이 없어서 아침에 온 가족이 울기도 했다. 아내가 몰래 교회의 성미 함에서 쌀 몇 바가지를 가져와서 밥을 해 먹은 적도 있다. 살고 있던 집을 전세로 내주고 처남 집의 방 1칸을 빌어 들어갔다. 가게 문을 닫고 집에 돌아오면 애들은 처남의 자녀들과 싸웠다며 징징거렸다.

불가항력이었다. 절망만이 가득했다. 머리가 하얗게 세어버렸다. 아내와 어린 자식들의 고통을 더 이상 두고 볼 수가 없었다. 처자식이 지옥을 헤매고 있는데 무엇이 중요하겠는가. 결국 꿈을 접었다. 헐값에 땅을 처분했다. 몇 년 후 예측했던 대로 전원주택바람이 불어 닥쳤다. 도시인들이 농촌을 휘젓고 다니면서 땅값이 천정부지로 치솟기 시작했다. 산골짜기의 쓸모없는 땅도 값이 폭등했다. 2012년 말 다시 그곳에 자리를 잡아보려고 주민과 연락했더니, 별장들이 들어서서 평당 30만 원씩에 거래되고 있다는 것이다. 수신도 못하고, 제가도 못하여 결국 치국과 평천하의 꿈은 3년 만에 산산이 부서지고 말았다.

• 순리를 거스르면 인생이 더 고달프다

오래전 한 지인으로부터 신통한 도사 얘기를 듣고는 귀가 솔깃해 그가 썼다는 책까지 빌려봤다. 도사가 된 배경은 여느 도사들과 비슷했다. 몇 번 자살에 실패하고는 전라도 어느 깊은 산중에 들어가 기도하다가 신인(神人)을 만나 3통(도통, 신통, 심통)을 했다는 것이다. 자신에게 오면 모든 문제를 해결해 줄 수 있다고 했다. 평소 '굿을 하든, 점을 치든 인생의 고민거리를 해결해 준다면, 그것을 미신이라 치부할 수 없다'고 믿던 나는 지푸라기라도 잡고 싶은 심정에서 그에게 전화를 넣었다. 당시 나는 되는 일이 없고, 사방이 막혀 숨쉬기조차 힘들 지경이었다. 그의 도력이 사실이라면 나의 문제도 능히 해결해 줄 수 있으리라 느껴졌다. 실제로 용한 무당이나 점쟁이는 신의 힘을 빌려 앞일을 척척 예견하고, 문제도 짚어주지 않던가. 희망이 생겼는데 무얼 주저할 것인가. 전화로 상담하고 며칠 후 노원구 석계역 근처로 향했다.

그의 집은 50여 평쯤 되어 보이는 아파트였다. 너른 거실 한 쪽에는 제단이 차려져 있었다. 50대 중반의 도사는 빡빡 깎은 머리에 승복을 입고 있었으나 승려는 아니었다. 제단에는 불상과 여러 민속 신들이 모셔져 있었고, 그 아래에는 밥과 과일 등 제사상이 차려져 있었다. 그 도사는 억울하게 죽은 영혼들을 위해 국사당을 지으라는 명을 받고 치성을 드리는 중이라고 했다. 2040년까지 비용을 마련해야 한다는데, 사당의 규모도 컸고, 공사비도 어마어마했다.

도사는 신명의 힘을 빌리면 운명도 바꿀 수 있다고 했다. 달력에는 하루도 쉬지 않고 굿을 했다는 표시가 보였다. 굿을 하겠다는 사람이 전국적으로 줄을 섰다고 했다. 그는 거침없이 나의 수명도 예언하고, 굿 비용을 정하는 데도 마치 신에게 하명을 받는 것처럼 행동했다. 재산내역을 묻고는 숫자 몇 개를 제시하며 한 개를 택하라고 하더니 중얼중얼하다가 얼마라고 했다. 나에게는 적지 않은 액수였지만 난문제만 해결된다면 모험을 못할 까닭도 없었다.

며칠 후 도사로부터 전화가 왔다. 굿할 준비가 다 돼 있으니 들어오라는 것이다. 돈을 마련하여 입금시키고 그를 찾아갔다. 도사는 나를 위해 제단에 과일 몇 개와 밥 몇 그릇을 올렸다. 그는 징을 조심조심 두드리며 이 신도 부르고, 저 신도 불렀다. 수백 명 신들의 이름을 용케도 외워 부르고는 나의 소원을 아뢰었다. 창피한 마음이 들었으나 두 손을 모으고 열심히 빌었다. 굿은 채 한 시간도 안 돼 싱겁게 끝났다. 이런 게 굿인가 생각하니 왠지 모를 허탈감이 밀려왔다.

어쨌거나 신의 응답을 듣고 싶었다. 굿을 하면 즉시 효험이 나타난다고 했기 때문이다. 그러나 막상 굿이 끝나니 애매한 말을 했다. "운은 생일을 전후

해서 오니 그때까지 기다려 보라"는 것이다. 마음이 갑자기 무거워졌다. 그런데 어쩌랴. 기차는 떠났고, 영화는 끝났다. 돈은 이미 줬고, 굿은 했으니 기다려보는 수밖에. 생일이 훨씬 지나도 달라진 것은 없었다. 몇 달 후 도사를 찾아갔다. 이번에는 횡설수설하며 격한 감정까지 드러냈다. 어이가 없어 조용히 물러나왔다. 한동안 마음을 추스르느라 애를 먹었다.

사람은 누구나 그릇된 판단을 할 때가 있다. 순간적인 감정을 참지 못해 삿된 행동을 하고는 '그때 왜 그랬을까' 후회막급 하는 것이다. 작은 잘못은 한때의 고통으로 끝나지만, 큰 잘못은 평생 상처로 남고, 때론 자신을 망치기도 한다. 사람의 자율성은 조물주의 큰 은총이지만, 거기에는 반드시 합당한 책임이 따르는 법이다.

남(귀신)의 힘을 빌려 액운(?)을 털어버리겠다는 발상은 어리석은 욕심에서 기인한 것이다. 의존성이 문제다. 노력도 하지 않고 쉽게 욕망을 이루려는 내 안의 욕심이 나를 올가미에 몰아넣었으니 누구를 탓할 것인가. 고통을 피하고, 재운을 거머쥐고 싶었건만, 오히려 화만 키우고 말았다. 아무리 급해도 요행을 바라선 안 되는 것이었다. 아름다운 인생길에서 고통도 벗이라는 사실을 잊고 있었다. 순리대로 한 계단 한 계단 올라가다 보면 언젠가는 정상에 오를 수 있으련만, 한 걸음에 열 계단을 뛰어넘으려 했으니 고꾸라질 수밖에. 그 후유증이 한동안 지속되었다.

• 복권은 '달콤한 꿈'으로 그쳐야 한다

대학생 아들이 자기 선배가 부원장으로 있는 강남의 한 학원에서 편의점 알바비보다 훨씬 많은 보수를 약속받고 두 달간 강의를 했다. 그런데 돈은 한 푼도 받지 못했다. 선배가 중도에서 강사비를 가로채 도주해버렸기 때문이다. 그 뿐만이 아니다. 아들은 선배의 부탁으로 한 학생의 집에 가서 개인교습도 해줬고, 인근에 사는 후배까지 끌어들여 3개월 동안 강의를 하게 했는데, 그 돈까지 가로채버렸으니, 실망과 분노가 극에 달했다. 한동안 씩씩거리며 경찰서와 고용노동부를 오갔으나 뾰족한 해결책은 없었다.

아들 선배는 가로챈 돈 대부분을 복권 구입에 사용했다고 한다. 학원 인근의 여러 상가는 물론, 복권방에도 상당액의 부채가 있었다. 생각건대, 아들 선배는 생활에 쪼들린(?) 나머지 그 대안으로 복권에 기대를 건 것 같다. 당첨되면 후배들의 돈을 갚으려 했을 지도 모른다. 아무튼 서울의 한 대학교에서 학생회장까지 지낸 아들 선배에게는 지명수배가 내려졌고, 그 이후 소식은 아직 듣지 못했다.

말이 그럴듯하지 복권으로 '인생 역전'을 노린다는 것은 망조가 들린 일임에 틀림없다. 통계에 의하면, 사람이 살면서 비 오는 날 벼락에 맞아 죽을 확률은 50만 분의 1이라고 한다. 그런데 로또복권 1등 당첨 확률은 그보다 16배나 많은 814만 5060분의 1이라고 하니, 애시 당초 헛된 꿈인 것이다.

사람은 너나없이 일확천금을 꿈꾼다. 돈에 대한 갈구는 갈수록 심화되고 있다. 때문에 요즘은 로또복권에 이어 '연금복권'까지 등장했다. 당첨되면 20년 동안 매월 5백만 원씩 통장에 입금된다는 말에 나오자마자 품절됐다. 복권 열풍에 휩싸인 요즘 세태는 공허한 우리의 내면세계를 그대로 보여주는 것 같아 씁쓸하다. 선량한 사람들에게 사행심을 조장하는 것 같은 관계기관의 행태도 그렇고.

내가 아는 한 가장은 월세를 살면서도 월급 140만 원 중 40만 원은 꼭 복권을 구입한다. 중소기업을 운영하는 수십억 대 부자 K사장도 매주 복권을 산다. K사장은 모임에서 복권을 내보이며 1등에 당첨되면, 회원들의 해외여행 비용을 대겠노라며 선심을 쓰곤 했다. 그런데 요즘에는 복권 얘기를 꺼내지도 않는다. 하지만, 현금이 없다며 지갑을 내보일 때면 으레 복권 몇 장이 보인다.

남 얘기 할 것 없이 나도 꽤 오래 전부터 복권을 구입했다. 10여 년은 족히 될 성 싶다. 매주 5천 원을 기준으로 구입하지만, 좋은 꿈을 꾸거나 기분 좋은 일이 생기면 '혹시 행운을 가져다주지 않을까' 하는 마음에 좀 더 투자를 한다. 그리고 경제적 어려움이 닥칠 때면 1등 당첨금을 상상하며 잠시나마 위안을 받는다. 그러나 번번이 맞지 않아 실망한다. 당연한 일이다. 그러면서도 매주 구입하는 것은 내게도 속물근성이 자리하고 있기 때문이다. 한 주라도 거르면 왠지 마음이 허전하다. 마치 내게 돌아올 행운을 포기하는 것 같은 느낌이 든다. 복권도 도박처럼 중독성이 강하다. 한탕심리가 깔려 있기 때문이다.

그동안 숱하게 복권을 샀지만 딱 두 번, 4등에 당첨돼 각각 5만 원 정도의 당첨금을 받았을 뿐이다. 몇 달 전에는 5천 원어치(5장)를 샀는데 5등에 2장이나 당첨됐다. 혹시나 하는 기대감으로 모두 복권으로 바꿨으나 역시나였다.

내가 경험해 보니, 복권구입은 심심풀이 오락삼아 하는 것이 좋을 것 같다. 기대가 클수록 좌절감은 더 크다. 일확천금만 좇다가는 허탈감과 고통만 남는다. 당첨되면 더 좋고, 안 돼도 남을 도울 수 있으니 좋다는 정도의 가벼운 마음으로 구입하는 것이 정신건강상 좋을 듯 싶다. 복권은 수익금을 공익사업에 충당하기 위해 생겨났으며, 특히 로또는 최고 당첨금액의 제한이 없어 팍팍한 삶을 대박에 기댈 수밖에 없는 서민들에게 큰 인기를 끌고 있다. BC 복권공사는 올해 총 1억 4350만 달러를 6300개 공익사업단체를 위해 쓸 예정이라고 한다. 어쨌거나 서민들이 공익사업에 큰 몫을 담당하고 있는 셈이다. 아들도 선배의 패가망신을 보고 깨달은 게 있을 것이다.

• "물질적, 동물적 삶처럼 나쁜 것은 없다"

"먹이가 제한되어 있는 환경에서는 경쟁에 적응한 종만이 살아남는다."

영국 생물학자 찰스 다윈의 말이다. 사람들은 일찍부터 인간사회가 동물이 사는 정글사회와 다름없음을 깨달았다. 동물에게는 윤리나 도덕을 찾아볼 길이 없다. 오직 살아남기 위한 약육강식만 있을 뿐이다. 동물은 먹는 것과 번식하는 것이 목적이다.

인류역사는 서로 더 많이 가지려는 투쟁사로 점철돼 왔다. 그리고 현시대에 와서 투쟁은 절정에 달한 느낌이다. '무한경쟁'이라는 살벌한 용어가 그것을 말해준다. 지금 대한민국의 핫 키워드는 단연 '경쟁'이다. 모두가 경쟁에서 살아남기 위해 발버둥 치며, 시시각각 '과도한 목표'가 세워진다.

'세계의 중심에서 세상을 바꾸겠다'는 한국 최고 명문 카이스트. 그런데 이 상아탑 안에서 올 한 해 동안 4명의 젊은이가 스스로 목숨을 끊었다. 원인은 경쟁에 밀리면 '패배자' 소리를 들어야 하는 현실을 견디지 못해서다. 그런데도 총장은 "명문대생은 압박감을 이겨내야 한다."며 학생들의 '빡센' 학업부담을 애써 외면해왔다. 그들 희생자는 아침에 눈을 뜨면서 '오늘은 또 어떻게 하루를 견딜까' 하고 두려움에 떨었을 법하다.

한국의 자동차, 전자, 휴대폰, 조선, 철강 산업은 세계최강이다. 경제성장 속도 역시 상상을 불허한다. 한국경제를 이끌고 있는 삼성전자의 2010년 2분기 영업순이익은 5조 원에 달했다. 그럼에도 만족의 끝이 없다. 한국사회는 질식할 것 같은 고뇌로 가득 차 있고, 여전히 암울하다. 청년실업률은 전체 실업률의 절반을 넘어섰고, 비정규직 비율은 OECD국가 중 1위(한국 50%, OECD 평균 30%)다. 자살률도 세계에서 가장 높다(하루 35명, 연 1만 3000여 명). 이뿐인가, 사교육비 가계부담 세계 1위, 출산율 세계최저라는 숱한 오명을 안고 있다. 또한 좌우갈등으로 항상 불안하다. 빈부격차는 더욱 심화되고, 서민들의 삶은 팍팍하기 그지없다.

부부는 맞벌이가 기본이 됐고, 부모를 모시고 산다는 건 옛 추억거리가 됐다. 거리에는 오갈 곳 없는 노인들이 떠돌고, 생계용 일자리를 찾는 노인이 늘어나고 있다. 젊은 세대는 결혼과 자녀 갖기를 기피하고, 취업난이 두려워 졸업을 유예하는 대학생도 늘어나고 있다.

때문에 요즘 아이들은 4~5세만 되면 벌써 치열한 경쟁 속에 내몰린다. 한국은 '요람에서 무덤'까지 경쟁의 연속이다. 개인이나 단체는 물론, 국가도 경쟁력이 없으면 살아남을 수 없다고 주문한다. 은연중 포식동물이 되라고 가르치고 있는 것이다. 그래서 세상이 고해(苦海)가 된다.

대한민국은 일제의 수탈과 6.25 전쟁의 폐허 속에서도 GNP 2만 달러에, 세계 10위의 경제대국으로 성장했다. 그러나 양극화로 인한 상대적 빈곤감에 불행해 하는 사람이 너무 많다. 욕망은 커진 반면 삶의 질은 떨어졌다. 브레이크 없는 욕망에 코가 꿰여 위만 올려다보며 욕구불만에 사로잡혀 있는 것이다. 더 많이 소유하고, 더 높이 오르고, 더 편하려고 하다가 반작용으로 스트레스만 유발시키고 있다. 행복은커녕 스스로를 불행에 빠뜨리고 있다.

2011년 11월 30일 방송된 SBS '짝'에서는 태어날 때부터 솔로를 타고났다는 '모태솔로' 17기 멤버들의 생애 첫 짝 찾기 과정이 그려졌다.

짝 남자 3호는 서울 과학고등학교와 카이스트까지 엘리트 코스를 밟은 수재다. 하지만 심한 경쟁 속에서 섬유근육통을 앓았다. 그는 여자 6호와의 데이트에서 "여자한테 돈 쓰는 건 안 아까운데 시간 쓰는 것은 아깝다"며 "내 소중한 시간을 왜 다른 여자분들 알아보는 시간으로 써야 하나. 미쳤냐."고 했다. 그는 또 "난 고등학교 때도 무한경쟁사회에서 살았고, 서울 과학고라는 틀 안에서 전교 1등만 하는 난다 긴다 하는 애들 틈에서 정말 몸 반쪽이 날아갈 정도로 공부를 해댔다"고 말했다. 이어 "그렇게 공부를 했는데도 방심하면 성적이 쭉 떨어진다. 몸 낫자마자 또 무한 경쟁사회에 돌입했다. 나도 어떤 면에서 보면 안타까운 인생이다"며 "지금 학원에서 수학 선생을 하는데 연애에 빠지면 경쟁력이 없는 퇴물이 될 것이다"고 전했다.

인간은 개나 돼지 같은 하등동물이 아니다. 양육강식의 법칙은 맞지 않다. 서로 아끼고 위해주는 인륜의 법칙이 적용돼야 마땅하다. 그러기 위해서는 경쟁이나 비교는 지양해야 한다. 왜 천편일률적으로 많이 갖고, 최고가 되고, 좋은 집에 살아야 행복하다고 하는 것인가. 그보다는 자기가 좋아하는 일을 하고, 초가삼간에서 나물 먹고 살면서 오붓한 행복을 누릴 수는 없는 것인가.

'경쟁'이 없으면 발전도 없을까. 천만에, 그것은 기우에 불과하다. 욕망을 조절하고 양심을 되살리면 경쟁 없이도 얼마든지 발전할 수 있다. 자기만을 위하려는 '짐승의 마음'(욕심)이 없어지면 '법 없이도'(양심) 살게 되어 세상을 더욱 풍요롭게 바꿀 수 있다. 러시아의 대문호이면서도 소박한 민초의 삶을 살다간 톨스토이의 일갈(一喝)이 오늘따라 귓전에 크게 울린다.

"물질적이고 동물적인 것만 추구하는 삶처럼 나쁜 것은 없고, 영혼을 살찌우려는 행위보다 더 유익한 일은 없다."

• 미다스의 손, 이번에는 무얼 만들어낼꼬?

그리스 신화에 나오는 소아시아의 미다스 왕 뿐만 아니라, 인간도 손만 대면 무엇이든지 만들어내는 '미다스의 손'을 가졌다. 인류는 이 손으로 인류에게 이로운 것들을 만들어내기를 바라지만, 탐욕의 인간들은 해로운 것들을 만들어낸다.

인간은 오래 전부터 동물을 전쟁에 이용해 왔다. 방향감각과 귀소본능, 장거리 비행능력이 뛰어난 비둘기를 훈련시켜 통신수단으로도 이용했지만, 적을 대량 살상케 하는 '비둘기 유도미사일'을 선보이기도 했다. 돌고래는 음파탐지를 통해 수중에서 물체를 식별하고 동족과 소통한다. 이것을 이용해 미국은 베트남전쟁에서 바다 밑에 묻힌 수뢰를 찾아냈고, 걸프전 때는 해양순찰에 투입했다. 한때 소련은 돌고래 몸에 폭탄을 부착하고 적함 근처까지 접근하여 자폭케 하는 '가미카제 돌고래' 실험을 했다. 박쥐 역시 적을 살상할 목적으로 몸에 폭탄을 묶고 적진 상공에 투하하는 훈련을 받았다. 박쥐를 공중에서 살포하면 어두운 곳을 좋아하는 특성상 주로 집이나 막사로 숨어들 것이고, 그에 맞춰 시한폭탄을 터트려 대화재를 일으키게 한다는 계획이었다.

2004년 2월 미국 과학잡지 사이언스는 "세계 최초로 사람 난자를 이용해 체세포를 복제하고 이로부터 배아줄기세포를 만드는데 성공했다"며 황우석 서울대 교수의 논문을 게재해 세계를 놀라게 했다. 당시 황 교수는 국민적 영웅으로 부상했지만, 얼마 뒤 논문을 조작한 사실이 밝혀져 교수직에서 파면됨은 물론, 법적 처벌까지 받았다.

배아줄기세포 연구목적은 백혈병, 파킨슨병, 치매 등 불치병치료에 있으나, 배아복제는 인간복제로 이어질 수 있다고 우려한 기독교 측과 생명론자들은 비윤리적 행위라며 맹렬히 저지하는 실정이다.

문제는 인간 배아복제는 양날의 칼과 같다는 것이다. 핵의 경우 원자력발전으로 사용하기도 하지만, 가공할 핵무기로도 사용하고 있는 것이 현실이다. 탐욕의 인간이 배아복제를 이용하려 든다면, 상상할 수 없는 끔찍한 일이 벌어질 수 있다. 인간보다 힘이 센 '폭력 동물인간'을 양산하여 싸움터로 보내거나, 혹은 이성을 현혹시킬 '섹스 동물인간'을 만들어 쾌락의 도구로 사용하게 할 수도 있다. 개연성은 충분하다. 지금까지 인간은 돈과 권력을 얻기 위해서라면 어떤 일도 해왔고, 어떤 것도 만들어내지 않았던가. 1926년 스탈린은 '전쟁기계'의 필요성을 느끼고 과학자들에게 '반인반원(半人半猿)'을 만들도록 지시했으나 이뤄지지는 않았다.

세계 줄기세포 시장은 천문학적 규모다. 2012년에는 323조 5300만 달러를 기록할 전망이라고 한다. 생명공학자들과 기업, 그리고 일부 국가가 여기에 목을 매는 이유는 성공만 하면 최고의 명예와 엄청난 부를 거머쥘 수 있기 때문이다. 장사로 치면 이 이상의 '물건'이 없다. 아무리 비윤리적 행위라 지탄해도 이 연구를 중단하기에는 불가항력이다.

지난 7월 25일 영국 데일리메일은 "2008년 영국에서 인간수정배아법이 제정된 이래 인간과 동물 간 이종 배아가 총 155개 만들어져 뉴캐슬대학 등 3곳에 보관돼 있다."고 폭로해 충격을 주었다. 이는 인간의 정자나 난자를 동물의 그것과 섞어 교배하는 것으로, '인간과 동물의 경계를 허무는' 극악의 실험이다. 마귀 같은 괴물도 만들어 낼 가능성도 있는 것이다. 영국 의학과학원 측은 이 같은 실험이 규제 없이 발전될 경우 영화 '혹성탈출'이 현실화될 수 있다고 경고했다. 인간의 사특함이 어디까지 갈지 두렵다.

무엇보다 인류의 대각성이 필요한 때다. 인류는 '나만 좋으면 그만이다'에서 '이웃을 내 몸처럼 여기는' 가치의 전환을 절실히 요구하고 있다. 신의 창조영역을 넘어서거나 생태계의 질서를 어그러뜨리지 않고도 얼마든지 인류에게 유용한 것들을 만들어 낼 수 있다. 난치병 환자들은 자신의 병을 완치시킬 신약개발을 학수고대하고 있지, 인간의 정체성을 무너뜨릴 뱀파이어나 늑대인간 같은 사악한 결과물을 기다리는 것이 아니다. 미다스 왕은 욕심이 지나쳐 자기 딸도 금으로 만드는 실수를 저지르고 말았다.

3. 자·아·관·리

• 나의 열매, 나의 속사람은 잘 여물고 있을까

위장이 약하다는 진단을 받은 적이 있다. 오래전이다. 그래서인지 어느 때는 배가 송곳으로 찌르는 것처럼 아프고, 속이 더부룩하여 늘 유쾌하지가 않았다. 벼르던 끝에 작년 12월 중순 위내시경 검사를 받았다. 다행히도 약간의 위염증세가 있다는 소견이 나왔다. 그 전에 마땅히 약을 복용해야 했지만, 나는 호흡운동과 명상을 통해 치유해 보려고 했다.

굳이 호흡운동이나 명상이란 이름을 붙일 것까지는 없을 것 같다. 숨을 한껏 들이마신 후, 참을 때까지 참았다가 천천히 내뱉으면 되는 것이다. 이것을 반복하다 보면, 장(腸)에 차 있던 가스가 제거되고 정신이 맑아지는 것을 느낀다. 이때 바람을 염원하며 명상에 들어가면, 어느 사이 고요함의 경지에 이른다. 내가 몸 안에 있는지, 몸 밖에 있는지 분간이 되지 않는다. 스스로 그 상황을 벗어나지 않으면 무한한 정적만 흐를 뿐이다. 이것을 무아지경이라고 할 수 있을까.

그러던 어느 날이었다. 나를 관조(觀照)하게 되었는데, 내 모습을 보고 화들짝 놀랐다. 군데군데 시커먼 부분도 있고, 기형적인 부분도 보이는 것이 아닌가. 겉의 나는 멀쩡한데, 내 안의 저 괴이한 몰골은 또 무엇이란 말인가. 소위 말하는 나의 속사람이란 것일까. 등골이 오싹했다. 이렇게까지 흉측하리라고는 상상하지 못했다. 그 후 눈을 안으로 돌려 줄곧 '몸(속사람)'을 들여다보며 올바르게 만드는 일을 계속하고 있지만, 좀체 밝고 완전한 모습이 되지 않는다.

사람을 흔히 '만물의 영장(靈長)'이라고 한다. 이는 '영묘(靈妙)한, 불가사의한 힘을 가진 존재'라는 말일 터다. 종교에서는 사람에게는 속사람, 곧 영(靈)이 있다고 가르친다. 사람은 누구나 속사람과 겉 사람의 이중구조로 되어 있다는 것이다. 속사람을 '영적 사람(영)'이라고 한다면, 겉 사람은 '자연적 사람(육신)'이 될 것이다. 속사람은 생각함으로써, 겉 사람은 행동함으로써 각각의 존재감을 드러낸다. 사람의 알맹이는 속사람인 영임을 알 수 있다. 만약 사후세계가 있어서 사람이 죽은 뒤 그 곳에 가게 된다면, 속성상 속사람이 갈 것이다. 육신은 영원하지 않기 때문이다. 또 사후세계가 천국과 지옥으로 나뉘어 있다면, 그곳에 가는 기준은 영의 상태로 결정될 것이다. 즉, 사람의 열매인 영이 여물었나, 아니면 쭉정이가 되었나에 달려 있을 것이다. 이쯤에 이르니 고민이 커졌다. 현재의 내 영은 색깔이나 모습이 썩 좋지 않은데, 이대로 내 생명이 끝난다면 나는 어디로 간단 말인가.

자연계의 모든 생명체는 열매를 남기기 위해 총력을 기울인다. 열매는 곧 자신의 결실물이다. 그런데 열매가 제2의 자기를 창조해 낼 수 없는 쭉정이라면, 그 생명체는 존재목적을 달성하지 못했다고 볼 수밖에 없다. 열매를 여물게 하지 못한 생명체는 영속할 수 없다. 열매는 여물어야 생명력을 지닌다.

오래 전 이런 문제에 직면한 나머지 모양과 크기가 같은 설익은 파란 은행(銀杏)과 노랗게 익은 은행을 채취해 관찰해 보았다. 시간이 지나자 파란 은행은 건포도 같이 모양이 변했으나, 노란 은행은 겉만 쭈그러졌을 뿐 알맹이는 단단했다. 땅에 심으면 싹을 띄울 수 있고, 껍질을 까면 먹을 수 있는 열매가 있었다. 사람도 이렇지 않을까 싶다. '사람이면 다 사람이냐, 사람다운 사람이 사람이지'라는 말이 이를 두고 하는 말이 아닐까.

심은 대로 거두는 것이 천리원칙이다. 영을 위해 살려면 필시 건전한 생활과 선과 사랑을 행해야 한다. 육신이 좋아하는 삶은 감각적이고 퇴폐적이다. 이 둘은 서로 조화할 수 없기에 인간의 삶이란 그리 간단치 않다. 육신이 좋아하는 삶을 산다면 알맹이인 영은 피폐하기 마련이다.

사람들은 갈수록 자아를 망각한 채 외물(外物)에 매달리는 경향이 짙어지고 있다. 덜된 사람일수록 허명(虛名)에 집착한다. '속빈 강정'이다. 겉 사람을 중요시 여기기 때문에 많고, 크고, 높고, 좋은 것만을 얻기 위한 생각이 머릿속에 꽉 차 있다. 겉 사람을 편하게 해주기 위해 맛있는 음식을 먹이고, 아름답게 가꾸는데 많은 시간과 돈을 투자한다. 내용물은 형편없는데 포장에만 치중하는 형국이다.

사람은 죽어서 무엇을 남기나. 또한 무엇을 가지고 가는가. 지금 나의 마음 씀씀이와 행동거지를 살펴보면 나의 열매인 나의 영혼, 나의 속사람이 잘 여물고 있나, 쪼그라들어 있나 짐작할 수 있을 것이다.

• 증오심이 내 발등을 찍다

사람은 살면서 주변에 온화한 향기도 전하지만, 때론 독소를 내뿜기도 한다. 시기와 질투, 증오심이 그런 것들이다. 이러한 독소는 상대의 영혼에 상처를 입히거나 관계를 단절시킬 수 있다. 그것이 본의가 아니었다면, 즉각 사죄해야 마땅하다.

모 사회단체에 소속돼 지방에서 바쁘게 일할 때다. 악연인지는 모르지만,

인근 지역의 책임자 K씨가 눈엣가시처럼 얄미웠다. 매사에 잘난 체는 도맡아 했고, 고압적인 자세로 직원들을 쥐 잡듯이 했다. 게다가 공금사용도 개념이 없었다. 공금을 자기 마음 내키는 대로 써서 직원들의 빈축을 사곤 했다. 한번 미워지기 시작하니 볼 적마다 심사가 뒤틀렸다. 요즘 말로하면 '완전 비호감' 이었다.

그러던 어느 날이었다. K씨가 관리하는 지역에서 대규모 행사가 있었다. 인근 지역에서 일하는 관계자들이 모여 행사 준비로 밤을 지새우게 되었다. 그동안 헤어져 있던 절친한 L씨와도 만났다. 그와 이 얘기, 저 얘기 끝에 K씨 얘기도 나누게 됐다. 그러다 보니 가슴에 켜켜이 응어리졌던 K씨에 대한 반감이 자연스레 쏟아졌다. 이야기는 엉뚱하게도 K씨와 함께 일하는 여성들에게 불똥이 튀었다. 나의 일그러진 감정이 K씨와 여성들을 연계시킨 것이다. K씨 같은 위인이라면 몹쓸 짓을 했을 지도 모른다는 말이 튀어 나왔다. 그것은 중대한 말실수였다. 내가 전혀 의도했던 바가 아니었다. 어쨌거나 내가 평소 혐오해 왔던 '비겁한 자'의 전형적인 모습을 취했던 것이다.

'낮말은 새가 듣고 밤 말은 쥐가 듣는다(晝語雀聽 夜語鼠聽)'고 했던가. 일이 꼬이려고 그랬는지, 우리 두 사람의 말을 옆방에서 문제의 여성들이 모두 듣고 있었던 것이다. 이 사실을 안 것은 조금 후의 일이다. 이야기를 마치고 L씨가 잠시 옆방에 가게 됐는데, 여성들이 L씨에게 항의했고, L씨는 곧장 내게 자초지종을 고했다. 참담한 심정이었다. 나의 모든 것이 무너져 내리는 것 같았다. 쥐구멍에라도 숨고 싶다는 말이 무슨 말인지 절감했다. 다른 방법이 없다고 판단됐다. 그 길로 그녀들의 방으로 가서 무릎을 꿇은 후 나의 잘못을 정중히 사과했다. 물론 나의 변명이었다. 그녀들은 나에 대해서도, K씨에 대해서도 어지간히 알고 있던 터라, 마음이 누그러져 나의 사과를 흔쾌히 받아 주었다. 내가 측은해 보였는지도 모른다. 더구나 남자의 자존심도 버리고 무릎까지 꿇지 않았던가. 그 후 어떻게 그 여성들의 얼굴을 보고 다녔는지 기억이 나지 않는다. 나의 망언이 K씨의 귀에라도 들어갔다면, 그보다 더한 굴욕을 당했을 것이다.

그날 처음으로 증오심이 얼마나 큰 해악을 낳는지 알게 됐다. 증오심은 상대에게 적개심을 일으키고 상대가 잘 못 되기를 염원한다. 내 증오심의 도끼로 K씨를 찍는다는 것이 그만, 내 발등을 내리찍고 말았다. 내가 쏜 화살이 나에게 회귀하여 나의 심장을 맞춘 것이다. 자업자득이었다. 심는 대로 거두는 것이 자연의 섭리가 아니던가.

백번 내가 옳고, 상대가 그르다 할지라도, 누구를 증오하는 것은 어리석은 짓이다. 지금도 지구촌 곳곳에서 지역 간 · 인종 간 · 종교 간의 증오심 때문에 발생하는 전쟁이 얼마나 처참한가. 증오 받는 사람은 아무 영향도 받지 않는다. 실상은 자기가 피해를 본다. 자신이 나빠진다. 자신의 마음을 악에 물들게 하고, 건강도 나쁘게 한다. 질병의 7~80퍼센트가 마음의 병이라고 하지 않던가. 증오심은 상대를 붕괴시키기 전에 자신부터 파괴하는 속성을 지니고 있다.

그때의 참담한 고통을 잊은 것인지, 그 증오심이 세월의 뒤안길 어딘가에 숨어 있다가 지금도 가끔 내 의식을 뚫고 튀어나온다. 세상을 살아가면서 무릎을 꿇는 일이 많지는 않을 것이다. 신에게 엎드려 무언가를 읍소할 때와 아주 드문 일이지만, 연인에게 사랑을 간구할 때다. 아니면 강도를 만나 목숨을 구걸할 때 정도다. 무릎을 꿇는다는 것은 때론 굴욕을 뜻하지만, 지금도 그때 잘못을 용서받기 위해 '무릎 꿇기'라는 초강수를 둔 것은 아무리 생각해도 잘한 일 같다.

• '술'은 자신을 관리할 줄 아는 사람을 좋아한다

나는 술맛을 잘 모른다. 소주는 독하고, 맥주는 쓰기만 하다. 술이 목구멍을 타고 내려갈 때의 느낌이 뇌에 전달되면 나도 모르게 '카!' 하는 소리가 나오고 얼굴이 찡그려지며 진저리가 난다. 그런데 과일주는 참 맛있다. 달작지근해서 이런 술은 먹고 싶다. 예전에 집에서 담근 포도주를 밤에 한 잔 마시고 잠자리에 들면 깊은 잠에 들게 되고, 다음날 몸도 마음도 개운했다.

나는 소주 한 잔이 딱 좋다. 기분이 고조된다. 얼마 전 막걸리 한 잔을 마셨는데 기분은 좋았지만 취기에 몸이 비틀거렸다. 남들이 들으면 웃겠지만 나의 주량은 소주 한 잔, 막걸리 한 잔이 딱이다. 이 정도의 술은 나에게 약주가 되지만, 그 이상은 독주가 되어 고통을 준다. 그래서 과음하지 않으려고 한다.

사람들은 이런 술 젬병이인 나에게 '많이 마셔야 술 실력이 는다.'며 술을 권하지만, 나의 술자리 참여는 1년에 열 손가락을 꼽을 정도다. 그렇지만 술자리에서 험한 꼴을 당한 적은 있다. 한 번은 모임에서 후배가 술에 취해 큰소리로 내 이름을 부르며 덤벼들어 할 수 없이 달아나야 했다. 작년 12월에는 카페 모임에 참석했다가 남녀 모두 정신을 잃을 정도로 마셔대며 음담패설과 막말이 오가 실망만 안고 돌아왔다.

우리 사회는 남녀노소, 지위 고하를 막론하고 모이면 으레 술판을 벌인다. '친목과 모임의 발전을 도모하기 위해서'다. 특히 대학생들의 모임은 심하다. 인터넷에는 대학신참이 '술 잘 마시는 비결'을 알려 달라는 글도 떠있다. 이런 유의 술자리가 우리 사회 전역에 한 형태의 문화로 정착된 것 같다.

술은 두 가지 얼굴을 가진다. 기분을 좋게 하며, 스트레스 해소에도 도움이 되어 '백 가지 약 중에서 으뜸'이라고 말한다. 반면 뇌신경세포를 마비시켜 정신과 몸을 가누지 못하게 만들므로 '미친 물'이라고도 불린다. 술은 사람의 기질에 따라 주선(酒仙)이 되게도 하고, 주사자(酒邪者)가 되게도 한다.

술을 많이 마셔도 흐트러짐이 없는 사람과의 술자리는 시간을 두고 생각해도 기분이 좋다. '미친 물'을 마시고도 붉으레한 얼굴에 웃음꽃이 피어나고, 진지한 대화가 오고가면 만남이 유쾌해진다. 반면 같은 술을 마시고도 하이드 씨로 변하는 사람은 같이 있고 싶기는커녕 달아나고 싶은 마음이 굴뚝같아진다.

술을 좋아하는 사람은 술자리가 즐거운 자리가 되겠지만, 나 같은 아웃사이더는 분위기가 어색하다. 특히 곤혹스러운 것은 술을 강권할 때다. 마시기 싫은데 자꾸 권하면 참 괴롭다. 그래서 우리 사회는 '술 권하는 사회'라는 풍자의 말도 생겨난 것 같다. 그리고 술 인심은 후하다. 술에 취하면 술값걱정을 안 한다. 2차, 3차 가자고 성화를 부린다.

'술은 지금까지 인간이 궁리해 낸 것 중에서 가장 큰 행복을 만들어 낸 것'이라는 말도 있지만, '바다에 빠져 죽은 사람보다 술에 빠져 죽은 사람이 더 많다'는 불행한 말도 있다. 적당히 마시면 이로운 것이 되고, 과음하면 해로운 것이 되는 게 술이다. 기분 좋을 만큼만 마시고, 몸에 무리가 가지 않을 정도만 마시면 술자리는 창조적인 자리가 될 것이다. 조물주님이 창조해 놓은 물질은 어느 것도 인간에게 해로운 것이 없다. 인간이 남용하고 오용하므로 문제가 생기고, 결과가 나쁘게 나타나는 것이다.

술 소비량은 매년 증가하고, 그로 인한 경제적 손실은 수십조에 달한다. 교통사고, 살인과 폭력, 가정파탄과 불화, 건강악화 등 그 폐해는 헤아릴 수 없이 많다. 초등학생들이 쓴 글이 생각난다. 한 아이는 아버지가 술 먹고 오기를 기다리고, 다른 아이는 아버지가 술을 먹고 오는 날은 집에 들어가기 싫다고 했다. 이유를 알만하다. 술이 약주가 된 사람은 가정을 잔칫집으로 만들지만, 독주가 된 사람은 가정을 수라장으로 만든다.

기분 좋기 위해 시간과 돈을 들여 마시는 술이니, 좋은 결과를 맺어야 하지 않을까. 내가 술자리에 참석할 때마다 느끼는 것은 '술은 자기를 관리할 줄 아는 사람을 좋아한다.'는 것이다. 사람을 사랑하는 술을 욕 먹혀서는 안 된다.

• 낮추고 비우면 누구나 얻을 수 있는 '행복'

사람들은 너나없이 돈, 권력, 학벌, 명예 등 외적가치를 좇아 인생을 몰입한다. 그래야 '힘센 자'(가진 자)가 되고 환대 받을 수 있기 때문이다. 이들 힘이 사람을 평가하는 잣대가 돼 버린 지 오래다. 세상은 힘센 자들의 천국이요, 힘이 약한 자들에게는 지옥과 다름없다. 힘을 갖지 못했을 때 오는 상대적 빈곤감은 약자를 절망의 나락으로 밀어뜨린다.

힘센 자가 되면 사람들 위에 군림하게 되고, 잘 먹고 잘 사는 일을 보장받는다. 힘이 지배하는 사회, 약자에 대한 존중과 배려가 없는 사회를 과연 인간사회라고 할 수 있을까. '소외된 사람도 잘 사는 세상'을 만들어 보겠다던 공산주의자들도 정작 힘을 갖게 되자 똑같은 함정에 빠지고 말았다.

사람이 '힘'을 가지면 행복할 줄 알지만 그렇지만은 않다. 천만다행히도 사람은 속사람, 곧 진성(眞性)으로 충만할 때 비로소 행복해질 수 있다. 진성은 양심(良心)이라고도 하는데, 양심이 바로서지 않으면 그 틈을 비집고 불안과 불만족에 가득 찬 사심이 튀어나온다. 그래서 돈과 권력, 명예, 쾌락으로 그 빈 공간을 채우려고 한다. 끝내는 자신의 인격을 죽이고, 남에게 해를 끼치는 어리석은 동물인간이 되고 만다.

사람은 어떠한 외적인 힘으로도 만족할 수 없다. 마음이 가벼워야 한다. 마음을 비우고 다스릴 수 있어야 가능하다. 마음에 양심이 자리 잡으면 천국이 되고, 욕심으로 물들면 지옥이 된다. 인간의 불행은 육체 위주의 삶을 사는 데서부터 비롯됐다. 허황된 삶에 집착하는 한 세상에 평화와 행복은 올 수 없다.

경향신문은 최근 20~80대의 평범한 시민 18명에게 '현실에 만족하는지', '불만스럽다면 특히 무엇에 화가 나는지'를 물었다. 이들 중 '현실에 만족 한다'고 답한 사람은 4명뿐이었다. 나머지 14명은 '현실이 너무 싫다'에서부터 '불만이지만 만족하며 살려고 노력한다.'는 반응까지 스펙트럼이 다양했다. 불만의 원인은 돈과 지위의 상실, 그리고 무시당하기 때문이었다.

사람들은 물질과 권력, 지식 등 외면적 가치에 함몰돼 모두 위만 올려다보고 살며 좀체 자기 처지에 만족하지 못한다. 비 명문대 생은 명문대 생을 부러워하고, 중소기업 직원들은 대기업 직원들을 선망한다. 욕망이 '발전의 원동력'이라고 하지만, 조절하지 않은 욕망은 파멸의 구렁텅이에 불과하다. 사람들은 끊임없이 욕망의 액셀러레이터를 밟고자 하나 결과는 뜻대로 되지 않는다. 출세해 보겠다고 극성을 떨다가 되레 불행의 늪에 빠지기도 한다.

바라는 것이 크면 이루기도 어렵고, 이로 인해 좌절하거나 건강을 해치고 만다. 심하면 스트레스나 우울증으로 변하고, 극단적인 경우 자살을 택하기도 한다. 대한민국은 세계 10위권의 경제 강국으로 급부상했지만, 지금도 '불행하다'며 스스로 목숨을 끊는 사람이 늘어나는 실정이다. 불명예스럽게도 우리나라 자살률은 경제협력개발기구(OECD) 국가 가운데 1위다.

현대인은 개인이나 단체, 국가 할 것 없이 모두 높은 목표를 세우고 이를 달성하기 위해 안간 힘을 쓰고 있다. 그 경쟁의 치열함은 말로 다 표현할 수 없다. 이런 세태에서 살아남기 위해서는 맹수처럼 상대를 쓰러 뜨려야 한다. 서로 더 많은 파이를 차지하기 위해 수단과 방법도 가리지 않아야 한다. 이러한 무한 경쟁이 인간성을 파괴하고, 정의가 실종된 사회를 만들고 있다.

그런데 외적 가치들은 인간의 행복에 별 영향을 주지 못한다. 행복은 무한정 차지하려고 할 때 보다 자족할 줄 아는 데서 찾아지기 때문이다. 불교의 법구경에는 "욕망을 억제하는 데서 마음의 평화가 온다."고 말하며, 이슬람교 경전 '하디스'는 "진정한 부는 재산을 쌓는 데 있지 않고 자기만족에 있다."고 가르친다.

사람은 마음이 편안해야 행복을 느낀다. 마음에 부담을 주지 않으려면 자기를 사랑해야 한다. 장애인에게 비장애인이 "사는 게 불행하다"고 말하면 아마 화를 낼 것이다. 사람들은 자신이 가지고 있는 것들은 소중히 여기지 않고 자꾸 더 큰 것, 더 좋은 것에 현혹되어 산다. 그러다가 자신이 가진 것을 잃고 난 후에야 비로소 그 소중함을 알고 후회한다.

소박한 것에 만족하는 사람은 행복을 아는 사람이다. 시한부 삶을 사는 이들은 모든 것이 아름답다고 한다. 하늘의 먹구름도 황홀하고, 살을 에는 바람도 상쾌하며, 폭우 소리도 듣기 좋다고 말한다. 마음이 가난한 사람들은 자신에게 주어진 것을 소중히 여기고 감사하며 산다. 우리가 추구하는 것들은 대부분 본질적이고 목적적인 것이 아니다. 부수적이고 사소한 것들이다. 불행하게도 우리는 이런 것들에 목을 매고 살고 있다.

사람들은 늘 크고 많고 좋은 것을 원한다. 욕구가 많을수록 고통이나 불행이 커지게 마련인데, 이를 모르는 것이다. 욕구를 절제하는 순간, 그만큼 불행의 요소가 줄어드는 법이다. 자기를 알고, 자기 분수에 맞게 사는 것이야말로 가장 현명한 일이다. 행복은 낮고 작은 데서 시작된다. 가난한 사람들은 작은 꿈을 이루어도 만족할 줄 알고, 행복을 느낀다. 마치 철부지 어린아이 같다. 그래서 성인들은 어린 아이를 인간의 모델로 제시했는지 모른다.

행복이란 스스로 만족하는 상태를 의미한다. 부자라고 해서 모두 행복한 것이 아니고, 가난하다고 모두가 불행한 것은 아니다. 행복이란 상대적이다. 지구촌에는 수백억짜리 저택에서 보석이 박힌 옷을 걸치고도 불만인 사람이 있고, 오지에서 풀잎으로 하체만 가리고 살아도 매일 즐거워하는 사람이 있다. 높은 곳을 바라보고 살면 삶에 과부하가 걸린다. 그 순간, 원치 않는 고통을 잉태하고 만다. 행복은 먼 데 있지 않다. 낮추고 비우면 누구나 얻을 수 있는 것이다.

• 마음청맹과니가 더 괴롭다

사람은 누구나 행복하기를 바란다. 행복은 기쁨이 충만할 때 생긴다. 행복을 좇는 사람들의 삶의 방식도 다양하다. 티베트를 순례하고 돌아온 한 초로의 남자는 히말라야를 걸을 때 가장 행복했다고 말했다. 그는 자신이 만끽한 그 행복을 처자식들과 나누고자 했으나, '그 험한 산에 왜 힘들게 가느냐.'고 반대한다며 안타까워했다. 해외의 이름난 바다에서 스노클링을 하고 돌아온 여인은 물속 세계를 여행하면서 자신이 이 세상에서 가장 행복한 사람임을 느꼈다고 술회했다. 술을 좋아하는 한 지인은 얼굴에 벌겋게 취기가 오르면 으레 '아, 기분 좋다. 이게 바로 인생이야!'라며 행복감에 젖곤 했다. 술 젬병이인 내가 봐도 행복해 보였다. 자신과 남에게 해를 끼치지 않고 행복하게 산다면, 이 얼마나 좋은 일인가. 맛있는 음식을 먹고, 단잠을 자고, 여행을 하고, 사람들과 사귀는 것 모두 행복하기 위한 일환이다.

나도 '행복하다'고 느낀 적이 있다. 그런데 내가 맛 본 행복은 좀 색다르다. 애써 생각지 않아도 금방 그 때가 떠오른다. 꽤 시간이 흘렀건만 그 때의 감동을 잊을 수가 없다.

봄이 막 기지개를 켜기 전인 2월 초순의 어느 날 오후였다. 동네 뒤에 있는 해발 200미터의 나지막한 성주산(聖柱山) 산책에 나섰다. 성주산은 경기도 부천시 소사구와 시흥시 대야동에 걸쳐 있는 산으로, 중턱만 올라도 부천시의 전경이 한 눈에 들어온다. 바람은 쌀쌀했지만 피부에 와 닿는 햇빛은 따사로웠다. 중간약수터를 지나 하우고개 구름다리를 건너자 완만한 산책길이 나타났고, 아직 샛노란 잎을 달고 있는 길옆 잔디밭에는 햇살이 가득했다. 그 고즈넉한 정경에 끌려 잔디밭에 드러누우니 햇살이 온 몸을 휘감았다. 포근했다. 곧이어 따사로운 기운이 내 몸을 파고든 순간 '아, 행복하다!'는 말이 저절로 튀어 나왔다. 분명 내 마음 속 깊은 곳에서 나도 모르게 솟구쳐 나온 탄성이었다. 마음이 최상상태라는 뜻이었다. 그동안 나를 억누르고 있던 모든 시름이 봄눈 녹듯 녹아 사라졌다. 신기했다. 마음이 그렇게 편안할 수가 없었다. 한참 동안 햇살에 몸을 맡긴 채 무아지경에 빠져들었다. 의식이 결집되었다. 하나의 깨달음이 있었다.

나는 적지 않은 세월을 살아오면서도 나의 심연에서 우러나는 탄성을 들어본 적이 없었다. 그동안의 나의 삶이 내 마음이 기뻐하는 삶이 아니었음을 방증하는 것이다. 그것은 역설이었다. 고통스러워하는 사람들에게 '마음 기쁜 것이 곧 행복'이라고 위로해주곤 했건만, 실상 내 마음이 기뻐하는 삶이 무엇인지 몰랐던 것이다. 그러한 삶을 한 번도 살지 못했던 셈이다. 그 원인은 무엇일까. 내 앞에 놓여 있는 무수한 행복들이 행복임을 알아차리지 못했기 때문이다. 먼 곳, 큰 것만을 응시하면서 거기서 무엇을 찾아야 진정한 행복을 얻을 수 있다고 믿었던 까닭이다.

어찌 눈만 청맹과니가 있으랴. 마음의 청맹과니는 더 괴로운 법이다. 행복이 사방에 널려 있는데도 그것들에는 좀체 의미를 부여하지 않는 나의 의식이 문제였다. 마음의 눈을 뜨지 못해서다. 내 마음이 무엇을 좋아하고, 무엇을 싫어하는지를 몰랐다. 겉으로는 그렇지 않은 것 같았지만, 실제로는 외물(外物)에 끌려 다니며 동물인간으로서의 삶을 살아온 결과였다. 나를 생존케 해주는 조물주와 자연과 사람들에게 감사할 줄을 몰랐고, 행복을 느끼지 못했다.

그날 이후 나에 대해, 인간에 대해 잘 알고 있다는 나에 대한 믿음이 사라졌다. 그리고 사고체계의 재정립이 대두되었다. 마음이 느끼는 행복은 의외로 소박하고 가까운 곳에 있었다. 마음만 먹으면 일상에서 얼마든지 행복을 찾을 수 있었다. 작은 것 속에 큰 것이 녹아 있고, 평범함 속에 비범함이 숨어 있었다. 행복은 소소한 것들로부터 시작되며, 그것이 진정한 행복임을 알게 됐다. 이런 행복을 얻지 못하면 영원히 행복할 수 없다. 그것은 곧 순리를 버리고 역리를 취하는 것과 같은 것이다. 마음먹기에 따라 슬프고 고통스럽던 것들도 기쁨과 행복으로 받아들이게 된다. '마음이 행복을 결정 한다'는 말은 진리이다. 따사로운 햇빛 한 줄기가 나의 인생을 바꿔놓을 줄이야. 선사(禪師)의 깨달음이 따로 있는가. 마음의 눈을 뜨고 사물을 바라보면 내게도 깨침이 오는 것이다.

• 돈과 인생

산책하다가 우연찮게 앞서 가던 두 여인의 대화가 귀에 들어왔다. 한 여인이 "우리 친정 식구들은 없이 사는 사람은 아예 사람 취급 안 한다."고 말하자, 다른 여인이 "그거, 참 못됐다."고 대꾸했다. 왜, 부자들은 가진 것이 없으면 사람 취급조차 하지 않는 것일까. 생각이 꼬리를 물었다.

동물사회에는 더러 서열이 정해져 있어서 강한 녀석이 약한 녀석을 꼼짝 못하게 짓누른다. 인성이 없는 인간들은 이런 동물들처럼 재력이나 권력 등으로 약한 사람을 무시하는 경향이 있는 것이다.

지난해 창원시의 한 아파트 경비원이 입주민에게 아무 잘못 없이 모욕을 당하자, '괴로워서 살 수가 없다'는 유서를 남기고 투신자살했다. 1994년 김기환을 두목으로 한 '지존파'는 사람들을 닥치는 대로 살해해 우리 사회를 공포의 도가니로 몰아넣었다. 이들의 마음속에는 가진 자들에게 멸시 당했던 분함이 응어리져 있었다.

돈이란 참 묘한 것이다. 사람을 너그럽게도 하고, 노여움에 휩싸이게도 한다. 사람들은 돈에 웃고 돈에 운다. 돈이 있으면 힘이 생기고, 돈이 없으면 맥이 풀린다. 돈은 힘과 정비례함을 부인할 수 없다. 돈이 많으면 자신감이 붙어 목소리도 커지고, 행동도 거침이 없어진다. 명심보감은 '세상인심은 돈 있는 곳으로 향하고, 가난한 곳에는 사람의 정도 끊긴다.'고 적고 있다.

우리네 삶은 오로지 돈에 초점이 맞춰진 듯하다. 그러나 돈을 벌기란 쉽지 않다. 돈을 많이 벌려면 치열한 경쟁 대열에 서야 하고, 경쟁에서 이기려면 비인간적인 행동도 불사해야 한다. 부모가 자식 교육에 목을 매는 이유도 좋은 학교에 들어가서 좋은 직장을 얻어 남보다 잘 살게 하기 위함이다. 현대인들의 물질중심의 사고방식은 자본주의 영향이 크다. 물질 위주의 자본주의 문화는 사람들의 눈을 밖으로 향하게 만든다. 보이지 않는 검은 손이 돈과 권력과 쾌락만을 추구하는 동물인간의 길로 몰고 가지 않나 의구심이 들게 한다.

자본주의 사회에서는 가진 자는 더 부자가 되고, 가지지 못한 자는 자꾸 더 가난뱅이가 되니 양극화가 좁혀질 턱이 없다. 소외계층은 기득권층을 증오하며, 이러한 구도를 깨뜨리기 위해 반란을 꿈꾼다. 갈등의 골이 점점 깊어지는 것이다. 문제는 가진 자가 가지지 못한 자의 마음을 모른다는 데에 있다. 가지지 못한 자들이 더불어 살자고 하면, '내가 돈 벌 때 너는 뭘 했느냐'고 힐난한다.

돈 많은 사람은 탐욕이 더 많다. 따지고 보면 이들도 불쌍한 사람이다. 돈을 더 벌기 위해 발버둥치고, 가진 것을 지키기 위해 노심초사하는 이중의 힘을 쏟는다. 적게 가진 자보다 스트레스도 더 많이 쌓일 터이다. 이를 두고 조물주는 공평하다고 표현해도 될까.

진정한 행복은 마음에서 온다. 마음이 기쁘면 물질적 부족함을 넘어서지만, 마음이 고통스러우면 억만금이 있어도 기쁨이 생기지 않는다. 행복은 돈의 많고 적음에 있는 것이 아니다. 욕심은 자승자박이다. 아무리 급해도 찬찬히 여유 있게 가야 사고를 면할 수 있다. 남이 질주한다고 따라 할 필요는 없다. 죽 값 정도밖에 못 벌면 죽 먹고 사는 데 만족해야 한다. 누구 눈치 볼 것 없다. 현재에 만족하면서 미래를 준비한다면 좋은 결과가 온다. 시류에 휩쓸리지 않고, 분수를 지키며, 편안한 마음으로 사는 것이 지혜로운 삶이다.

돈은 얼마를 버느냐보다 어떻게 쓰느냐가 더 어렵고 중요하다. 돈에 대한 공개념(公槪念)이 요구된다. 소외된 사람이나 약자를 위해 쓸 때 그 돈은 빛이 나고, 큰 사람으로 대접 받는다.

역설적으로 들릴지 모르지만, 궁핍에서 인생의 의미를 찾을 수도 있다. 배고파본 사람은 맛없고 거친 음식도 고맙게 여기며, 작은 것에도 만족할 줄 안다. 굶주린 이웃을 보면 저절로 긍휼한 마음이 우러나온다. 궁핍으로 인해 깨달음을 얻고, 인성이 되살아 난 것이다. 자식에게 중요한 교육은 돈 버는 방법보다 돈을 관리할 수 있는 능력과 인격을 배양시켜주는 것이다. 인간은 자기만 아는 동물이 아니다. 뭇사람의 아픔을 알고 사회적 연대의식을 느끼며 사는 것이야말로 사람의 으뜸 덕목이 아닐까 생각한다. 돈 없는 사람을 업신여기거나 돈을 자기만을 위해 쓸 때 보잘것없는 사람이 된다.

• 은밀한 유혹

사람은 실수를 저질러 놓고는 후회와 뼈아픈 반성을 한다. 그러나 시간이 흐르면 골수에 새겼던 반성마저 헌신짝처럼 버리고 또다시 그 실수를 반복한다. 어리석고, 어리석은 것이 우리네 인생이다.

우리 마음속에서는 늘 달콤한 목소리가 들려온다. 정체를 알 수 없고, 목적이 무엇인지도 모를 목소리다. 그 목소리는 어둠의 기운을 드리우고 육체의 욕구에 불을 지펴 감언이설로 유혹한다. 마치 인간이 먹이로 동물을 유인하는 것처럼 우리의 마음을 홀린다. 대체로 욕심이 많은 사람이 그 유혹에 쉽게 말려든다. 그래서 '이래서는 안 되는데…' 하면서도 자꾸 끌려가고 만다. 일단 유혹에 빠지면 타죽을 줄도 모르고 불속에 뛰어드는 불나방처럼 이성을 잃고 행동한다. 그 목소리는 순식간에 인간을 망가뜨릴 정도의 마력을 지니고 있다.

목소리의 주인공은 절대 강압적이지 않다. 달콤한 미끼를 받아먹고 안 먹고는 순전히 인간의 자유다. 그러나 아주 교묘하다. 인간 스스로 행동하게끔 유인책을 쓴다. 짐승들은 살기 위해 먹이에 천착하지만, 인간은 육체적 안락과 쾌락을 좇아 떠도는 존재임을 아는 것이다. 그 쾌락으로 자극하면 인간은 군침을 삼키면서 몸 안의 피가 요동친다. 급기야 제정신을 잃고 미끼를 덥석 물고 만다. 달콤한 목소리가 마음 속 욕망에 불을 지피면 마음이 혼탁해져서 사리분별은 내팽개치고 마는 것이다.

그 목소리는 강한 중독성이 있다. 미끼의 맛을 알면 안락과 쾌락의 주변에서 좀체 떠나지 못한다. 그래서 나쁜 것임을 알면서도 되풀이 하는 것이다. 술과 담배, 마약, 도박, 섹스, 잠, 게임, 명예, 권력, 돈…. 의존성 강한 이런 것들이 그 목소리의 주인공이 즐겨 사용하는 미끼다. 이것들은 꿀 바른 독과 같아 조금만 지나쳤다하면 하나같이 명을 단축하거나, 패가망신하게 하는 것들이다. 그것들은 우리의 육체를 망가뜨리고 정신을 황폐화 시킬 수 있다. 이것들과의 싸움이 자신과의 가장 크고 명예로운 싸움이다. 철저한 자기관리와 의지가 없다면 결코 이길 수 없다.

우리가 '죽을 수도 있다', '망가질 수도 있다'는 판단을 하면서도 그 유혹을 떨치지 못하는 것은 자아주관력이 약해서라기보다 우리 안에 뭔가 거역할 수 없는 제3의 힘이 작용하기 때문이 아닐까 생각된다. 종교에서는 그 힘을 마귀, 혹은 사탄이라고도 부른다. 그 목소리의 주인공이 제3의 존재이든, 자기 감정의 발로이든 우리 내면에는 우리에게 악영향을 주는 세력이 있음은 부인할 수 없다.

마음속에서 은밀하게 우리를 유혹하는 그 달콤한 목소리의 주인공은 우리의 수호천사도 아니요, 우리를 잘 되게 해주고 도와주려는 후원자도 아니다. 오로지 불순한 의도가 깔려있을 뿐이다. 그 목소리의 주인공은 우리를 철저히 궁지에 몰아넣고 고통당하는 꼴을 보고 즐기려는 악당임에 분명하다. 그의 올가미에 걸렸다하면 대가를 톡톡히 치러야 한다.

유혹에 말려들지 않는 것이 상책이다. 그러기 위해서는 의존성을 버려야 한다. 스스로의 노력의 대가를 얻어 분수에 맞게 살겠다는 자존성(自存性)을 확립하고, 창조적인 생활을 하는 것이 훌륭한 돌파구다. 자존하면서 창조적인 생활을 하면 그 목소리가 들리지 않는다. 설령 들린다 해도 유혹에 홀리지 않을 수 있다. 그러면 그 목소리와 나는 아무 상관이 없는 것이다. 생의 목표도 분명히 정해야 한다. 목표가 없다면 능력이 있어도 실패하는 삶을 살 수밖에 없다. 그 목소리의 유혹에 넘어가지 않아야 성공한 인생이 된다. 역사에 왔다간 성현이나 존경받는 영적 지도자들은 모두 그 목소리의 유혹을 극복해낸 인물들이다.

망가지는 것은 순식간이다. 애당초 좋은 습관을 길러야 하고, 바른 길을 가야 한다. 결과적으로 천국과 지옥은 결국 자기가 만들어 내는 것이다. 적은 항상 내 안에 있다. 지피지기면 백전백승(知彼知己 百戰百勝)이라지 않는가. 적을 이기려면 자기 자신을 알아야 한다. 약점은 무엇이고, 강점은 무엇인지 속속들이 파악해 내 안에서 마귀에게 동조하지 못하게 단단히 틀어막아야 한다.

자기를 이기는 것이 곧 자기를 사랑하는 길이고, 세상을 아는 길이다.

인생의 목표는 그 목소리의 유혹을 뿌리치고 자신과의 싸움에서 승리하는 것이다. 여기에 베풀고 나누며 남을 사랑할 수 있다면, 더 없이 성공한 인생이다.

자존하기

초판 1쇄 발행 2017년 7월 5일

지은이 자존하기운동모임

펴낸이 이 중 목
펴낸곳 엠인터네셔널
주 소 서울특별시 용산구 원효로 83길 21
출판신고 제302-2004-000045호
대표전화 02) 702-6177
팩시밀리 02) 6442-6177
이메일 sung1290@naver.com

ISBN 978-89-87321-79-0 03130

※ 값은 표지 뒷면에 표시되어 있습니다.